Couvertures supérieure et inférieure
en couleur

COUVERTURES SUPERIEURE ET INFERIEURE D'IMPRIMEUR.

Bail de Ferme

— 15 —

3. Prix.... { Léon Poumarède, 8 fois nommé.
{ Louis Fourlou, 5 fois nommé.
1. Accessit. Joseph Malabre, 6 fois nommé.
2.......... Louis Chaluteau, 2 fois nommé.
3.......... Henri Nadaud, 3 fois nommé.

1re ANNÉE. — 1re SECTION

1. Prix.... Henri Adam, 6 fois nommé.
2.......... Germain Cavé, 6 fois nommé.
3.......... Amable Mauranges, 5 fois nommé.
1. Accessit. Henri Lamande, 5 fois nommé.
2.......... Jean-Baptiste Moreau, 6 fois nommé.
3.......... Albert Chouffour, 4 fois nommé.

1re ANNÉE. — 2e SECTION

1. Prix.... Ernest Palisson, 6 fois nommé.
2.......... Frédéric Eglemann, 5 fois nommé.
3.......... Alfred Brissaud, 3 fois nommé.
1. Accessit. Jules Parant, 2 fois nommé.
2.......... Ferdinand Cavé, 6 fois nommé.
3.......... Léon Jugo, 5 fois nommé.

Géographie

2e ANNÉE. — 1re SECTION

1. Prix.... Eugène Brives, 9 fois nommé.
2.......... Charles Gérald, 7 fois nommé.
3.......... Jean Massy, 3 fois nommé.
1. Accessit. Paul Delage, 6 fois nommé.
2.......... Maurice Cafflot, 6 fois nommé.
3.......... Louis Dumy, 5 fois nommé.

2e ANNÉE. — 2e SECTION

1. Prix.... Joseph Malabre, 7 fois nommé.
2.......... Auguste Mallet-Guy, 4 fois nommé.
3.......... Joseph Cafflot, 6 fois nommé.
1. Accessit. Martial Bur, 9 fois nommé.
2.......... Léon Poumarède, 9 fois nommé.
3.......... Alfred Gérald, 4 fois nommé.

1re ANNÉE. — 1re SECTION

1. Prix.... Henri Adam, 7 fois nommé.
2.......... Jules Parant, 3 fois nommé.
3.......... Adolphe Monéral, 2 fois nommé.
1. Accessit. Alfred Brissaud, 4 fois nommé.
2.......... Henri Lamande, 6 fois nommé.
3.......... Ferdinand Cavé, 7 fois nommé.

1re ANNÉE. — 2e SECTION

1. Prix.... Albert Chouffour, 5 fois nommé.
2.......... Edgard Lamazerolles, 2 fois nommé.

ŒIL-DE-FAUCON

GRAND IN-8° 2ᵐᵉ SÉRIE.

Chef indien

FENIMORE COOPER

OEIL-DE-FAUCON

TRADUCTION DE LA BÉDOLLIÈRE

NOUVELLE ÉDITION REVUE

LIMOGES
Marc BARBOU & Cie, Imprimeurs-Libraires
RUE PUY-VIEILLE-MONNAIE

1884

PROPRIÉTÉ DES ÉDITEURS

ŒIL-DE-FAUCON

CHAPITRE PREMIER

Les événements produisent l'effet du temps sur l'imagination humaine. Aussi celui qui a fait de longs voyages, et qui a beaucoup vu, s'imagine qu'il a vécu longtemps; et quand une histoire abonde en incidents remarquables, elle prend bien vite un caractère antique. C'est ce qui explique l'air vénérable qu'ont déjà les annales américaines; lorsque l'esprit se reporte aux premiers jours de la colonie, ils semblent obscurs et éloignés. Les mille transformations accumulées le long de la chaîne de nos souvenirs rejettent si loin l'origine de la nation, qu'on dirait qu'elle se perd dans la nuit des temps; et pourtant quatre existences d'une durée ordinaire suffiraient pour transmettre de bouche en bouche, sous forme de tradition, tout ce que la civilisation a accompli dans la limite des Etats-Unis. Quoique New-York possède seul une population supérieure à celle de la Confédération suisse, il n'y a guère plus de deux siècles que les Hollandais, arrachant le pays à l'état sauvage, y commencèrent des établissements. L'histoire à laquelle une succession rapide d'incidents imprime un cachet de vétusté nous paraît presque contemporaine, si nous l'envisageons uniquement au point de vue du temps.

Ce regard jeté sur le passé diminuera la surprise que pourraient faire éprouver à nos lecteurs les tableaux dont nous allons tracer l'esquisse.

Quelques explications achèveront de leur représenter l'état de société que nous nous proposons de peindre. On sait qu'il y a un siècle les établissements situés sur les rives orientales de l'Hudson, tels que Claverack, Kinderook, et même Poughkeepsie, n'étaient pas à l'abri des incursions des Indiens ; et l'on voit encore sur les bords du même fleuve, à une portée de fusil des quais d'Albany, la résidence d'une branche cadette des van Reusselaers, résidence qui remonte à peine à une époque aussi reculée et qui a pourtant des meurtrières pour se défendre d'un astucieux adversaire. D'autres indices de l'enfance de notre pays, épars au centre même de la civilisation actuelle, prouvent surabondamment que nous ne sommes à l'abri des invasions et de la violence, que depuis un espace de temps égal à la vie moyenne de deux hommes.

Les incidents de ce récit se passent entre les années 1740 et 1745. A cette époque, la colonie de New-York se bornait à quatre comtés baignés par l'Atlantique, à une étroite lisière de chaque côté de l'Hudson, depuis les cataractes voisines de la source jusqu'à son embouchure, et à quelques postes avancés sur la Mohawk et sur la Soharie.

De larges ceintures de forêts vierges, s'étendant jusque dans la Nouvelle-Angleterre, offraient un abri aux guerriers indigènes, dont le moccassin silencieux foulait le sentier de la guerre.

En examinant à vol d'oiseau toute la contrée à l'est du Mississipi, on apercevait l'immense étendue de bois bordée le long de la mer par d'étroites cultures, diaprée de lacs étincelants et entrecoupée par les lignes onduleuses des rivières.

Par un beau jour de juin, des voix d'hommes s'appelaient dans les profondeurs d'une forêt séculaire, dont la superficie de feuillage était baignée d'une éblouissante clarté, tandis que les troncs des arbres restaient ensevelis dans une ombre éternelle. Ces voix étaient évidemment celles de deux hommes qui avaient perdu leur chemin et qui cherchaient à le retrouver. Enfin l'un d'eux poussa un cri de triomphe, et, sortant d'un labyrinthe de taillis, il entra dans une éclaircie qui semblait avoir été formée à la fois par le feu et par les ravages de l'ouragan. Cette clairière, quoique encombrée d'arbres morts, laissait voir le ciel ; elle était située sur le flanc d'une des collines qui couvraient la presque totalité du pays d'alentour.

— On peut respirer ici ! s'écria le chasseur délivré en secouant ses membres solides, comme un mâtin qui sort d'un monceau de neige : hurrah ! Tueur-de-Daims, enfin voici le jour et voilà le lac.

A peine avait-il prononcé ces mots que les buissons s'écartèrent et qu'un second individu parut en rajustant ses habits en désordre.

— Connaissez-vous ce lieu ? demanda celui qu'on avait appelé Tueur-de-Daims, ou vous réjouissez-vous seulement de la vue du soleil ?

— Je me réjouis doublement, mon camarade ; je reconnais la place, et je ne suis pas fâché de revoir un ami aussi utile que le soleil. Maintenant, nous avons retrouvé notre boussole, et ce ne sera pas ma faute si nous la perdons encore. Mon nom n'est pas Hurry-Harry, ou c'est précisément à cette place que les chercheurs de terre ont campé l'été dernier et qu'ils ont passé une semaine. Voilà la source où ils ont bu et les buissons morts sous lesquels ils se sont abrités. Quoique j'aime le soleil, je n'ai pas besoin de lui pour m'avertir qu'il est midi. Mon estomac marque l'heure aussi bien que la première horloge de la colonie. Ouvrons donc la gibecière et remontons-nous pour six heures.

Sur cette insinuation tous deux se mirent à faire les préparatifs de leur repas ordinaire, frugal, mais pris avec appétit. Nous profiterons de ce temps d'arrêt pour donner au lecteur une idée de ces hommes destinés à jouer un rôle assez important dans notre légende.

Il eût été difficile de trouver un plus beau type de force virile que la personne de Hurry-Harry ; son véritable nom était Henri March, mais les hommes des frontières avaient emprunté aux indiens l'usage de donner des sobriquets, et on l'appelait Hurry, qui signifie empressé, à cause de sa pétulance, de sa hardiesse et de cette inquiétude qui le tenait toujours en mouvement et grâce à laquelle il était connu dans toutes les habitations éparses entre la province et les Canadas. Il avait six pieds de haut, et cette taille gigantesque était jointe à des proportions irréprochables, de sorte que sa force réalisait complétement les promesses de son extérieur. Sa figure ne déparait point le reste de sa personne ; il avait un air de bonne humeur et de franchise, et, quoique ses manières se ressentissent nécessairement de la rudesse de son existence, la noblesse imposante de son physique l'empêchait de devenir commun.

Tueur-de-Daims différait de Hurry autant par l'aspect que par le caractère. Il avait quelques pouces seulement de moins que son compagnon ; mais il était frêle et maigre, et ses muscles, à défaut de force extraordinaire, annonçaient une rare agilité. Son visage n'eût été remarquable que par la fraîcheur de la jeunesse, sans une expression qui captivait presque toujours ceux qui avaient le temps de l'examiner ; c'était celle d'une grande sincérité et d'une fermeté inébranlables. L'air de simplicité répandu sur ses traits pouvait faire croire d'abord qu'il manquait de ressources intellectuelles pour distinguer la vérité du mensonge ; mais on changeait bientôt d'avis pour peu qu'on le fréquentât.

Ces deux personnages étaient encore jeunes. Hurry avait vingt-six ou vingt-huit ans, et Tueur-de-Daims quelques ann' s de moins. Leur costume n'avait rien de particulier. Il portait les traces d'une vie aventureuse, et se composait principalement de cuir de daim. Il y avait toutefois dans l'habillement du plus jeune quelque recherche et quelque tendance au pittoresque. Sa carabine était en excellent état ; des ciselures ornaient la poignée de son couteau de chasse et les faces de sa poire à poudre ; son sac à plomb était décoré de ces petits coquillages appelés wampums. Quant à l'autre chasseur, soit par insouciance, soit par l'idée secrète qu'il n'avait pas besoin de parure, il négligeait ses ajustements; et l'effet de ses belles formes et de sa haute stature était peut-être augmenté plutôt que diminué par cette dédaigneuse indifférence.

Hurry donna le signal du festin en ouvrant la bouche pour recevoir une tranche de venaison qui aurait fait un repas complet d'un paysan d'Europe.

— Allons, dit-il, mettez-vous à l'œuvre, et prouvez que vous êtes un Delaware par l'appétit, comme vous prétendez l'être par l'éducation. Montrez autant de courage à exercer vos dents sur ce pauvre diable de daim que vous en avez eu à le tuer.

— Il ne faut pas grand courage pour tuer un daim ; à la bonne heure si c'était une panthère ou un chat sauvage ! Les Delawares m'ont donné mon surnom, moins à cause de ma hardiesse qu'à cause de l'activité de mes jambes et de la justesse de mon coup d'œil.

— Les Delawares eux-mêmes ne sont pas des héros, murmura Hurry entre ses dents, autrement ils ne se seraient pas laissé dompter par les Iroquois.

— C'est une affaire qui n'a jamais été éclaircie, dit le Tueur-de-Daims avec ardeur, car c'était un ami aussi zélé que son compagnon était un dangereux ennemi. Les Mingos remplissent les bois de mensonges et n'observent aucun traité. J'ai vécu dix ans avec les Delawares et je sais qu'ils sont aussi résolus que d'autres quand vient le moment de frapper.

— Puisque nous abordons ce sujet, maître Tueur-de-Daims, veuillez répondre à une question. Vous avez assez maltraité le gibier pour acquérir un titre ; mais avez-vous eu affaire à un être humain ? Avez-vous jamais envoyé un coup de fusil à un ennemi capable de riposter ?

Cette question produisit dans l'esprit du jeune homme une

lutte singulière entre le chagrin d'être humilié et le désir d'être exact; toutefois cette collision fut courte, et sa droiture l'emporta sur un faux orgueil.

— A vrai dire, répliqua-t-il, jamais une occasion favorable ne s'est offerte à moi. Les Delawares ont été en paix depuis que j'habite avec eux, et je regarde comme illégitime d'ôter la vie à un homme en dehors des combats réguliers.

— Quoi! n'avez-vous jamais surpris quelqu'un à voler vos peaux ou vos trappes? Ne vous êtes-vous jamais fait justice vous-même, pour épargner de l'embarras au juge et des frais au défendeur?

— Je ne suis point trappeur, repartit fièrement le Tueur-de-Daims. Je vis de ma carabine, avec laquelle je me flatte d'égaler tout individu de mon âge entre l'Hudson et le Saint-Laurent. Toutes les peaux que je mets en vente ont un trou à la tête, indépendamment de ceux que la nature a fait pour voir et pour respirer.

— Oui, oui, c'est très bien par rapport aux animaux; mais qu'est-ce que cela, comparativement à des têtes scalpées et à des embuscades! Tirer un Indien du fond d'un taillis, c'est suivre son exemple et se conformer aux lois équitables de la guerre. Défaites-vous de vos préjugés et vous en dormirez mieux, ne fût-ce que par la certitude d'avoir un ennemi de moins dans les bois. Je ne resterai pas longtemps avec vous, mon cher Nathaniel, si vous n'exercez votre adresse que sur des bêtes à quatre pattes.

— Notre voyage touche à sa fin, maître March, et nous pouvons nous séparer ce soir si vous le jugez convenable. Je suis attendu par un ami qui ne regardera pas ma société comme déshonorante, parce que je n'ai jamais tué mon semblable.

— Je voudrais bien savoir, grommela Hurry, qui a pu attirer de ce côté le jeune chef Delaware dans une saison aussi peu avancée. Où vous a-t-il donné rendez-vous?

— Sur un rocher rond, où les tribus viennent faire leurs traités et enterrer leurs haches de guerre. Je ne connais pas plus ce rocher que le lac auprès duquel il est situé, mais j'en ai entendu parler très souvent par les sauvages. Ce pays est réclamé à la fois par les Mingos et par les Mohicans; ils y chassent et y pêchent ensemble, et c'est une espèce de territoire neutre.

— De territoire neutre! s'écria Hurry en éclatant de rire. Je voudrais bien savoir ce que dirait à cela Tom Hutter ou Tom Flottant, qui regarde le lac comme sa propriété, en vertu de quinze ans de sa possession, et qui ne le céderait sans combat ni aux Iroquois ni aux Delawares.

— Quel est l'homme dont vous faites mention? demanda Tueur-de-Daims : d'après les récits que l'on m'a faits, ça doit être un personnage extraordinaire.

— Je ne saurais trop vous le définir, répondit Hurry ; il tient moins par ses habitudes à la nature de l'homme qu'à celle du rat musqué, dont on lui a donné le surnom. On prétend que dans sa jeunesse il écumait les mers en compagnie d'un certain Kidd, qui fut pendu pour piraterie longtemps avant notre naissance. On ajoute qu'il vint ici dans l'espoir que les croiseurs du roi ne franchiraient jamais les montagnes et qu'il jouirait en paix dans les bois du fruit de ses rapines.

— Il avait tort, Hurry ; un criminel ne peut jamais vivre en paix.

— Cela dépend de la tournure de son esprit. J'ai connu des gens qui se plaisaient dans la société, et d'autres dans la solitude. Les uns vivent en paix quand ils trouvent à voler, et d'autres quand ils ne volent pas. Quoi qu'il en soit, le vieux Tom Flottant, flibustier ou non, mène une vie tranquille avec ses filles et ne désire rien de plus.

— En effet, les Delawares qui ont chassé dans ces contrées m'ont débité diverses histoires sur ces jeunes femmes. N'ont-elles point de mère?

— Il y a deux ans qu'elle est morte et coulée bas.

— Que voulez-vous dire? demanda Tueur-de-Daims avec surprise.

— Morte et coulée bas. Ce vieux Tom a inhumé sa femme dans le lac, comme je puis le certifier, ayant été témoin oculaire de la cérémonie.

— Mais le fit-il pour s'épargner la peine de creuser une fosse, besogne toujours difficile au milieu des souches, ou bien eut-il l'idée que l'eau lavait plus vite les fautes que la terre?

— C'est ce qui m'est impossible de décider.

— La pauvre femme était-elle une grande pécheresse?

— Mais non, quoiqu'elle eût ses défauts, et je crois qu'elle est morte aussi chrétiennement que pouvait le faire une femme qui avait si peu entendu le son des cloches. Elle avait un caractère d'acier, et comme le vieux Hutter ressemble aux cailloux, ils s'entre-choquaient parfois et lançaient des étincelles.

C'était alors que les auditeurs pénètraient dans leur vie passée, comme on pénètre dans les plus sombres parties du bois de la forêt, quand un rayon de soleil s'égare jusqu'aux racines des arbres..

— En tout cas, j'estimerai toujours la défunte, eu égard à sa fille Judith Hutter.

— C'est un nom que j'ai souvent entendu prononcer aux Delawares, mais, d'après ce qu'ils rapportent, je crois que j'aurais peu d'égards pour la fille.

— Peu d'égards ! s'écria March en prenant feu comme le vieux Tom. Que d'indifférence et de présomption ! vous n'êtes qu'un enfant, un plantard qui n'a pas encore pris racine. Judith se moquerait bien de vos égards, ne daignerait même pas jeter les regards sur un avorton comme vous.

— Nous sommes au mois de juin, répondit Tueur-de-Daims avec calme, et il n'y a pas de nuages entre nous et le soleil ; par conséquent il est inutile de nous échauffer ; il est permis à un écureuil d'avoir son opinion sur un chat sauvage.

— Oui, murmura March, mais il n'est pas toujours prudent que le chat sauvage en soit instruit ; mais êtes vous jeune et je pardonne à votre inexpérience. Allons, Tueur-de-Daims, ajouta-t-il en riant après un moment de réflexions, nous sommes amis jurés, et je ne vous chercherai point querelle à propos de Judith ; mais... que disaient d'elle les Delawares ? car, après tout les Indiens comme les blancs peuvent avoir des idées sur l'espèce féminine.

— Ils disaient qu'elle était agréable à regarder et à entendre, mais légère et coquette.

— Ce sont des diables incarnés ! ils sont plus forts que tous les maîtres du monde dans les connaissances de la nature ! On prétend parfois qu'ils ne sont propres qu'à la chasse ou à la guerre, mais je soutiens que ce sont des philosophes et qu'ils comprennent l'homme et la femme de même que le castor. Pour vous parler franchement, Tueur-de-Daims, ils vous ont dépeint Judith trait pour trait, et il y a deux ans que je l'aurais épousée sans des raisons particulières, dont la première est sa légèreté.

— Et quelle est la seconde ? demanda Tueur-de-Daims, qui continuait à manger et semblait prendre peu d'intérêt à la conversation.

— La seconde est que cette fille a des défauts que je ne puis lui passer, et je jure quelquefois de ne jamais retourner au lac.

— Et pour quelle raison y retournez-vous toujours ? tous vos serments sont inutiles. — Ah ! Tueur-de-Daims, vous êtes un homme à part ! vous êtes aussi fidèle à votre éducation que si vous n'aviez jamais quitté les établissements. Pour moi, toutes les fois que je songe à exécuter une chose, je ne manque pas d'en faire serment. Je lâche aussi de temps en temps des jurons qui vous sembleraient excusables si vous saviez ce qui concerne Judith. Les officiers des forts qui longent la Mohawk s'égarent quelquefois jusqu'au lac pour pêcher et pour chasser ; alors il faut voir comme elle se rengorge, comme elle s'attife, comme elle se donne des airs, croyant qu'on vient uniquement pour elle.

— Cela ne sied pas à la fille d'un pauvre homme, repartit Tueur-de-Daims d'un ton grave.

— Voilà ce qui me fait hésiter. Je voudrais regarder Judith comme modeste et convenable, mais les nuages qui passent sur nos têtes ne sont pas plus inconstants.

— A votre place, je n'y songerais plus, et je ne m'occuperais que des forêts.

— Si vous connaissiez Judith, vous verriez que c'est plus facile à dire qu'à faire. Sans mes inquiétudes, je l'épouserais malgré ses imperfections, et je laisserais le vieux Tom avec Hetty, son autre fille.

— Il y a donc deux oiseaux dans le même nid ? demanda Tueur-de-Daims, dont la curiosité s'éveillait : les Delawares ne m'avaient parlé que d'un seul.

— C'est assez naturel, car Judith seule attire l'attention par son esprit et sa beauté. La pauvre Hetty est, pour ainsi dire sur la limite de l'ignorance, et il lui arrive souvent de la franchir. Le vieux Tom veille sur elle avec tendresse, autrement je n'affirmerais pas qu'elle fût en sûreté au milieu des gens qui hantent parfois les bords du lac.

— Je croyais que ces eaux étaient inconnues et peu fréquentées, dit le Tueur-de-Daims, qui semblait craindre de se rapprocher du monde civilisé.

— Il est vrai qu'on y a vu à peine une vingtaine de blancs rassemblés ; mais ces gens de frontières, chasseurs, trappeurs, éclaireurs, sont capables de tout. Ce serait une chose affreuse pour moi de retrouver Judith mariée après une absence de six mois.

— Avez-vous reçu ses serments, pour vous faire concevoir de meilleures espérances ?

— Pas du tout, et je ne sais pourquoi. J'ai assez bonne mine, comme je puis le voir dans toutes les sources qu'éclaire le soleil, et pourtant je n'ai pu obtenir d'elle une promesse. Si elle a osé se marier en mon absence, elle ne tardera pas à connaître les plaisirs du veuvage.

— Vous ne voudriez pas nuire à l'homme qu'elle aurait choisi, uniquement parce qu'il l'aurait emporté sur vous ?

— Pourquoi pas ? quand un ennemi se place sur mon passage, n'ai-je pas le droit de le repousser ? Suis-je homme à me laisser vaincre par un vil marchand de pelleteries, dans une affaire qui m'intéresse autant qu'un mariage avec Judith ! Vivant en dehors des lois, nous devons rendre des sentences et les exécuter nous-mêmes ; et si l'on trouvait un homme mort dans les bois, en supposant que la calomnie s'en inquiétât, qui oserait dénoncer le meurtrier ?

— Moi ! dit le Tueur-de-Daims, si cet homme était le mari de Judith Hutter, j'en sais assez pour éclairer la justice coloniale.

— Vous, extrait d'homme ! vous oseriez dénoncer Henri March.

— J'oserais dire la vérité sur vous comme sur tout autre.

— March regarda son compagnon avec un étonnement silencieux, puis, le saisissant à la gorge, il le secoua avec une violence qui menaçait de lui disloquer les os. Ce n'était pas un jeu, car, malgré la futilité de l'offense, la colère étincelait dans les yeux du géant. Tout autre adversaire aurait été intimidé ; mais le Tueur-de-Daims resta paisible, et il répondit d'une voix qu'il ne daigna pas élever pour faire parade de sa résolution :

— Vous pouvez m'abattre, Hurry, mais vous ne m'arracherez point un mensonge. Il est probable que Judith n'a point de mari que vous puissiez tuer, et quand elle en aurait un, vous ne seriez pas à même de lui tendre des piéges, car je l'avertirais de vos menaces.

March lâcha prise et regarda son interlocuteur avec un surcroît d'étonnement.

— Je croyais que nous étions amis, dit-il enfin, mais voilà le dernier de mes secrets que je vous révèle.

— Je n'ai pas besoin de les connaître s'ils sont pareils à celui-ci. Je sais que nous vivons dans les bois, et que nous sommes de fait à l'abri des lois humaines ; mais il y a une loi et un législateur qui règnent sur toute l'Amérique, et quiconque les brave n'a pas besoin de m'appeler son ami.

— Sur mon âme, Tueur-de-Daims, vous êtes un dévot catholique plutôt qu'un intelligent et franc chasseur, comme vous prétendez l'être.

— Intelligent ou non, Hurry, vous me trouverez aussi franc dans mes actions que dans mes paroles. La facilité avec laquelle vous vous emportez prouve que vous n'avez pas assez vécu parmi les peaux rouges. Judith Hutter est sans doute encore célibataire, et vous avez laissé courir votre langue au hasard, sans écouter votre cœur. Voici ma main, et brisons là.

Hurry parut plus surpris que jamais, et partit d'un éclat de rire qui lui fit venir les larmes aux yeux ; il accepta la main qu'on lui présentait, et tous deux redevinrent amis.

— Il eût été insensé de nous quereller à propos d'une idée ! s'écria March, c'eût été une conduite moins digne d'un homme des bois que d'un avocat des villes. On m'a assuré, Tueur-de-Daims, que dans les bas comtés les hommes se tuent parfois pour des idées.

— C'est possible ! En tout cas, il est inutile de suivre leur exemple, surtout au sujet d'un mari à laquelle cette Judith Hutter ne songe probablement pas. Pour ma part, je suis plus curieux de voir la sœur qui a l'esprit faible que votre belle et spirituelle coquette. Il y a quelque chose de touchant dans une créature humaine qui a tout l'extérieur d'un être raisonnable, et qui pourtant manque de raison. C'est déjà assez triste dans un homme, mais l'absence d'intelligence dans une femme jeune m'inspire une compassion profonde. Dieu sait que les personnes du sexe ont de la peine à se défendre contre les nécessités et les malheurs de la vie, quand elles sont douées de toutes leurs facultés; qu'est-ce donc quand elles n'ont point dans l'esprit de guide et de protecteur !

— Écoutez, Tueur-de-Daims, vous connaissez les chasseurs, les trappeurs, les marchands de pelleteries ; on ne peut nier, même quand on leur porte intérêt, qu'ils se livrent à leurs caprices sans égards pour les droits d'autrui ; mais je crois qu'il n'y a pas dans tout le pays un individu capable de nuire à la pauvre Hetty, pas même une peau rouge.

— Vous appréciez bien les Indiens, ou du moins les Delawares et les tribus qui leur sont alliées, car les peaux rouges regardent comme placé immédiatement sous la protection divine celui auquel sa puissance a refusé les dons de l'esprit. Je suis heureux d'apprendre que Hetty Hutter est respectée de tous; mais comme le soleil descend à l'horizon, nous ferons bien de reprendre notre route pour avoir occasion de juger par nous-mêmes les deux sœurs.

Henri March y consentit : les voyageurs rassemblèrent les débris de leur festin, mirent leur bagage sur leurs épaules, reprirent leurs armes ; et quittant la petite clairière, ils se plongèrent de nouveau dans les profondeurs de la forêt.

CHAPITRE II

Nos deux aventuriers n'avaient pas un long voyage à faire. Henri March avait reconnu son chemin en trouvant l'éclaircie et la source, et il conduisait son camarade avec la confiance d'un homme sûr de son fait. La forêt était sombre, mais elle n'était plus encombrée de broussailles, et le sol était ferme et sec. Après avoir fait près d'un mille, March s'arrêta et se mit à examiner les objets circonvoisins, même les arbres tombés dont la terre était jonchée.

— Nous sommes dans la bonne voie, dit-il après avoir terminé ses observations. Voici les arbres que je m'attendais à trouver, un hêtre à côté d'un chêne vert, trois pins à droite, et plus loin un bouleau blanc dont la cime est brisée. Pourtant, je ne vois ni le rocher, ni les branches inclinées dont je vous avais parlé.

— Les branches ne sont pas un bon signe de reconnaissance, répondit le Tueur-de-Daims, car les malus expérimentées savent qu'elles ne se cassent pas elles-mêmes : les Delawares ne s'y fient qu'en temps de paix.

Quant aux bouleaux, aux pins et aux chênes verts, nous en voyons de tous côtés, non seulement par groupes de deux ou trois, mais par quarantaines ou cinquantaines.

— C'est vrai, Tueur-de-Daims, mais vous n'établissez pas bien vos calculs. Le bouleau et le chêne vert que j'indique..

— Se rapprochent avec une amitié toute fraternelle, je le vois ; mais il en est d'autres absolument semblables. Je crains, Hurry, que vous ne vous entendiez pas mieux à prendre des castors ou à tuer des ours qu'à découvrir une piste cachée... Ah ! voici pourtant ce que vous cherchez ! regardez, là-bas, voyez-vous ce jeune hêtre, dont la cime est accrochée dans les branches d'un tilleul ? Il a été autrefois courbé par les neiges, mais ce n'est pas lui qui s'est redressé et qui a pris pour soutien les rameaux du tilleul : c'est la main d'un homme qui lui a rendu ce service.

— C'est la mienne ! s'écria Hurry. J'ai trouvé ce frêle plantard penché vers la terre comme un être accablé par le malheur, et je l'ai relevé. Ma foi, Tueur-de-Daims, je conviens que vous acquérez un excellent coup d'œil pour les bois.

— Je fais des progrès Hurry, mais je ne suis qu'un enfant auprès de certaines gens de ma connaissance. Ainsi, Tamenund, quoiqu'il soit si vieux que peu d'Indiens se souviennent de l'avoir vu jeune, a des regards qui tiennent plutôt de l'odorat d'un chien que de la vue d'un homme. Uncas, père de Chingachgook, et chef légitime des Mohicans, aperçoit tout dans les bois les plus sombres.

— Quel est ce Chingachgook dont vous parlez tant ? demanda March en se dirigeant vers le hêtre redressé.

— C'est le meilleur des peaux rouges. Si on reconnaissait ses droits, ce serait un grand chef ; mais sa race est déchue et sa tribu dispersée. Ce n'est plus qu'un juste et brave Delaware, respecté et souvent même obéi. Ah! Henri March! vous sentiriez palpiter votre cœur si vous étiez assis par une soirée d'hiver dans une cabane indienne, écoutant le récit de l'ancienne grandeur des Mohicans!

— Mon ami Nathaniel, dit March en regardant en face son compagnon, afin de donner plus de poids à ses paroles, si l'on croyait tout ce que les autres avancent en leur faveur, on aurait trop bonne opinion d'eux et trop mauvaise opinion de soi-même. Les peaux rouges sont connus par leurs fanfaronnades, et la moitié de leurs traditions sont des contes.

— Je l'avoue, Hurry, je ne chercherai pas à le nier. Ils se vantent, mais c'est chez eux un don de la nature. Il ne faut jamais aller à l'encontre des dons naturels : voilà l'endroit que vous cherchez!

À ces mots, le Tueur-de-Daims montra à son compagnon un énorme tilleul qui avait fait son temps et qui était tombé par son propre poids.

Cet arbre, comme des millions de ses frères, gisait à la place où il s'était abattu, moisissant sous l'influence lente mais certaine des saisons. Pendant qu'il était encore debout, la pourriture l'avait attaqué au centre, dans tout l'orgueil de sa végétation, et l'avait creusé entièrement comme ces maladies qui détruisent les organes essentiels tout en respectant l'extérieur. Le chasseur s'était promptement aperçu de cette particularité, et il avait deviné que c'était l'arbre que March désirait retrouver.

— Oui, voilà notre affaire, s'écria Hurry en regardant l'extrémité la plus large du tilleul ; ce que j'ai caché là est en aussi bon état que si je l'avais laissé dans l'armoire d'une vieille femme. Allons, un coup de main, Tueur-de-Daims, et nous nous embarquerons dans une demi-heure.

À cet appel, le chasseur et son compagnon se mirent à l'œuvre avec la méthode que donne l'expérience. Hurry commença par enlever des morceaux d'écorce placés devant l'énorme ouverture de l'arbre, et, tout en l'aidant, le Tueur-de-Daims déclara qu'ils étaient disposés de manière à attirer l'attention plutôt qu'à dissimuler la cachette. On tira bientôt des flancs du tilleul un léger canot d'écorce garni de bancs, d'avirons et même de lignes de pêche. Quoiqu'il fût de dimension assez grande, le robuste March l'enleva sans assistance, et le plaça aisément sur son épaule.

— Marchez devant, dit-il au Tueur de-Daims, et écartez les buissons, le reste me regarde.

Le jeune homme obéit en inclinant à droite ou à gauche, selon les indications de son guide. Au bout de dix minutes, ils se trouvèrent brusquement en plein soleil sur une grève que baignaient les eaux.

Une exclamation de surprise échappa des lèvres du Tueur-de-Daims, quoiqu'il évitât d'élever la voix, car il avait déjà contracté des habitudes de prudence et de réflexion. Son enthousiasme était justifié par le spectacle qui s'offrait à lui. Un lac d'environ trois lieues de long sur une demi-lieue de large présentait une nappe d'eau si calme et si limpide, qu'on eût dit une couche de l'air pur des montagnes resserrée entre les rochers et les bois. Ses bords étaient dentelés de bois et de promontoires. Au nord, il était bordé par une éminence isolée dont les pentes s'abaissaient gracieusement pour rejoindre la plaine. En général, la contrée environnante était accidentée, et sur les neuf dixièmes du circuit, des côteaux s'élevaient perpendiculairement au-dessus des eaux. Les parties basses du rivage elles-mêmes aboutissaient à des monticules plus éloignés.

Mais ce qui impressionnait le plus dans ce paysage, c'était la solitude et sa tranquillité solennelle. De quelque côté que l'œil se tournât, on ne voyait que le ciel paisible, le lac uni comme un miroir, et le vert encadrement des forêts. La végétation était si riche et si puissante, que, depuis le sommet arrondi de la montagne jusqu'au niveau de l'eau, le sol avait invariablement les mêmes teintes verdoyantes, et comme si la nature n'eût pas été satisfaite d'un triomphe aussi complet, les arbres se penchaient vers le lac pour chercher le grand jour. Le long de la côte orientale, une barque aurait pu faire plusieurs milles sous les branches des trembles frémissants, des lugubres sapins et des chênes nuancés des couleurs bitumeuses de la palette de Rembrandt. En un mot, la main de l'homme n'avait jamais altéré les traits de ce tableau inondé de lumière, diversifié par un mélange d'eau et de verdure, et embaumé des doux parfums du mois de juin. Le Tueur-de-Daims, appuyé sur sa carabine, promena les yeux de tous côtés et s'écria : — C'est grand! c'est magnifique! c'est un spectacle qui vaut une éducation tout entière! les sauvages eux-mêmes n'ont pas touché un seul arbre de ces lieux! tout y est conforme à l'ordre établi par le Seigneur! Hurry, si votre Judith a de bonnes dispositions, elle doit être parfaite, ayant passé la moitié de sa vie dans un séjour aussi favorable.

— Assurément, et pourtant elle a ses caprices : cela vient de ce qu'au lieu de la garder ici, le vieux Tom avait l'habitude de visiter pendant l'hiver les établissements voisins situés sous le canon des forts, et le séjour des villes est moins sain pour l'âme que les grandes scènes de la nature.

— S'il en est ainsi, soyez-en persuadé, elle s'amendera dans ce lieu solitaire. Mais que voyons-nous au milieu de l'eau? c'est trop petit pour une île, et trop grand pour un bateau.

— C'est ce que les militaires des forts appellent le château du Rat-Musqué; et, quoique cette qualification soit injurieuse pour le vieux Tom, il en rit tout le premier. C'est son habitation stationnaire, car il en a une autre qui flotte, et qu'on a surnommée l'Arche, mot dont je ne comprends pas bien le sens.

— Il doit venir des missionnaires, Hurry; ils racontent que la terre a été autrefois couverte d'eau, et que Noé et ses enfants se sont sauvés en construisant un vaisseau appelé Arche, sur lequel ils se sont embarqués à propos. Voyez-vous cette Arche quelque part?

— Elle doit être à l'ancre dans une baie du côté du sud; mais le canot est prêt, et dans un quart d'heure nous arriverons au château.

Aussitôt les deux voyageurs s'embarquèrent après avoir arrimé leurs bagages dans le canot, qu'ils envoyèrent dès leurs premiers efforts à huit ou dix vergues du rivage. Henri March se plaça à l'arrière, et le Tueur-de-Daims prit les rames. De temps en temps ils s'arrêtaient pour examiner sous un nouvel aspect la courbure des baies, les ondulations des collines et la parure de feuillage dont la terre était revêtue.

— C'est une vue qui réjouit le cœur, s'écria le Tueur-de-Daims après trois ou quatre pauses : ce lac semble fait tout exprès pour nous permettre de juger toute la grandeur des forêts. La terre et les eaux attestent également les bienfaits de la providence divine! N'avez-vous pas dit, Hurry, que personne ne réclamait un droit de propriété sur ces magnificences?

— Personne, excepté le roi, mon garçon; encore il est si loin, qu'il n'importunera jamais le vieux Tom Hutter, qui en jouit paisiblement. Ce n'est pas un propriétaire foncier, puisqu'il n'habite pas la terre, mais c'est un propriétaire aquatique.

— Eh bien, je lui porte envie! je sais que c'est mal; mais j'ai beau m'en défendre, je porte envie à cet homme! Ne croyez pas toutefois que je songe à m'emparer de ses moccasins, mais je ne puis m'empêcher d'avoir à son égard un peu de jalousie. Après tout, c'est un sentiment naturel, et nous n'en valons que mieux quand nous écoutons la nature.

— Vous n'avez qu'à épouser Hetty pour hériter de la moitié du domaine, dit Henri March en riant. La jeune fille pourrait passer pour belle si elle n'était pas à côté de sa sœur; en outre elle a l'esprit si borné, que vous la dirigerez à votre guise. Débarrassez le vieux Tom de sa fille Hetty, et je vous garantis qu'il vous donnera une part de tous les daims que vous pourrez tuer à plusieurs milles à la ronde.

— Le gibier est-il abondant ici ? demanda brusquement Nathaniel, qui faisait peu d'attention aux railleries de son camarade.

— Il est maître du pays ; on ne lui tire jamais un coup de fusil, et les trappeurs viennent rarement lui tendre des piéges. Je ne devrais pas moi-même me montrer si souvent dans ces parages, mais Judith m'entraîne d'un côté, tandis que les castors m'attirent d'un autre. Elle m'a coûté plus de cent dollars d'Espagne pendant les deux dernières saisons, et pourtant je ne puis résister au désir de la revoir encore.

— Les hommes rouges visitent-ils souvent ce lac, demanda le Tueur-de-Daims suivant le cours de ses propres pensées.

— Ils vont et viennent, tantôt par bandes, tantôt isolément. Le pays semble n'appartenir à aucune tribu indigène. Ainsi il est tombé entre les ma   de la tribu des Hutters. A la vérité quelque enjôleurs ont essayé de passer un contrat avec les Mohawks, pour se faire ensuite donner un titre par la colonie : mais ces démarches sont jusqu'à ce jour sans résultat, et longtemps encore les chasseurs peuvent prendre leurs ébats dans le désert.

— Tant mieux, Hurry, tant mieux ! Si j'étais roi d'Angleterre, je bannirais dans une région lointaine l'homme qui abattrait un de ces arbres sans nécessité. Je suis charmé d'avoir donné rendez-vous à Chingachgook sur ce lac, qui me paraît une des merveilles de la nature.

— C'est que vous avez séjourné longtemps parmi les Delawares, dans le pays desquels il n'y a point de lacs. Au nord et à l'ouest, au contraire, ces nappes d'eau se multiplient ; et, comme vous êtes jeune, vous aurez occasion de les contempler. Mais quoiqu'il y ait d'autres lacs, Tueur-de-Daims, il n'y a pas d'autre Judith Hutter.

Le rameur sourit de cette observation, et, par égard pour son compagnon, il fit mouvoir ses avirons avec énergie. Il s'arrêta à une centaine de vergues de l'habitation, pour contempler ce singulier édifice, et l'admirateur de Judith réprima d'autant plus facilement son impatience, qu'il remarqua qu'il n'y avait personne au logis.

Le château du Rat-Musqué, ainsi nommé par quelques officiers facétieux, s'élevait au centre du lac, à un quart de mille de la rive la plus proche. Il était bâti sur pilotis, ce qui étonna d'abord le Tueur-de-Daims, qui avait été frappé de la grande profondeur du lac : mais Henri March lui apprit qu'il existait un bas-fond assez étendu sur lequel Hutter avait bâti sa maison.

— Le vieux Tom avait été brûlé trois fois, ajouta-t-il, tant par les Indiens que par les chasseurs, et il avait perdu son seul enfant mâle dans une escarmouche avec les Peaux-Rouges. Ce fut alors qu'il se réfugia sur l'eau. On ne peut l'y attaquer sans venir en bateau et le butin qu'on pourrait faire ne dédommagerait pas de la peine de creuser des canots. Il n'est pas sûr, d'ailleurs, qu'on réussit, car le vieux Tom a des armes et des munitions, et vous voyez que sa forteresse est à l'épreuve de la balle.

Le Tueur-de-Daims avait une connaissance théorique de la manière de combattre sur les frontières, quoiqu'il n'eût pas encore trouvé l'occasion de lever la main contre un de ses semblables. Il reconnut que Hurry, au point de vue militaire, n'exagérait pas la force de la position, puisqu'il était impossible de l'attaquer, sans s'exposer de toutes parts au feu des assiégés. L'art qui avait été déployé dans la disposition des madriers rendait cette cabane de bois plus sûre que les huttes ordinaires. Les murailles en étaient composées de troncs de gros pins, d'environ neuf pieds de long, et plantés droit, au lieu d'être posés horizontalement, suivant l'usage du pays. Ces poteaux étaient équarris de trois côtés, et avaient à chaque bout de larges tenons. Des racinaux massifs avaient été assujettis à l'extrémité des pilotis, et sur leurs surfaces équarries avaient été creusées des mortaises, pour recevoir les tenons inférieurs. Sur le haut de la muraille étaient posées des planches, solidifiées par des moyens analogues ; tous les angles de l'édifice avaient été chevillés et assemblés à queue d'aronde.

Les planchers étaient faits de bûches, et le toit composé de perches légères, hermétiquement unies et couvertes d'écorce. Cette construction avait partout au moins deux pieds d'épaisseur, et ne pouvait être détruite que par les efforts réitérés de l'homme, ou par l'action lente du temps.

Comme les troncs d'arbres étaient de grandeur inégale, l'extérieur de la maison présentait une surface rude et anfractueuse; mais à l'intérieur, les parois et le plancher étaient aussi unis qu'on pouvait le désirer.

La cheminée n'était pas la partie la moins singulière du château, surtout quand on savait la manière dont elle avait été bâtie. Elle était de blocs d'argile, qu'on avait mis successivement en place entre des moules de bois et qu'on avait laissé sécher, en les unissant au dehors par des crampons. On avait ensuite allumé un grand feu, qui avait rougi le tuyau ; et, à force de remplir les crevasses avec de l'argile fraîche, on avait fini par obtenir un âtre et une cheminée solides.

— Le vieux Tom a mis là tous ses talents, dit Hurry après avoir donné ces explications ; il avait craint d'abord d'établir dans son domicile un foyer d'incendie, mais il arrivera à triompher même de la fumée.

— Vous semblez posséder à fond l'histoire du château, repartit le Tueur-de-Daims en riant. Est-ce que Judith vous l'a fait étudier ?

— C'est possible, reprit le géant avec gaieté ; mais je connais le local pour y avoir travaillé moi-même. Nous étions en bande sur le lac, quand le vieux Tom a bâti sa maison, et nous lui avons prêté main-forte. J'ai porté moi-même la plupart de ces madriers sur mes épaules, et je puis vous assurer, maître Nathaniel, que les haches ne restaient pas oisives parmi les arbres du rivage. Le vieux diable nous régalait à gogo, et, par reconnaissance, nous avions résolu de finir sa hutte avant de retourner vendre nos peaux à Albany. Oui, j'ai fait plus d'un bon dîner chez Tom Hutter, car sa fille Hetty, quoique dénuée d'intelligence, est une admirable cuisinière.

Pendant ce dialogue, le canot atteignit le débarcadère. C'était une plate-forme, d'une vingtaine de pieds carrés, planchéiée et située en face de l'entrée.

— Voilà ce que les habitants appellent la cour du château, dit Henry en amarrant le canot ; mais comme il n'y a pas de justice ici, je ne vois pas trop ce qu'y vient faire une cour... Comme je l'avais supposé, il n'y a pas une âme ici, et toute la famille est partie pour un voyage de découvertes.

Pendant que Hurry examinait les filets, les lignes et autres agrès de pêche épars dans la cour, le Tueur-de-Daims entrait, montrant une curiosité qui n'était pas ordinaire chez un homme si familiarisé avec les habitudes indiennes. La première pièce du château servait de cuisine et de salon. Le reste de l'espace, renfermant une superficie de vingt pieds sur quarante, était divisé en petites chambres à coucher. Le mobilier était un étrange amalgame ; il se composait, en général, d'objets rustiques et d'un travail grossier. Mais on y remarquait un beau coffre de bois d'ébène, un bureau et deux fauteuils, qui provenaient évidemment d'une habitation plus somptueuse. On y entendait encore les tintements d'une horloge dont la marche semblait répondre à son triste aspect, car ses aiguilles de plomb marquaient onze heures, quoique le soleil déclinât déjà. Les ustensiles de cuisine étaient simples et peu nombreux, mais d'une excessive propreté.

Lorsque Nathaniel eut jeté un coup d'œil sur la première pièce, il leva un loquet de bois et pénétra dans un étroit corridor qui séparait la maison en deux parties égales. Poussé par la curiosité, il ouvrit sans scrupule une porte, et se trouva dans l'appartement des femmes. Le lit était composé de matelas énormes rembourrés de plumes d'oies sauvages, et reposant sur un bois grossier. D'un côté de la chambre étaient suspendues à des chevilles des robes d'une qualité très supérieure à celle des costumes qu'on se serait attendu à trouver dans un pareil lieu. Çà et là étaient dispersés des rubans, de jolis souliers à boucles d'argent, et six éventails entr'ouverts, afin d'attirer l'œil par leurs devises et leurs couleurs. De ce même côté du lit, l'oreiller était orné d'une dentelle, et l'on y avait attaché avec une épingle une paire de gants longs et un chapeau coquettement enjolivé de rubans. Le Tueur-de-Daims remarqua ces ajustements, qui étaient étalés avec ostentation. Doué d'un esprit d'observation qui eût fait honneur à un Delaware, il ne manqua pas de reconnaître un contraste frappant entre la place qu'occupait Judith et celle que se réservait sa sœur. Du côté de celle-ci, tout était propre, mais simple, les vêtements étaient taillés sans goût, de l'étoffe la plus grossière, et totalement dénués de rubans.

Il y avait plusieurs années que Nathaniel n'avait visité un séjour exclusivement destiné à des femmes de sa couleur. Ce spectacle réveilla en lui des souvenirs d'enfance, et il parcourut la chambre avec un attendrissement auquel il avait été longtemps étranger. Il pensa à sa mère, dont il se rappelait avoir vu les habits d'une étoffe commune suspendus à des patères, comme ceux qu'il croyait devoir appartenir à Hetty. Il songea à sa sœur, dont il avait vu le goût pour la toilette se développer comme celui de Judith. Ces légères analogies ouvrirent en lui une source nouvelle de sensations, et quand il quitta la chambre, il avait un air rêveur.

— Le vieux Tom a embrassé une profession que je ne connaissais pas, lui cria Hurry, qui examinait les bagages du propriétaire; il tend maintenant des piéges aux castors, et si vous êtes disposé à rester quelque temps dans ces parages, nous pourrons y faire de bonnes affaires, nous. Vous pêcherez et vous tuerez des daims pour notre consommation, tandis que nous recueillerons des fourrures.

— Volontiers, Hurry; et quoique mes coups soient funestes au gibier, comme mon surnom l'indique, je pourrai vous aider de temps en temps à chasser le castor... Mais que ce lac est magnifique! Quel nom lui a-t-on donné?...

— A vrai dire, répondit Henri March, je crois que les gens du roi ne se sont pas encore occupés de la baptiser. Entre nous, nous l'appelons Glimmerglass.

— Il en sort une rivière, n'est-ce pas?... C'est près de ses bords, sur ce rocher, que j'ai donné rendez-vous à Chingachgook.

— Oui, c'est la Susquehannah, que vous avez dû voir couler dans le pays des Delawares.

Le Tueur-de-Daims ne fit point de réponse. Il était tout occupé à admirer la réflexion des montagnes dans le lac, la surface polie des eaux, et les baies étincelantes sous des voûtes de feuillage. La voix des solitudes parlait à son cœur; il prenait plaisir à étudier les contours des bois qu'il avait souvent parcourus sans en voir la fin, et le calme saint de la nature lui faisait éprouver à son insu un enthousiasme poétique.

CHAPITRE III

Henry Hurry pensait plus aux charmes de Judith Hutter qu'à ceux du Glimmerglass et du paysage qui l'environnait. Après s'être convaincu que rien ne manquait dans le canot, il appela son compagnon pour se mettre en route à la recherche de la famille. Préalablement au départ, il parcourut à l'aide d'une mauvaise longue-vue la ligne nord de la rivière et tous les recoins, les criques, les caps, de préférence aux lisières des bois.

— C'est comme je le pensais, dit-il, déposant sa lunette; le vieux bonhomme a pris sa course vers le sud, abandonnant le château à sa propre défense. Nous sommes certains qu'il n'est pas de ce côté, nous n'aurons donc pas de peine à descendre le fleuve et à le dépister dans son antre.

— Que peut faire maître Hutter sur ce lac? demanda le chasseur qui suivit son compagnon dans le canot; c'est à mes yeux une solitude où tout chrétien doit ouvrir son âme, et livrer ses pensées à l'adoration du Créateur.

— Vous oubliez vos amis les Mingos et tous les sauvages des possessions françaises. Il n'y a pas un point sur ces terres où ces coquins remuants ne viennent fureter. Où est le lac, le ruisseau, qu'ils n'aient découverts et bientôt ensanglantés?

— Ils ont une bien mauvaise réputation, c'est vrai, ami Hurry, quoique je ne les aie pas encore rencontrés sur le sentier de la guerre. Mais je ne crois pas que ce délicieux endroit soit connu de ces pillards. Les Delawares m'en ont fait une telle peinture que je les crois de vrais mécréants.

— Et vous pouvez le croire en toute confiance, ainsi que de toute autre tribu sauvage que vous rencontrerez.

Le chasseur protesta en faveur des Delawares, et leur dispute continua sur les distinctions à faire entre les visages pâles et les Peaux-Rouges, tout en dirigeant le canot dans la descente. Hurry conservait les préjugés et les antipathies des chasseurs blancs, qui trouvaient dans les Indiens des concurrents redoutables, et de plus des ennemis à combattre. Il parlait haut, déversait des injures, et argumentait peu. Le chasseur, d'un autre côté, montrait un caractère tout différent. La modération de ses expressions, la netteté de ses aperçus, prouvaient chez lui un vif désir de rendre justice, et d'éviter les sophismes pour soutenir un argument ou combattre un préjugé.

— Vous conviendrez, Nathaniel, qu'un Mingo est plus qu'à moitié diable, s'écria Hurry reprenant la discussion avec une ardeur qui approchait de la férocité; et vous aurez de la peine à me faire croire que la tribu des Delawares n'est composée que d'anges. Il est certain que les blancs ne sont pas sans défauts, mais ils valent cent fois mieux que tous les Indiens du monde; ainsi tombe votre argument. Mais voici ce que j'appelle raisonner. Il y a sur la terre trois couleurs d'hommes, la blanche, la noire et la rouge. Le blanc est la première couleur, donc l'homme blanc est le meilleur; le noir vient ensuite et semble avoir été créé pour servir le blanc; puis le rouge vient en dernier pour prouver que les hommes de cette race n'ont jamais été compris que comme une imperfection des deux premières espèces.

— Dieu les a faits tous les trois semblables, Hurry.

— Semblables? Est-ce qu'un nègre ressemble à un blanc : qu'ai-je de commun avec une peau rouge?

— Vous vous emportez sans me laisser achever. Dieu nous a tous créés blancs, noirs et rouges, et il avait sans doute ses intentions en nous donnant ainsi des couleurs différentes; toutefois il nous a donné à peu près à tous les mêmes sensations. Je ne nierai pas que chaque race possède ses dons particuliers. Un homme blanc est chrétien, il vit en société, tandis que le peau rouge habite les déserts. Ce qui est un crime pour le blanc, scalper les morts, est une vertu chez un Indien. Puis les blancs n'entraînent pas leurs femmes et leurs enfants à la guerre. C'est cruel, j'en conviens; mais chez les Peaux Rouges, c'est l'usage.

— Cela dépend de l'ennemi à qui l'on a affaire. Quant à

scalper ou écorcher un sauvage, je n'en fais pas plus de cas que de couper les oreilles des loups pour la prime, ou de dépouiller un ours de sa fourrure. Et d'ailleurs n'est-ce pas parfaitement légal, puisque le gouverneur a établi une prime pour chaque chevelure de sauvage comme pour les oreilles de loup ou les têtes de corbeau ?

— Et c'est une honte, Hurry. Les Indiens eux-mêmes en déduisent que nous ne valons pas mieux qu'eux. Tout ce que font les blancs est loin d'être chrétien ; et s'il y a parmi les Indiens des tribus naturellement perverses et méchantes, on trouve parmi les blancs des nations qui ne valent pas mieux. En état de guerre loyale, comme nous y sommes depuis quelque temps, nous devons comprimer nos sentiments de compassion, quant à la vie ; mais, dès qu'il s'agit de scalper, c'est bien différent.

— Écoutez un peu la raison, Tueur-de-Daims, et dites-moi s'il est possible que la colonie fasse une mauvaise loi. Une loi ne peut pas être illégale pas plus que la vérité ne saurait être le mensonge.

— Ceci sonne raisonnablement à l'oreille, et pourtant il n'est rien de plus déraisonnable. Les lois ne viennent pas toutes de la même source. Dieu nous a donné les siennes ; il y en a qui viennent de la colonie, et d'autres nous sont transmises par le roi et le parlement. Lorsque les lois de la colonie ou même celles du roi sont contraires à celles de Dieu, elles sont injustes et ne devraient pas être obéies. Mais à quoi bon discuter ? chacun a sa manière de voir et de penser. Soyons plutôt attentifs à chercher votre ami Tom Flottant et à ne pas passer l'endroit où il est caché le long de ces bords fertiles.

Le chasseur définissait bien les rives du lac. Dans toute leur étendue, les plus jeunes arbres qui les couvraient ombrageaient les bords et baignaient souvent leur feuillage dans les eaux transparentes. Les bancs étaient en pente, et comme la végétation recherche invariablement la lumière, les branches se croisaient en faisceaux et donnaient au paysage une physionomie pittoresque et accidentée. Le canot serrait de près la rive ouest du lac, afin de pouvoir reconnaître les ennemis, s'il devait s'en rencontrer, avant que de se risquer trop ouvertement à la lumière du jour. L'attention des deux aventuriers était constamment tenue en haleine par la quantité innombrable de tournants et de langues de terre dont les recoins pouvaient recéler un ennemi. Leur marche était rapide, grâce à la force athlétique d'Hurry, qui maniait les avirons comme il eût fait d'une plume, tandis que le talent de son compagnon se déployait au gouvernail.

A chaque coude du fleuve, Hurry regardait derrière lui, s'attendant à découvrir l'arche ancrée ou abritée dans la baie, et chaque fois son regard revenait désappointé. Ils parcoururent ainsi la distance de deux lieues depuis le château, qui était alors caché à leur vue par les inégalités du terrain, quand tout à coup Hurry cessa de ramer, paraissant incertain de la route qu'il conviendrait de suivre.

— Il se pourrait bien que le vieux gaillard eût descendu la rivière, dit-il après avoir interrogé les touffes des taillis. Il s'occupe beaucoup depuis quelque temps à tendre des trappes et à ramener le bois flottant, de sorte qu'il est peut-être à un mille ou deux d'ici. En tout cas il aura une rude tâche pour remonter.

— Où est situé ce bras? demanda le Tueur-de-Daims, je ne vois pas de courbe ou d'issue par où la Susquehannah puisse pénétrer de ce côté.

— Ah! Nathaniel, les rivières sont comme le genre humain : petites sources en commençant, elles finissent par de larges épaules et de grandes bouches. Vous ne voyez pas le second bras parce qu'il passe entre des bords élevés et garnis de pins, de chênes et de taillis, qui sont suspendus au-dessus comme les toits d'une maison. Si le vieux Tom n'est pas dans le Trou-du-Rat, il aura descendu la rivière; nous le chercherons dans le prochain couvert, puis nous traverserons du côté du passage.

En avançant, Hurry expliqua à son compagnon qu'il y avait une baie profonde formée par un creux allongé, et auquel on avait donné le nom de Trou-du-Rat, parce que c'était le refuge ordinaire du rat musqué, et où le propriétaire de l'arche aimait à s'abriter sous le ciel de verdure qui le fermait.

— Comme on ne sait jamais qu'elle sorte de visiteurs on peut rencontrer dans ces parages, il est bon d'avoir l'œil attentif, afin de ne pas les laisser approcher de trop près. Nous sommes en guerre, et un Canadien ou un Mingo pourrait s'introduire dans la hutte sans y être invité. Mais Hutter est un dépisteur de premier ordre, et il flaire le danger comme le limier sent le chevreuil.

— Le château est tellement à découvert qu'il attirera les ennemis s'ils pénètrent dans ses eaux, ce qui du reste est assez peu probable, vu son éloignement des autres forts et des émigrants.

— Pourquoi, Nathaniel? on rencontre les ennemis plus aisément que les amis. C'est effrayant de penser combien il y a de raisons pour avoir des ennemis, lorsqu'on en trouve si peu pour se faire des amis. Les uns déterrent la hache parce que l'on diffère d'avis avec eux ; d'autres parce que l'on pense de même, et j'ai connu une fois un vagabond qui s'est pris de querelle avec un ami parce qu'il le trouvait laid. Maintenant vous n'êtes pas un phénix en fait de beauté, et pourtant vous ne seriez pas assez déraisonnable pour devenir mon ennemi parce que je vous trouverais laid.

— Je suis ce que le Seigneur m'a fait, et je ne désire être ni mieux ni pire. Je ne suis pas beau, c'est vrai, surtout dans le sens que les hommes lo disent; mais j'espère n'avoir rien à me reprocher dans ma conduite. Il y a peu d'hommes d'aussi noble prestance que vous, Hurry, et je ne m'attends pas à ce que l'on daigne me regarder quand vous êtes présent; mais je ne crois pas qu'un chasseur soit moins habile à manier le fusil parce qu'il ne s'arrête pas au-dessus de chaque cours d'eau pour mirer son visage.

Hurry partit d'un éclat de rire.

— Non, non, Tueur-de-Daims, vous n'êtes pas beau, comme vous pouvez vous en convaincre en regardant par-dessus le canot : Judith vous le dira en face si vous la regardez, car il n'y a pas de langue plus libre parmi les filles des colonies lorsqu'elle est excitée. Je vous conseille de ne pas la mettre à l'épreuve. Quant à Hetty, vous pouvez lui être tout ce que vous voudrez; elle est douce comme un agneau.

— Je ne cacherai pas que j'ai souvent désiré paraître moins laid que je ne le suis, mais je me consolais en pensant que j'aurais pu être boiteux, aveugle ou sourd, ce qui m'aurait mis à la merci des hommes et rendu incapable de servir de guide ou de chasser.

— Je n'ai pas voulu vous humilier, mon ami, répondit Hurry avec douceur — pardonnez-moi et oubliez ce que je vous ai dit : si vous n'êtes pas régulièrement beau, vous avez une physionomie fraîche et franche qui plaît à première vue. Je ne dirai pas que Judith vous admirera, ce serait vous donner des espérances qui ne produiraient que des regrets; mais il y a Hetty qui vous trouvera aussi agréable à la vue qu'aucun autre homme. Et puis vous êtes trop grave et trop sérieux pour Judith, qui aime beaucoup qu'on s'occupe d'elle; je crois même quelquefois que la petite coquette aime sa propre personne plus que toute autre du monde.

— Elle ressemble en cela, je le crains, mon cher Hurry, à beaucoup de femmes des grandes villes, répondit Nathaniel en souriant et sans conserver la moindre trace de ressentiment.

— Je ne connais pas même parmi les Delawares un être féminin qui soit exempt de cette faiblesse... Mais nous voici au bout de cette longue pointe que vous avez indiquée, et le Trou-du-Rat ne doit pas être loin.

Cette pointe, au lieu de se projeter en avant comme les autres, courait dans la même direction que le lac qui la creusait à cet endroit et formait une baie profonde, contournant vers le sud pendant un quart de mille, et formant la limite du lac au milieu de la vallée qu'il coupait par la moitié. Hurry avait la certitude de trouver l'arche à l'ancre dans cette petite crique, qu'abritait une bordure touffue d'arbres et de plantes aquatiques, où elle aurait pu demeurer cachée à tous les yeux pendant toute une saison d'été.

— Nous apercevrons bientôt l'arche, dit Hurry comme le canot glissait vers l'extrémité du cap, où l'eau paraissait noire, tant le lac était profond : il aime à s'enterrer parmi les roseaux, et dans cinq minutes nous découvrirons son nid.

Cependant le canot doubla la pointe et découvrit aux yeux des voyageurs toute l'étendue de la baie sans que nul vestige humain réalisât les prévisions d'Hurry. L'eau paisible s'arrondissait en courbe gracieuse, les roseaux se balançaient mollement sur la surface, et les arbres s'y reflétaient comme dans toute la longueur du lac; mais le tout était plongé dans la sublime solitude du désert. La scène était telle qu'un poète ou un artiste l'eût désirée.

Le canot effleurait en silence la surface de l'eau, tant les hommes des frontières avaient pris l'habitude de la prudence et de comprimer leurs mouvements. A ce moment le bruit sec d'une branche qui craque se fit entendre sur l'étroite langue de terre qui séparait la baie du lac. Les deux aventuriers s'arrêtèrent étonnés, et tous deux mirent la main sur leur fusil.

— Le craquement était fort, dit tout bas Hurry, et semblait produit par le pied d'un homme.

— Non pas, non pas — ce n'est pas un homme. En tout cas, dirigez le canot de ce côté... J'aborderai et couperai la retraite vers la pointe, que ce soit un Mingo ou un rat musqué.

Hurry obéit, et son compagnon fut bientôt sur le bord, s'avançant d'un pied léger vers le fourré. Il arriva au centre, et s'avançant lentement, l'œil en arrêt, les branches sèches craquèrent de nouveau, le bruit se répercutant à de courts intervalles, indiquant qu'une créature quelconque se dirigeait vers la pointe. Hurry entendit le bruit, et rapprochant le canot du bord, il saisit son fusil, prêt à tout événement. Une minute d'angoisses suivit, après laquelle un beau chevreuil sortit du fourré, se dirigeant lentement vers l'extrémité sablonneuse du cap. Il vint étancher sa soif dans l'eau limpide du lac. Hurry hésita un instant; puis épaulant son fusil, il visa et fit feu. L'effet de cette interruption soudaine du silence solennel qui régnait dans ces parages fut prodigieux; le bruit d'abord sec, bref comme celui que produit une arme à feu, traversa l'espace de l'autre côté de la rive, se heurta contre le granit des montagnes, où les vibrations se répercutèrent, de cavité en cavité, à une grande distance, réveillant les échos des bois et des rochers; le chevreuil secoua la tête lorsque la balle passa en sifflant près de ses oreilles. Il semblait ignorer le danger qu'il avait couru; mais les échos des montagnes éveillèrent ses craintes; ramassant ses jambes sous son ventre, il plongea en pleine eau et se dirigea en nageant de l'autre côté du lac; Hurry poussa un cri et lança le canot dans la même direction. Il avait déjà tourné la pointe lorsque le Tueur-de-Daims parut sur la rive et lui fit signe de revenir.

— Quelle imprudence d'armer un fusil avant de savoir s'il n'y a pas ici près quelque ennemi caché! dit-il lorsque son compagnon se fut à regret rapproché de lui. Les Delawares m'ont appris à être prudent, et, quoique je n'aie pas encore pénétré dans le sentier de la guerre, je m'attache à suivre leurs conseils. La saison du gibier n'est pas encore venue, et nous ne manquons pas de vivres. On m'appelle Tueur-de-Daims, j'en conviens, et peut-être méritai-je ce nom pour ce qui est de connaître les habitudes de cet animal et pour la sûreté de mon coup d'œil; mais on ne peut pas m'accuser de tuer lorsque cela n'est pas nécessaire : je suis chasseur, et non pas un boucher.

— C'est une fière maladresse d'avoir manqué ce chevreuil ! s'écria Hurry ôtant son bonnet et plongeant ses doigts dans sa riche et noire chevelure; je n'ai pas manqué un si beau coup depuis que je manie un fusil.

— Il ne faut pas le regretter, la mort de cet animal ne nous eût rien rapporté de bon; elle aurait pu au contraire nous faire beaucoup de tort. Les échos résonnent dans mes oreilles, comme la voix de la nature qui semble s'élever pour blâmer une action inutile et irréfléchie.

— Vous en entendrez bien d'autres si vous restez longtemps dans ces parages, mon garçon, répondit l'autre en riant; ces échos répètent à peu près tout ce qui se dit ou se fait sur le lac brillant, surtout dans cette calme saison d'été. Qu'un aviron tombe, vous entendez sa chute au loin encore et encore, comme si les montagnes se riaient de votre maladresse; et un éclat de rire ou un sifflet se multiplie parmi ces pins, comme si un signal provoquait entre eux une conversation.

— Raison de plus pour être prudents et silencieux. Je ne crois pas que l'ennemi ait encore frayé sa route parmi ces montagnes; car je ne sais pas ce qu'il y gagnerait : mais les Delawares m'ont appris que, si le courage est la première vertu d'un guerrier, la prudence en est la seconde. Un tel signal des montagnes suffit à mettre dans le secret de notre arrivée une tribu tout entière.

— Enfin cela pourrait servir à informer le vieux Tom que ses visiteurs approchent. Allons, mon garçon, entrez dans le canot et allons à la recherche de l'arche pendant qu'il fait encore jour.

Les deux voyageurs reprirent leur route : on apercevait déjà l'extrémité du lac, dont la rapidité des rameurs diminuait la distance, et de l'autre côté de la rive, le chevreuil ayant atteint le bord, secoua ses flancs et disparut bientôt à leurs yeux dans les profondeurs de la forêt.

— Cet animal semble joyeux d'avoir échappé au danger; vous devriez éprouver le même sentiment, Hurry, en pensant que votre coup d'œil a manqué et que votre main a tremblé.

— L'œil et la main ne signifient rien, répliqua Hurry avec aigreur; vous avez une certaine réputation parmi les Delawares pour votre adresse à chasser le chevreuil; mais je voudrais vous voir derrière l'un de ces arbres et un Mingo bien affreusement tatoué de l'autre, chacun avec un fusil armé et le doigt sur la détente. Voilà la vraie situation, Nathaniel, pour éprouver le coup d'œil et la main; car elle repose alors sur la solidité des nerfs. Je ne considère pas comme un exploit de tuer une créature humaine; mais c'en est un de tuer un sauvage. Nous aurons bientôt l'occasion de vous mettre à l'épreuve, car nous sommes près d'en venir aux coups, et nous verrons alors ce que devient sur le champ de bataille une réputation de chasseur. Je soutiens que ni ma main, ni mon œil n'ont dévié, mais que c'est au contraire le chevreuil qui s'est arrêté tout à coup, et qu'alors ma balle a passé par-dessus sa tête.

— Comme vous voudrez, Hurry; tout ce que je puis dire, c'est que je ne crois pas jamais tirer sur un homme avec autant d'impassibilité que si je tue un chevreuil.

— Qui vous parle d'homme ou de créature humaine, Nathaniel! il ne s'agit ici que d'un Indien.

— Je tiens les peaux rouges pour des créatures humaines comme nous, Hurry : et, la différence disparaîtra lorsque chacun sera jugé selon ses actes et non pas d'après la couleur de sa peau par le souverain juge.

— Voilà ce que j'appelle un sermon de missionnaire qui trouvera peu de faveur dans cette partie de nos contrées. Ici la peau fait l'homme; autrement comment les peuplades pourraient-elles se reconnaître ? C'est par la peau que nous distinguons un ours d'un cochon, et un écureuil gris d'un écureuil noir.

— C'est vrai, Hurry : mais ce ne sont pas moins deux écureuils.

— Qui en doute ! Mais vous ne direz pas qu'un Peau-Rouge et un homme blanc sont tous deux Indiens ?

— Non, mais je dirai qu'ils sont hommes tous les deux ; hommes de différentes races, hommes de différentes couleurs, mais de même nature, possédant tous deux une âme, ayant un compte égal à rendre de leurs actions sur terre.

Hurry était un de ces théoriciens qui croient à l'infériorité de toute race humaine qui n'est pas blanche; ses notions sur ce sujet étaient très obscures, mais son opinion n'en était que plus absolue et plus dogmatique. Sa conscience l'accusait d'actes illégaux et sanguinaires commis sur les Indiens, et il trouvait un moyen excessivement facile d'en apaiser les remords en classant leur famille en dehors de la catégorie des droits de la famille humaine. Rien ne l'irritait tant que d'attaquer ses sophismes par des arguments plausibles. Aussi les observations de son compagnon éveillèrent-elles sa colère.

— Vous n'êtes qu'un enfant égaré et mal conseillé par les artifices des Delawares et l'ignorance des missionnaires. Libre à vous d'appeler frère un Peau-Rouge; mais je soutiens que ce sont tous des animaux qui n'ont rien d'humain que la ruse et la fourberie, ce que possèdent également le renard et l'ours. Je suis plus vieux que vous, et j'ai vécu trop longtemps dans les bois pour que vous m'appreniez ce qu'est un Indien et ce qu'il n'est pas. Si vous voulez passer pour sauvage, vous n'avez qu'à le dire, et je vous présenterai comme tel à Judith et au vieillard. Nous verrons alors comment vous trouverez l'accueil qui vous sera fait.

Ce trait de l'imagination d'Hurry lui représentant la réception que ferait sa connaissance aquatique au jeune homme qu'il introduirait ainsi transforma sa colère en un joyeux et grand éclat de rire. Nathaniel connaissait trop bien l'inutilité de chercher à convaincre son compagnon, et il ne fut pas fâché que l'approche du terme de leur course vînt donner une nouvelle direction à ses idées; ils étaient en effet tout près de l'endroit que March avait indiqué comme l'entrée du passage, et tous deux interrogeaient les taillis et les bosquets dans l'espoir de découvrir l'arche.

Il pourrait paraître étrange à nos lecteurs que l'endroit où un courant, quel que fût son peu de largeur, coulait entre des bords élevés en quelques endroits de près de vingt pieds, ne pût pas être découvert par nos voyageurs, qui en étaient au plus à deux cents pas, mais il se souviendront que les arbres et les plantes couvraient le lac dans une proportion assez large pour cacher les irrégularités de ses bords.

— Il y a deux saisons d'été que je ne suis venu par ici, dit Hurry se dressant dans le canot pour mieux voir autour de lui. Ah! voici le rocher qui montre sa tête au-dessus de l'eau, et je sais que le passage commence tout près de là.

Les hommes reprirent l'aviron et se rapprochèrent du rocher, qui ne s'élevait qu'à deux ou trois pieds au-dessus de l'eau, et dont le roulement incessant du fleuve avait arrondi les aspérités au point de le faire ressembler à une énorme ruche. Hurry observa à son compagnon que c'était un endroit bien connu des Indiens, et comme un point de ralliement dans leurs chasses ou dans leurs marches guerrières.

— Et voici le passage, Nathaniel, continua-t-il, il est tellement obstrué par les arbres et les buissons qu'on dirait plutôt un hangar qu'un bras du Glimmerglass.

En effet, la description d'Hurry était juste; car la rampe du bord était couverte d'épais buissons à sa base et dominée par des pins ondoyants comme les arceaux d'une église, entrelaçant leurs branches de manière à former une voûte épaisse de verdure. La forêt, située en amont, ne laissait apercevoir non plus aucune trace de ce passage, toute la partie basse présentant un interminable tapis de verdure et de feuilles. Le canot pénétra sous ce berceau d'arbres à travers lequel de faibles rayons du jour pénétraient par intervalles, éclairant à peine l'obscurité du courant.

— Voilà ce qui s'appelle un berceau naturel! murmura Hurry; c'est là bien sûr que le vieux Tom a caché l'arche, nous le découvrirons bientôt.

— Ce ne me semble pas un endroit capable de recéler un bâtiment d'une dimension quelconque, et il me semble que nous pourrons à peine y diriger le canot.

Cette remarque fit rire Hurry; et, en effet, ils eurent à peine pénétré sous l'arcade que leur vue s'ouvrit sur une petite rivière étroite, assez profonde et d'un courant rapide. Des touffes de plantes se projetaient en avant, laissant un espace d'environ vingt pieds de large pour la navigation. Hurry cessa de ramer, se bornant à maintenir le canot au milieu du courant, et tous deux interrogeant les coudes que formait le passage ou fouillant de leurs regards vigilants les profondeurs des buissons. En passant sous un couvert de pins, Hurry attrapa une branche, et arrêta subitement et silencieusement le canot. Le Tueur-de-Daims mit machinalement le doigt sur la détente de son fusil

— Le vieux doit être là, dit tout bas Hurry, et pourtant je ne vois pas signe de son habitation flottante. Judith ne se hasarderait pas à baigner ses pieds dans cette eau bourbeuse; mais je parierais toutes les peaux que je peux prendre cette saison qu'elle est tout près d'ici à se mirer dans quelque source tant elle est coquette.

— Vous jugez mal les jeunes filles, Hurry, et vous parlez de leurs imperfections sans tenir compte de leurs qualités. Je suis sûr que cette Judith ne s'admire pas autant que vous le dites, elle est plutôt occupée aux soins du ménage ou à aider son père au milieu de ses trappes.

— Il est au moins agréable d'entendre une fois dans sa vie de jeune fille la vérité sortir de la bouche d'un homme, s'écria une voix féminine douce et claire partant si près du canot que les deux voyageurs reculèrent. Quant à vous, maître Hurry, un sentiment favorable à notre égard est si loin de votre esprit qu'il n'y a pas d'espoir de jamais vous entendre l'exprimer. Cependant je suis bien aise de voir que vous tenez meilleure compagnie qu'autrefois, et qu'un homme qui sait comment estimer et apprécier les femmes n'a pas honte de voyager dans votre compagnie.

Aussitôt un gai et frais visage apparut entre les feuilles d'un bouquet d'arbustes à la portée de la rame de Nathaniel, qui fut récompensé de sa bonne opinion par un doux sourire, tandis qu'un regard boudeur dirigé aussitôt sur Hurry indiquait combien cette physionomie expressive savait changer rapidement du gai au sévère, et de la douceur à la colère.

Un second coup d'œil donna bientôt l'explication de la surprise. Sans s'en douter, les deux voyageurs avaient abordé les flancs de l'arche, cachée à leur vue par des ajoncs taillés et dressés à cet effet, Judith Hutter n'avait eu qu'à en écarter quelques-uns qui cachaient une fenêtre d'où elle montrait alors son joli visage pour leur parler.

CHAPITRE IV

L'Arche, comme on appelait communément l'habitation des riverains, était construite très simplement. C'était une sorte de radeau aux deux tiers duquel s'élevait une hutte grossière ayant tout juste l'élévation nécessaire pour qu'un homme de taille moyenne pût se tenir debout. Des bords plus élevés qu'un radeau ordinaire et la légèreté de sa construction la rendaient facile à gouverner. La cabine était divisée en deux appartements, l'un composé d'un petit salon et de la chambre à coucher du père, l'autre approprié à l'usage et aux habitudes simples des deux filles. La cuisine, établie à l'avant à distance de la cabine, était à ciel ouvert, l'Arche étant avant tout une habitation d'été.

Hutter n'avait pas eu de peine à faire entrer l'Arche dans l'un de ces épais fourrés que nous avons déjà décrits ; quelques pierres suspendues aux extrémités des branches avaient suffi pour la cacher entièrement à la vue.

Aussitôt que le canot eut tourné vers le point convenable de l'abordage, Hurry sauta sur le pont de l'Arche, et engagea aussitôt une dispute vive et gaie avec Judith, oubliant dans le feu de cet entretien le monde entier. Il n'en fut pas de même du chasseur : il posa un pied prudent sur l'Arche, étudiant d'un œil scrutateur les arrangements du fourré et la construction de l'Arche, et il commença à visiter dans tous ses recoins l'habitation flottante du vieux Tom. Il pénétra dans toutes les chambres, et, ouvrant une porte qui se trouvait à l'extrémité opposée de l'endroit où il avait laissé ensemble Hurry et Judith, il se trouva tout à coup en présence de la seconde fille, assise sous l'ombrage du couvert et occupée à des travaux d'aiguille.

Le chasseur laissa tomber la crosse de son fusil à terre, et, s'appuyant sur le canon, il contempla la jeune fille avec un intérêt que la beauté singulière de sa sœur n'avait su éveiller en lui. Les réflexions d'Hurry sur la jeune Hetty lui avaient appris qu'on accordait à la pauvre fille moins d'intelligence que Dieu n'en donne d'ordinaire à une créature humaine, et son éducation parmi les Indiens lui faisait considérer ces sortes d'êtres incomplets avec une respectueuse tendresse. Il n'y avait, du reste, rien dans la physionomie d'Hetty Hutter qui pût affaiblir l'intérêt qu'inspirait son état ; on ne pouvait dire sans injustice qu'elle fût idiote, son esprit n'ayant que ce degré de faiblesse qui enlève à la femme ses qualités artificielles de finesse et de ruse, mais lui laisse une appréciation et un amour naïf de la vérité. On avait souvent remarqué que sa perception de tout ce qui était juste semblait presque instinctive, tandis que son aversion pour le mal l'entourait d'une atmosphère de candeur et d'innocence ; comme si Dieu eût défendu aux méchants esprits d'approcher d'un être dont il avait pris la faiblesse sous sa protection. Son visage était agréable, ressemblant à celui de sa sœur comme une esquisse légère et moins accentuée. L'expression calme et presque sanctifiée de ses traits ne manquait jamais d'inspirer un intérêt de douce compassion en sa faveur.

— Vous vous appelez Hetty Hutter, je vous reconnais à la manière dont Harry Hurry vous a dépeinte, dit le Tueur-de-Daims d'un air de franchise qui devait lui attirer aussitôt la confiance de la jeune fille.

— Oui, je m'appelle Hetty Hutter, répondit la jeune fille d'une voix douce, je suis la sœur de Judith Hutter et la plus jeune fille de Thomas Hutter.

— Alors je connais votre histoire, car Hurry Harry parle beaucoup et il aime à raconter ce qu'il sait des affaires des autres. Vous passez la majeure partie de votre vie sur le lac ?

— Certainement ! Ma mère est morte ; mon père va tendre ses trappes, et Judith et moi nous restons à la maison. Comment vous appelez-vous ?

— C'est une question plus facile à faire que d'y répondre, jeune fille ; car, quoique jeune, j'ai déjà porté plus de noms que quelques-uns des plus grands chefs de toutes les tribus indiennes.

— Mais cependant vous avez un nom, vous ne le jetez pas ainsi avant d'en avoir honnêtement acquis un autre ?

— Je ne le pense pas. Mes noms sont venus naturellement, et je suppose que celui que je porte maintenant ne durera pas longtemps, car les Delawares donnent rarement à un homme un titre définitif avant qu'il ait eu l'occasion de montrer son vrai caractère, soit dans le conseil, soit dans le sentier de la guerre, ce qui ne m'est pas encore arrivé : d'abord parce que ma peau n'est pas rouge, que je n'ai aucun droit de m'asseoir dans leurs conseils, et que je suis trop humble pour donner mon opinion aux êtres plus élevés de ma propre couleur ; secondement, parce que c'est la première guerre qui survient de mon temps, et qu'aucun ennemi ne s'est encore aventuré assez près de la colonie pour être à la portée d'un bras même plus long que le mien.

— Alors dites-moi vos noms, ajouta Hetty avec modestie, et peut-être vous dirai-je quel caractère vous avez.

— Il y a là-dedans quelque vérité, je n'en disconviens pas, mais on s'y trompe souvent. Les hommes se méprennent parfois sur le caractère de leurs semblables et leur donnent souvent des noms qu'ils ne méritent pas. C'est pourquoi je n'attache pas d'importance aux noms.

— Dites-moi tous vos noms, répéta la jeune fille, qui paraissait attacher beaucoup d'importance aux dénominations, je veux savoir ce qu'il faut penser de vous.

— Bien sûr, je le veux bien, et je vous les dirai tous. D'abord je suis chrétien comme vous, et mes parents m'ont transmis leur nom de père en fils. Mon père s'appelait Bumppo, et à ce nom on a ajouté pour moi celui de Nathaniel, ou par abréviation Natty, comme beaucoup de gens me nomment.

— Oui! oui!... Natty et Hetty... interrompit vivement la jeune fille, qui sourit en quittant les yeux de son ouvrage pour regarder le chasseur... Vous êtes Natty et moi Hetty... Quoique vous soyez aussi Bumppo et moi Hutter... Bumppo n'est pas aussi joli que Hutter, n'est-ce-pas?

— Ma foi! c'est suivant le goût des gens. Je n'ai pas gardé longtemps ce nom; car les Delawares, découvrant que je n'aimais pas le mensonge, m'appelèrent d'abord Bouche-Franche.

— C'est un bon nom, interrompit Hetty avec feu; ne me dites plus qu'il n'y a pas de vertu dans les noms.

— Je ne dis pas cela; et je l'ai peut-être mérité, car je ne veux pas mentir. Au bout de quelque temps ils trouvèrent que je courais bien, et ils me nommèrent le Pigeon, qui, vous le savez, a le vol rapide et en droite ligne.

— C'est un joli nom!... s'écria Hetty... les pigeons sont de jolis oiseaux.

— La plupart des choses que Dieu a créées sont jolies, ma bonne fille; les hommes seuls les déforment souvent et changent leur nature. Plus tard je portais des messages, je suivis les hommes à la chasse, et comme je levais très bien le gibier, ils me nommèrent le Lévrier, comme possédant surtout la sagacité de cet animal.

— Celui-là n'est pas aussi joli, j'espère que vous ne l'avez pas gardé longtemps?

— Jusqu'à ce que je fusse assez riche pour acheter un fusil, répliqua Nathaniel laissant apercevoir un léger grain d'orgueil sur sa physionomie d'ordinaire impassible. Ils reconnurent plus tard que je pouvais fournir un wiwam de vivres; et j'en portai alors le nom, que j'ai encore aujourd'hui: Deerslayer ou Tueur-de-Daims. Il y en a qui préfèrent un nom de guerre à ce nom paisible.

— Moi, Tueur-de Daims, je ne suis pas de ceux-là, répondit Hetty avec simplicité. Judith aime les soldats, les habits rouges et les belles plumes, mais je n'y tiens pas, ils me font trembler, car c'est leur état de tuer leurs semblables. J'aime mieux vos noms, le dernier surtout ; je le préfère à celui de Natty Bumppo.

— C'est bien ce que j'attendais de votre simplicité, Hetty. On me dit que votre sœur est belle... remarquablement belle, mais vous, vous êtes bonne.

— N'avez-vous jamais vu Judith ? demanda la jeune fille... dans ce cas, allez la voir. Hurry lui-même n'est pas plus beau.

— Le Tueur-de-Daims regarda un moment la jeune fille avec stupéfaction. Son pâle visage s'était légèrement coloré, et son œil, d'ordinaire serein, brillait et trahissait une vive émotion.

— Oh! oh! murmura-t-il en lui-même comme il sortait de la cabine pour regagner l'extrémité de l'arche, Hurry, Hurry ! Il est aisé de voir où s'adressent les vœux et les désirs de cette jeune fille.

La subite apparition du propriétaire de l'arche vint interrompre l'entretien d'Hurry et de la coquette Judith aussi bien que les pensées de Nathaniel. Hutter ou Tom Flottant, sobriquet que lui donnaient les chasseurs, initiés à ses habitudes, avait reconnu le canot d'Hurry, car il ne témoigna pas de surprise en le trouvant sur le radeau. Il l'accueillit avec satisfaction et lui reprocha même de n'être pas venu plus tôt.

— Je vous attendais la semaine dernière, dit-il avec une brusquerie empreinte de bonhomie et je m'impatientais de ne pas vous voir arriver. Un coureur a passé par ici pour avertir tous les trappeurs et les chasseurs que la guerre était de nouveau déclarée entre la colonie et les Canadiens, et j'avoue que je me trouvais un peu seul pour protéger de ces deux mains trois têtes du scalpe .

— C'est juste, et c'est penser en bon parent. Sans doute, si j'avais deux filles comme Judith et Hetty j'aurais les mêmes craintes.

— Vous avez jugé à propos de vous faire accompagner, à ce qu'il me semble, pour venir dans ce lieu désert, et vous saviez déjà sans doute que les Sauvages sont en campagne, répliqua Hutter regardant le chasseur d'un œil méfiant et inquisiteur.

— Pourquoi pas ? On dit que même un mauvais compagnon en voyage aide à abréger le chemin ; et ce jeune homme est un assez bon gaillard pour en faire oublier la longueur. C'est le Tueur-de-Daims, vieux Tom, un chasseur remarquable parmi les Delawares, et cependant né et élevé en chrétien comme vous et moi. Peut-être n'est-il pas parfait, mais il y en a de pires.

Si nous sommes obligés de défendre nos trappes et le territoire, il sera très utile pour nous entretenir de vivres, car c'est un excellent pourvoyeur de gibier.

— Soyez le bienvenu, entrez, jeune homme, grogna Tom en avançant une main large et rude vers Nathaniel, comme gage de sincérité. Dans des temps comme celui-ci, un blanc visage est celui d'un ami, et je compte sur vous pour nous défendre. Les enfants affaiblissent quelquefois le cœur le plus ferme ; et mes deux filles me donnent plus d'inquiétude que toutes mes trappes, mes fourrures et mes droits dans cette contrée.

— C'est tout naturel, répliqua Hurry, et j'honore l'homme qui avoue de tels sentiments. Je m'inscris dès à présent pour être le défenseur de Judith, et voici Nathaniel qui vous aidera à protéger Hetty.

— Mille remerciments, maître March, répondit la fille aimée du trappeur, mais Judith Hutter possède le courage et l'expérience qui lui feront compter plus sur elle-même que sur de beaux parleurs comme vous. S'il devient nécessaire de combattre les sauvages, allez à terre avec mon père, au lieu de vous enterrer dans les huttes sous le prétexte de protéger des femmes, et...

— Fille ! fille ! interrompit le père, calmez cette hardiesse de langage. Les Sauvages errent déjà sur les bords du lac, et ils sont peut-être plus près de nous que nous le pensons.

— Si cela est, maître Hutter, dit Hurry, dont le visage devint sérieux à cette nouvelle, mais sans trahir toutefois aucune faiblesse indigne d'un homme courageux, si cela est vrai, votre arche est dans la position la plus déplorable du monde ; car si le fourré est assez épais pour avoir pu tromper Nathaniel et moi, il ne peut échapper à l'œil perçant d'un Indien qui serait à la chasse de chevelures.

— Je pense comme vous, Hurry, et je souhaiterais de tout mon cœur nous voir en ce moment partout ailleurs que sur ce ruisseau étroit et tortueux, qui peut être assez avantageux pour s'y cacher, et qui nous deviendrait fatal si nous étions découverts. Mais les Sauvages sont proches, et il devient difficile de sortir de la rivière sans courir le risque d'être abattu comme un chevreuil.

— Êtes-vous sûr, maître Hutter, que les Peaux rouges que vous redoutez soient de véritables Canadiens ? demanda Nathaniel d'un ton modeste mais ferme, en avez-vous vu ? et pouvez-vous dépeindre leurs tatouages ?

— J'ai su par des signes certains qu'ils étaient dans le voisinage. Mais je ne les ai pas vus; j'étais à un mille environ en deçà du passage à examiner mes trappes, quand je tombai sur des traces fraîches dans la direction du nord, et que je reconnus provenir des pieds d'un Indien par la grandeur du pied et la forme de l'orteil, avant que j'eusse trouvé un moccassin usé que son propriétaire avait jeté comme inutile. Quelques pas plus loin, je reconnus l'endroit où il avait fait halte pour en tresser un neuf.

— Cela ne ressemble guère à un Peau rouge sur le sentier de la guerre, répondit Nathaniel hochant la tête; un guerrier expérimenté eût au moins brûlé, enterré ou jeté dans la rivière cette marque de son passage; et vos traces ne sont probablement que celles d'un homme paisible; mais le moccassin peut grandement nous éclairer, si vous avez eu l'idée de l'apporter avec vous. Je suis venu ici pour rencontrer un jeune chef, et sa course devait être dans la direction que vous avez indiquée. Les pas que vous avez vus sont peut-être les siens.

— J'espère, Hurry, que vous connaissez bien ce jeune homme qui a des rendez-vous avec des sauvages dans cette partie de la contrée où il n'a pas encore mis le pied, demanda Hutter d'un air de doute et de méfiance; la traîtrise est une vertu indienne, et les blancs qui fréquentent longtemps leurs tribus prennent bientôt leurs habitudes et leurs vices.

— C'est vrai comme l'Evangile, vieux Tom, mais nullement applicable à Nathaniel Bumppo, qui, s'il n'a pas d'autres recommandations, possède en toute vérité celle de la franchise. Je réponds de son honnêteté.

— Malgré cela, je serais curieux de connaître le but de son message dans cet étrange rendez-vous.

— Ce sera bientôt dit, maître Hutter, répondit le jeune homme avec l'aplomb d'une conscience pure, je pense en outre que vous avez le droit de le demander. Le père de deux jeunes filles qui habite sur un lac, à sa façon, a autant de droit de s'informer des affaires d'un étranger dans son voisinage que la colonie en aurait de demander la raison pourquoi les Français renforcent leurs régiments le long des lignes. Non, non, ce n'est pas moi qui nierai votre droit de demander ce que je viens faire près de vous dans des temps aussi sérieux que ceux-ci.

— Si telle est votre manière de voir, parlez sans plus attendre.

— Je suis jeune, et comme tel je n'ai pas encore parcouru le sentier de la guerre; mais aussitôt que la nouvelle parvint chez les Delawares que le vampum et la hache allaient être envoyés dans la tribu, ils m'envoyèrent chez les peuples de ma couleur pour leur rendre un compte exact de leurs forces, c'est ce que j'ai fait; à mon retour je rencontrai sur le Soharie un officier de la couronne qui avait de l'argent à envoyer à quelques tribus amies campées sur les confins de l'Ouest. On pensa que c'était une bonne occasion pour Chingachgook, un jeune chef qui n'a pas encore frappé un ennemi, et moi, de faire nos premières armes de compagnie; et un rendez-vous nous fut assigné par un vieux Delaware sur le rocher qui est au pied de ce lac. Je ne nierai pas que Chingachgook peut avoir un autre objet en vue; mais cela ne concerne personne ici, c'est son secret, non le mien, donc je n'en dirai pas davantage, car sur ce sujet je dois rester discret; notre rendez-vous est pour demain au soir, une heure avant le coucher du soleil. Connaissant Hurry de longue date, et l'ayant rencontré sur le Soharie comme il allait se mettre en route pour ses pérégrinations d'été, nous convînmes de faire route ensemble, non pas autant par la crainte des Mingos que par bonne camaraderie, et comme il vous l'a dit, pour abréger une longue route.

— Et vous pensez que la trace que j'ai vue est celle de votre ami, qui aura pris l'avance? demanda Hutter.

— C'est mon idée; pourtant, si je voyais le moccassin je pourrais dire de suite s'il est ou non de la façon des Delawares.

— Alors, le voici, dit Judith, qui était allée le chercher dans le canot, dites-nous ce qu'il signifie, ami ou ennemi. Vous paraissez honnête, et je croirai tout ce que vous direz quoi qu'on pense mon père.

— C'est comme cela que vous êtes toujours, Judith, trouvant des amis où je crains des traîtres, murmura Tom; mais parlez, jeune homme, et dites ce que vous pensez du moccassin.

— Il n'a pas été fait par les Delawares, répondit Nathaniel examinant attentivement la chaussure usée; je suis trop jeune peut-être pour l'affirmer, mais je dirais pourtant que c'est la forme des moccassins des Indiens du Nord qui habitent au delà des grands lacs.

— S'il en est ainsi, nous ne devons pas rester plus longtemps ici, dit Hutter regardant à travers le feuillage comme s'il redoutait déjà la présence d'un ennemi sur le bord opposé du fleuve, dans une heure il fera nuit et il est impossible de marcher la nuit sans faire du bruit qui nous trahisse. N'avez-vous pas entendu il y a une heure le retentissement d'un coup de fusil dans les montagnes?

— Oui, vieux Tom! répondit Hurry, qui reconnut l'imprudence dont il s'était rendu coupable, d'autant mieux que c'est moi qui l'ai tiré.

— Je craignais qu'il ne vînt des Canadiens ; néanmoins cela peut suffire pour les mettre sur la piste et nous découvrir : vous avez eu tort de faire feu en temps de guerre, à moins d'y être contraint.

— Je commence à le croire, maître Tom ; mais aussi si un homme ne peut pas tirer un coup de fusil dans un désert de mille milles carrés sans craindre qu'un ennemi ne l'entende, à quoi bon porter un fusil ?

Hutter tint conseil avec ses deux hôtes sur la gravité de leur situation ; il leur expliqua les difficultés d'essayer de sortir du passage sans attirer l'attention des Indiens.

— Que gagnerions-nous, maître Hutter, à changer notre position ? demanda Nathaniel. Ce fourré est un sûr abri, et on peut établir une solide défense dans l'intérieur de la cabine ; je n'ai encore combattu qu'en imagination, mais il me semble que nous pourrions vaincre une vingtaine de Mingos derrière des palissades comme celles-ci.

— Ah ! on le voit bien, jeune homme, vous ne connaissez les combats que par les récits qu'on vous en a faits ; aviez-vous vu avant ce jour une nappe d'eau de cette étendue ?

— Non, c'est la première fois, répliqua modestement Deerslayer. La jeunesse est faite pour apprendre, et je suis loin de vouloir élever la voix dans le conseil avant qu'elle ne soit justifiée par l'expérience.

— Alors, je vous enseignerai le désavantage de combattre dans cette position, et l'avantage de gagner le lac, voyez-vous, les sauvages sauront où diriger leurs coups, et ce serait trop espérer de croire que quelques balles ne trouveront pas leur route à travers les crevasses des pieux. Nous, au contraire, nous ne pouvons viser qu'en pleine forêt. En outre, le château pourrait être ravagé et détruit en notre absence, ainsi que toutes mes possessions. Une fois sur le lac, nous ne pouvons être attaqués que par des bateaux ou des radeaux, et nous aurons une meilleure chance contre l'ennemi, sans compter qu'avec l'Arche nous protégerons le château ; comprenez-vous ce raisonnement, jeune homme ?...

— Il me paraît juste, et je n'y ferai pas d'objection.

— En ce cas, dit Hurry, si nous devons partir, le plus tôt sera le mieux, et nous verrons si ce soir nous aurons, ou non, nos chevelures pour bonnets de nuit.

Les trois hommes se mirent aussitôt à faire les préparatifs du départ. Ils débarrassèrent l'Arche de ses amarres et de son ancre, et, à l'aide de la gaffe, le lourd bateau fut bientôt sorti du fourré, nageant dans le courant et maintenu dans sa direction le long du bord ouest de la ligne. Le frôlement de la cabine contre les buissons et les arbres causa aux voyageurs un sentiment d'inquiétude et de terreur, car le bruit pouvait attirer sur leur tête quelque ennemi errant dans le voisinage. L'obscurité qui commençait à couvrir de ses ombres toute l'étendue du lac ajoutait à toutes les apparences de danger.

Néanmoins, Tom-Flottant et ses deux vigoureux compagnons eurent bientôt donné l'impulsion nécessaire pour faire descendre l'Arche avec assez de rapidité vers le grand bras du lac. Ils atteignirent bientôt la première courbe de la Susquehannah, et leurs poitrines se dilatèrent à la vue de l'immense nappe d'eau qui s'étendit devant eux.

— Dieu merci! s'écria Hurry, on commence à voir clair, à présent, et bientôt, si nous devons sentir les coups de l'ennemi, au moins nous les verrons venir.

— C'est plus que vous ou tout autre pourriez dire, murmura Hutter; nous ne sommes pas encore sortis des roseaux et il n'y a pas de lieu plus capable de cacher une troupe tout entière que les bords qui entourent le passage, et lorsque nous allons arriver à la pointe de ces arbres pour gagner le large, nous serons au plus dangereux moment, attendu que nous serons entièrement découverts, tandis que l'ennemi peut rester caché. Judith, ma fille, et ta sœur Hetty, laissez là l'aviron et retirez-vous dans la cabine : ayez soin surtout de ne pas vous approcher des fenêtres, car les yeux que vous apercevriez ne s'arrêteraient pas pour admirer votre beauté. Et maintenant, Hurry, entrons dans cette pièce extérieure où nous serons au moins à l'abri d'une première surprise. Vous, ami Deerslayer, comme le courant est plus léger, maintenez la direction en allant d'une fenêtre à l'autre, et en ayant soin, si vous tenez à la vie, de ne pas montrer votre tête.

Deerslayer obéit, tout en éprouvant une sensation nouvelle qui, sans avoir rien de commun avec la peur, renfermait tout l'intérêt d'une situation critique. Pour la première fois de sa vie il allait affronter l'ennemi, et dans les circonstances compliquées des surprises et des artifices des Indiens. L'Arche passait dans ce moment la dernière courbe du bras du fleuve, lorsque le chasseur, après avoir examiné toute la partie Est de la rive, traversa la pièce pour interroger le côté opposé. Il arrivait à propos, car son œil s'était à peine fixé à l'ouverture de la fenêtre, qu'un spectacle capable d'alarmer une sentinelle aussi jeune et aussi inexpérimentée vint pour la première fois éprouver son courage. Deux ou trois pins plantés sur le bord de l'eau, et formant un demi-cercle, se penchaient sur le lac, courbés par le poids des neiges tombées l'hiver précédent, circonstance assez commune dans les bois américains. Sur l'un de ces arbres pendants, six Indiens s'étaient avancés, et d'autres, groupés derrière eux, semblaient attendre qu'ils eussent sauté pour les suivre, ayant évidemment l'intention de sauter sur le toit de l'Arche lorsqu'elle passerait sous les derniers arbres. Lorsque Deerslayer les aperçut, il reconnut aussitôt qu'ils appartenaient à une tribu hostile, et qu'il étaient peints pour la guerre.

— Tirez, Harry! s'écria-t-il; au nom du ciel, tirez de toutes vos forces si vous tenez à la vie!

Cet appel fut proféré avec une voix si solennelle, qu'Hutter et March devinèrent aussitôt un danger imminent. Ils déployèrent simultanément toute la force musculaire dont la nature les avait doués. L'Arche céda à l'impulsion et glissa rapidement sous l'arbre, comme si elle avait la conscience du danger suspendu sur sa tête. Voyant qu'ils étaient découverts, les Indiens poussèrent leur cri de guerre; et, courant sur l'extrémité penchée de l'arbre, ils s'élancèrent vers leur proie imaginaire. Les six premiers, à l'exception de celui qui les conduisait, tombèrent dans la rivière à une distance plus ou moins rapprochée de l'Arche, selon l'élan qu'ils avaient pris. Le chef, qui s'était placé en avant sur le point le plus dangereux, s'élança plus à propos que les autres et vint tomber sur la poupe de l'Arche.

Sa chute fut plus forte qu'il ne s'y était attendu; il resta un moment étourdi et perdant la conscience de sa situation. Dans cet instant Judith s'élança de la cabine, sa beauté rehaussée par l'excitation que produisait la hardiesse de son action, et rassemblant toutes ses forces, elle poussa l'intrus par-dessus le bord de l'Arche, la tête la première dans la rivière. Ce haut fait n'était pas plutôt accompli que la femme reprenait son empire; Judith regarda par-dessus le bord pour voir ce qu'était devenu le sauvage, et l'expression de sa physionomie s'adoucit sensiblement, puis sa joue se colora de honte et d'étonnement de sa propre témérité, puis elle se mit à rire de son exploit. Tout ceci s'était passé en moins d'une minute, quand le bras de Nathaniel jeté autour de sa taille vint l'enlever rapidement et l'entraîna dans l'intérieur de la cabine. Cette retraite fut effectuée à temps, car aussitôt après la forêt retentit de cris sauvages, et les balles commencèrent à pleuvoir sur le pont de la barque.

Cependant l'Arche continuant la rapidité de sa marche fut bientôt hors de tout danger de poursuite, et les sauvages après ce premier éclat de fureur cessèrent le feu, reconnaissant l'inutilité de perdre leurs munitions. La petite famille fut bientôt au milieu du lac. Hutter et March saisirent deux petits avirons et, abrités par la cabine, ils s'éloignèrent des bords à une assez grande distance pour ôter à l'ennemi tout espoir de les attaquer.

CHAPITRE V

Un nouvel entretien eut lieu à l'avant du bateau, et Judith et Hetty y assistèrent. Comme nul danger ne pouvait s'approcher sans être vu, la crainte du moment céda à la réflexion sur la force et la situation probable de l'ennemi.

— Nous possédons un grand avantage sur les Iroquois, dit Hutter, qui le premier prit la parole, ou sur l'ennemi quel que soit son nom, d'être ainsi au large. Il n'y a pas sur le lac un seul canot dont je ne connaisse le propriétaire. Or, le vôtre étant ici, Hurry, il en reste trois à terre, et ils sont si bien cachés que je doute que les Indiens puissent les découvrir.

— Il ne faut pas trop s'y fier, répliqua Nathaniel ; le limier n'est pas plus fin d'odorat que le Peau rouge. Si cette bande entrevoit du butin ou des chevelures à prendre, il n'y aura pas de fourré assez épais pour cacher un canot à leurs yeux. J'ai calculé que d'ici à demain soir ils se seront procuré toutes les pirogues nécessaires, et que s'ils ont réellement l'intention de vous déterrer, monsieur Tom, nous ferons bien de faire marcher sérieusement l'aviron.

Hutter ne répondit pas immédiatement. Il regarda autour de lui, parcourant de l'œil le ciel, le lac et la lisière de la forêt qui l'entourait. L'immense étendue d'arbres qui se déroulait à l'horizon paraissait ensevelie dans le repos solennel de la nature. Le ciel était pur et reflétait encore la lueur dorée du soleil couchant, tandis que la surface paisible et argentée du lac donnait à ce tableau un éclat poétique.

— Judith! appela le vieux Tom lorsqu'il eut terminé son examen, la nuit approche, préparez le repas de nos amis, car une longue route aiguillonne l'appétit.

— Oh! nous ne mourrons pas de faim, maître Hutter, observa March, nous avions mangé avant de descendre sur le lac ; et quant à moi je n'ai besoin de rien.

— La nature est impérieuse, objecta Hutter, et exige son entretien. Judith, faites-ce que je vous dis et prenez votre sœur pour vous aider... Je désire vous parler, ajouta-t-il lorsque ses filles eurent disparu, et je ne veux pas que mes filles nous entendent. Vous voyez ma situation, et je désire avoir votre avis sur ce qu'il convient mieux de faire. On m'a brûlé trois fois mes propriétés, mais c'était sur la terre ferme; et je me considère très heureux, puisque j'ai pu reconstruire le château et mettre cette arche à flot; mais le danger actuel paraît plus sérieux, et vos conseils me seront d'un grand secours.

— Je pense pour ma part, mon pauvre Tom, que vos personnes et toutes vos possessions courent les plus grands dangers, répondit le positif Hurry, qui ne jugea pas nécessaire de déguiser sa pensée.

— Et de plus mes enfants sont exposées, et ce sont des filles, entendez-vous, Hurry, et de bonnes filles encore, je puis le dire quoique je sois leur père.

— Ce sont de bonnes filles en effet, mais bien embarrassantes quand il s'agit de se tirer du mauvais pas dans lequel nous sommes.

— Je vois bien, Hurry March, que l'on ne doit compter sur vous qu'en temps de calme et de soleil, et sans doute que votre compagnon vous ressemble, ajouta le vieux riverain avec un certain air d'orgueil blessé... C'est bien! je me confierai à la Providence, qui, je l'espère, ne sera pas sourde aux prières d'un père.

— Si vous croyez qu'Hurry a l'intention de vous abandonner, dit Nathaniel avec une noble simplicité, vous êtes injuste envers lui, comme vous l'êtes à mon égard en supposant que je voudrais le suivre. Je suis venu sur ce lac, maître Hutter, pour rejoindre un ami ; et je voudrais qu'il fût ici, car vous auriez un fusil de plus pour vous défendre; et si, comme à moi, l'expérience lui manque, je répondrais de son cœur comme du mien.

— Puis-je alors compter sur vous, Tueur-de-Daims, pour rester auprès de moi et de mes filles? demanda Tom avec toute l'anxiété paternelle.

— Bien certainement, Tom-Flottant, si tel est votre nom, comme un frère auprès de sa sœur. Dans cette rude épreuve vous pouvez compter sur moi, et je pense qu'Hurry mentirait à sa nature et à ses désirs s'il n'en disait autant.

— Il n'y a pas de danger, s'écria Judith montrant sa jolie figure à travers la porte; sa nature est étourdie comme son nom, et il se sauvera dès qu'il croira sa belle personne en danger. Ni le vieux Tom ni sa fille ne compteront beaucoup sur maître March, maintenant qu'ils le connaissent, mais ils se reposeront sur vous, Nathaniel, car votre franche et honnête figure nous dit que vous tiendrez votre promesse.

— Sortez, Judith! ordonna sévèrement Hutter avant que l'un ou l'autre des jeunes gens n'eût le temps de lui répondre, sortez! et ne revenez ici qu'avec le poisson et le gibier. J'espère maître March que vous ne prendrez pas au sérieux ses folles divagations.

— Tête de jeune fille, tête folle, riposta Hurry encore sous l'influence de la critique mordante de Judith. Mais peu importe, Nathaniel ne vous a pas trompé en disant que je resterais à mon poste; je ne vous quitterai pas, oncle Tom.

La réputation de prouesse d'Hurry était si bien établie dans la contrée, que le vieux Tom reçut cette affirmation avec la plus grande joie. Une minute avant il songeait aux moyens à employer pour se tenir sur la défensive, actuellement il pensait à porter la guerre dans le camp ennemi.

— On offre des deux côtés de fortes primes pour les chevelures, il n'est peut-être pas tout à fait équitable de recevoir de l'or pour du sang humain, et pourtant quand les hommes sont occupés à se tuer les uns les autres, je ne vois pas qu'il y ait grand mal à ajouter un petit morceau de peau à la somme du pillage.

— Je pense que vous vous êtes grandement trompé en appelant du sang humain, le sang d'un sauvage. Je ne fais pas plus de cas de la chevelure d'un Peau rouge que des oreilles d'un loup, et je ne me ferais pas plus de scrupule pour toucher la prime de l'un que celle de l'autre. Avec les blancs c'est différent, ils ont une aversion bien naturelle pour le scalpel; tandis que vos Indiens rasent leurs têtes d'avance pour le couteau, et n'y laissent qu'une touffe de cheveux comme pour narguer l'ennemi à venir la leur enlever.

— Puisqu'il en est ainsi, nous pouvons tirer un bon profit de l'aventure qui nous arrive. Je suppose, Nathaniel, que vous pensez comme Hurry, et que vous considérez l'argent gagné de cette manière d'aussi bon aloi que celui que procurent les trappes ou la chasse.

— Je ne partage pas vos sentiments, ils sont contraires à ma religion et à ma couleur; je resterai près de vous, vieillard, sur l'Arche ou dans le château, sur les canots ou dans les bois, mais je ne dégraderai pas ma nature par des moyens que Dieu réprouve et qui n'appartiennent qu'aux races ignorantes et sauvages. Si vous ou Hurry avez envie d'acquérir l'or de la colonie, allez seuls le chercher et laissez les femmes à ma garde. Si nous différons sur les dispositions qui n'appartiennent pas en propre à la race blanche, nous sommes d'accord sur l'obligation pour le fort de protéger la faiblesse ; surtout lorsque cette faiblesse appartient au sexe que la nature nous commande de secourir et de consoler.

— Voilà une leçon, Hurry Harry, que vous pourriez retenir et pratiquer avec quelque avantage, dit la voix douce et malicieuse de Judith partant de derrière la cabine et prouvant qu'elle avait écouté leur conversation.

— Allez-vous-en, Judith, s'écria le père irrité, nous avons à parler de choses qu'une femme ne doit pas entendre.

Toutefois le père ne chercha pas à savoir s'il était obéi ; mais baissant un peu la voix il continua :

— Le jeune homme a raison, Hurry, nous pouvons laisser les enfants à sa garde ; voici ce que je propose, et je pense que vous serez d'accord avec moi. Il y a une grande partie de ces sauvages à l'autre bord, et quoique je ne l'aie pas dit devant mes filles, parce que leurs idées pouvaient déranger mes projets, il y a des femmes parmi eux, ce que j'ai reconnu à l'empreinte des moccassins. Il est probable que ce ne sont après tout que des chasseurs qui sont en route depuis si longtemps, qu'ils ignorent la déclaration de guerre.

— Comment alors interpréter leur salut, qui n'avait d'autre but que de nous couper la gorge ?

— Nous ne sommes pas sûrs que tel était leur dessein. Les Indiens sont habitués aux embûches et aux surprises, et ils voulaient sans doute pénétrer d'abord dans l'Arche pour ensuite faire leurs conditions. Ils n'y a rien d'étonnant que le désappointement ait provoqué leur colère, c'est la règle. Que de fois n'ont-ils pas brûlé et saccagé mes champs et mes trappes, même en temps de paix !

— Les coquins, j'en conviens, nous jouent souvent de semblables tours, et nous le leur rendons bien. Les femmes n'ont pas l'habitude de les accompagner à la guerre, et je commence à croire que vous avez raison.

— Un chasseur ne couvre pas son corps des peintures de guerre, répliqua Nathaniel ; j'ai vu les Mingos, et je sais qu'ils sont à la chasse des hommes et non pas de l'ours ni du chevreuil.

— Que dites-vous de cela, mon vieux camarade ? dit Hurry ; pour le coup d'œil, je me fierais plutôt à ce jeune homme qu'au plus vieux chasseur de la colonie ; s'il dit qu'il y a peinture, la peinture existe.

— Alors c'est qu'une troupe de chasseurs aura rencontré une troupe de guerriers ; il y a peu de jours seulement que le coureur a répandu ses nouvelles, et il se peut que les guerriers aient rassemblé leurs femmes et leurs enfants pour être plutôt prêts à commencer l'attaque.

— Voilà qui me paraît vraisemblable. Et qu'en voulez-vous conclure ?

— J'en conclus qu'il y aura des primes, répondit froidement le vieux trappeur dont l'œil brilla d'un éclat de cupidité. S'il y a des femmes il y a aussi des enfants, et grands et petits ont des chevelures que la colonie paye au même prix.

— Honte, honte sur elle, s'il en est ainsi, interrompit le Tueur-de-Daims, et si elle interprète si mal la volonté de Dieu !

— Ecoutez la raison, mon garçon, lui répondit Hurry, et ne criez pas ainsi avant de comprendre. Les sauvages scalpent vos amis les Delawares ou les Mohicans quels qu'ils soient ; pourquoi ne les scalperions-nous pas à notre tour ? Je conviens qu'un homme ne doit pas prendre de chevelure s'il n'est pas exposé lui-même à être scalpé, mais un bon tour en mérite un autre dans tous les pays du monde ; voilà ce que j'appelle la raison et la vraie dévotion.

— Et est-ce là, maître Hurry, votre religion ? interrompit de nouveau la voix fraîche de Judith.

— Je ne discuterai jamais contre vous, Judith, car vous ne comprendriez pas mon raisonnement, ou par malice vous ne voudriez pas l'admettre. Les colons du Canada payent à leurs Indiens le prix des chevelures, pourquoi ne payerions-nous pas...

— Nos Indiens ! s'écria la jeune fille avec un sourire de mélancolie. Père ! père ! ne pensez plus à cela et écoutez le conseil de Nathaniel, qui possède une conscience ; ce que je ne saurais affirmer à l'égard d'Harry March.

Hutter se leva et, pénétrant dans la cabine, il contraignit ses deux filles à se retirer dans la seconde chambre, où il les enferma ; puis il revint sur le pont, où il reprit la conversation commencée avec ses deux compagnons. Comme le résultat se fera connaître dans la suite de ce récit nous en abrégerons les détails.

On peut juger par ce qui précède des principes relâchés qui avaient envahi l'esprit des habitants des frontières, et qu'ils traitaient les Peaux rouges comme des bêtes fauves. Nathaniel Bumppo avait échappé à cet esprit sordide de convoitise qui pour un peu d'or versait sans remords le sang humain.

La conférence dura jusqu'à ce que Judith, délivrée par son père, reparut sur le pont, apportant le souper. March remarqua avec assez de surprise qu'elle plaçait les morceaux les plus délicats devant Nathaniel, pour lequel elle observait ces attentions et ces prévenances que l'on accccorde aux convives qu'on veut honorer. Toutefois cette découverte le troubla peu, et il en donna la preuve en attaquant vigoureusement les vivres placés devant lui.

Une heure plus tard, la scène avait totalement changé d'aspect : le lac était toujours calme et brillant, mais la nuit couvrait de ses ombres les alentours de la forêt, où tout semblait plongé dans un silence profond et solennel. On n'entendait que le battement régulier des rames, maniées avec dextérité par Hurry et Nathaniel, qui avaient repris leurs fonctions. Hutter voyant que les jeunes gens suffisaient à la rapidité de la course se retira à l'avant, alluma sa pipe et fuma. Il était à peine installé qu'Hetty, glissant hors de la cabine, vint se placer à ses pieds sur un petit banc qu'elle avait apporté avec elle. Le vieillard, habitué à voir souvent sa seconde fille dans cette position, ne fit pas d'autre attention, et appuya avec affection sa main sur la tête de l'enfant.

Au bout de quelques minutes, Hetty se mit à chanter ; sa voix était faible et tremblante, mais elle parlait à l'âme. Elle chantait un hymne religieux que sa mère lui avait enseigné. Bientôt l'effet magique et mystérieux de cette voix humaine au milieu de la nuit, berçant pour ainsi dire le repos de la nature, pénétra les habitants de l'Arche d'une sainte admiration. Les rames s'arrêtèrent et les deux jeunes gens prêtèrent une oreille attentive aux stances qui s'échappaient lentement des lèvres de la jeune inspirée.

— Vous êtes triste ce soir, enfant, dit le père, dont la nature brutale perdait un peu de sa rudesse dans la compagnie de cette enfant, nous venons d'échapper aux ennemis, et ce serait plutôt le cas de nous réjouir.

— Vous ne ferez pas ce que vous avez dit, père ! murmura Hetty d'une voix plaintive mêlée de reproches et serrant la main calleuse de son père dans les deux siennes. Vous en avez parlé longtemps avec Harry March, mais ni l'un ni l'autre, j'espère, n'aura ce courage.

— Ceci est au-dessus de votre intelligence, folle enfant ; vous avez été assez désobéissante pour écouter, autrement vous ne sauriez rien de nos projets.

— Pourquoi vouloir tuer les gens.... les femmes surtout et les enfants ?

— Ma fille, taisez-vous ! Nous sommes en guerre, et nous devons traiter nos ennemis comme ils nous traiteraient.

— Ce n'est pas cela, père ; Nathaniel vous a dit qu'il fallait traiter vos ennemis comme vous voudriez être traité par eux, et personne ne désire être tué.

— Nous tuerons nos ennemis à la guerre, afin qu'ils ne nous tuent pas, ma fille, il faut que l'un des deux commence, et le premier a toujours plus de chance de gagner la victoire. Mais vous ne savez rien de tout cela, pauvre Hetty, et vous feriez mieux de vous taire.

— Judith dit que c'est mal, mon père, et Judith a du jugement, si je n'en ai pas.

— Judith a assez de jugement pour ne pas parler de ces choses. Que préférez-vous, Hetty, qu'on vous enlève votre chevelure pour la vendre aux Canadiens, ou que nos ennemis soient tués pour les empêcher de nous faire du mal ?

— Ce n'est pas cela, père ; empêchez qu'ils ne vous tuent, mais ne les tuez pas. Vendez vos fourrures, gagnez plus si vous pouvez, mais ne vendez pas le sang.

— Allons, allons, enfant, parlons de choses que vous comprenez. Êtes-vous bien contente de voir notre vieil ami March de retour ? Vous l'aimez, et vous serez heureuse d'apprendre qu'il pourra bientôt devenir votre frère sinon quelque chose de plus.

— Cela ne peut pas être, mon père, répondit la jeune fille après avoir longtemps réfléchi. Harry a un père et une mère ; on n'en a jamais deux.

— Votre esprit est trop faible pour comprendre. Quand Judith se mariera, le père de son mari sera son père ; et si elle épouse Harry il deviendra votre frère.

— Judith n'épousera jamais Harry, répondit doucement Hetty mais d'un ton décidé ; elle ne l'aime pas.

— C'est plus que vous ne savez, Hetty, Harry March est le plus beau, le plus hardi et le plus fort jeune homme qui ait visité le lac ; et comme Judith est la plus belle fille, je ne vois pas pourquoi ils ne se marieraient pas ensemble.

Hetty retomba dans son attitude méditative. Au bout de quelque temps elle reprit :

— Est-ce un péché d'être laide, mon père ?

— On peut-être coupable de chose pire ; mais vous n'êtes pas laide, Hetty !

— Judith est-elle plus heureuse de sa beauté ?

— Cela dépendra de l'usage qu'elle en fera. Mais parlons d'autre chose : comment trouvez-vous votre nouvelle connaissance, Deerslayer ?

— Il n'est pas beau, mon père, Harry est bien plus beau que lui.

— C'est vrai, mais on dit que c'est un grand chasseur ; sa réputation était venue jusqu'à moi avant que je le connusse.

— Je voudrais être aussi belle que Judith !

— Pourquoi cela, pauvre enfant ? La beauté de ta sœur peut lui causer bien des tourments, comme à sa pauvre mère.

— Ma mère était bonne, si elle était belle ! répondit l'enfant, dont les yeux se remplirent de larmes.

Le vieux Tom devint silencieux au souvenir de sa femme ; il continua de fumer jusqu'à ce que sa fille lui répétât son observation.

Alors il secoua la cendre de sa pipe, et posant une main sur la tête de sa fille, il lui répondit :

— Votre mère était trop bonne pour ce monde. Pensez moins à sa beauté, ma fille, et plus à votre devoir, et vous serez aussi heureuse sur ce lac que vous pourriez l'être dans un palais.

— Je le sais, mon père ; mais Hurry dit que la beauté est tout dans une jeune fille.

Hutter fit un geste d'impatience ; cet aveu naïf de son enfant en faveur de March éveilla en lui un doute qu'il résolut d'éclaircir en provoquant une explication avec son jeune parent ; il se dirigea vers l'avant du bateau et prit la rame des mains de Nathaniel, lui indiquant d'aller reprendre sa place au gouvernail. Au moyen de ce changement, le vieillard et Hurry restèrent seuls et purent causer librement.

Lorsque Nathaniel eut atteint son nouveau poste, Hetty avait disparu. Pendant quelque temps il resta seul, occupé à diriger les mouvements de l'Arche.

Il ne demeura pas longtemps ainsi, car Judith sortit bientôt de la cabine et s'approcha en riant du jeune chasseur.

— J'ai pensé mourir de rire, Nathaniel, commença-t-elle aussitôt, lorsque j'ai vu cet Indien tomber dans la rivière ; c'était un sauvage de bonne mine, mais je n'ai pas eu le temps de rester pour m'assurer si sa peinture était bon teint.

— Et moi j'ai eu bien peur qu'ils ne vous atteignissent avec leurs fusils ; c'était bien hardi pour une femme d'affronter une douzaine de Mingos.

— Est-ce pour cela que vous êtes sorti de la cabine sans crainte des balles ? demanda Judith avec plus d'intérêt qu'elle n'eût désiré en laisser voir.

— Les hommes n'ont pas l'habitude de voir les femmes en danger sans courir à leur secours ; un Mingo en ferait autant.

Ce sentiment fut émis avec tant de simplicité et en même temps de sensibilité, que Judith le récompensa d'un sourire.

— Vous êtes un homme d'action et vous ne perdez pas votre temps en paroles, je le vois bien, Deerslayer, continua la fière beauté, qui vint s'asseoir à côté du chasseur, et je prévois que nous deviendrons de très bons amis. Hurry Harry a la langue trop longue, et malgré sa stature athlétique il parle plus qu'il n'agit.

— March est votre ami, Judith, et des amis ne doivent pas dire de mal l'un de l'autre lorsqu'ils sont éloignés.

— Nous savons tous ce que vaut l'amitié d'Hurry : qu'on lui cède sur tous les points, ce sera le meilleur garçon de la colonie; mais il ne faut pas lui tenir tête, car alors il maîtrise tout ce qui l'approche excepté lui-même. Hurry n'est pas mon favori, Nathaniel, et je crois que si la vérité pouvait être connue il ne pense guère mieux de moi que de lui.

Judith prononça ces derniers mots avec une sorte de contrainte qui eût laissé voir à un esprit plus retors que ne l'était celui du chasseur, qu'elle n'était pas aussi indifférente à l'opinion que March pouvait avoir d'elle.

— March a sa manière de parler sur toutes choses, répliqua lentement et discrètement Nathaniel; il est de ceux qui parlent comme ils sentent et qui par conséquent se contredisent souvent.

— Je crois que les discours de March sont assez libres lorsqu'ils roulent sur Judith Hutter et sa sœur, dit-elle d'un air dédaigneux; il ne serait peut-être pas si inconséquent si ma sœur et moi avions un frère pour nous protéger; mais il pourrait bien tôt ou tard s'en repentir.

— C'est attacher trop d'importance à mes paroles; Hurry n'a jamais dit un mot contre Hetty.

— Je vois ce que c'est, interrompit impétueusement Judith, je suis celle qu'il se plaît à déchirer à belles dents... Hetty, en vérité... pauvre Hetty ! continua-t-elle la pétulance de sa voix baissant tout à coup; elle est au dessus de ses méchancetés comme de ses calomnies. Il n'y a pas de créature plus innocente et plus pure qu'Hetty Hutter.

— Oui, je le crois, Judith, et on peut en dire autant de sa sœur.

Il y avait une expression de sincérité dans la voix de Nathaniel qui toucha la jeune fille. Toutefois sa rancune contre Harry n'était pas encore calmée.

— On aura parlé à March des officiers de la garnison, ajouta-t-elle; ce sont des gentilshommes et il ne peut pas leur pardonner la supériorité de rang et d'éducation qu'il ne lui est pas donné d'atteindre.

— Non pas comme officier du roi, Judith, car Harry n'a aucun droit de ce côté; mais pourquoi un chasseur ne serait-il pas aussi respectable qu'un gouverneur? Puisque vous en parlez vous-même, je ne nierai pas qu'il ne se soit plaint que dans votre humble position vous fréquentiez trop souvent les habits rouges et les ceintures de soie.

Nathaniel ne put apercevoir le rouge qui colora le front de Judith : et l'eût-il aperçu, il n'en eût pas compris toute la portée. Quelques minutes s'écoulèrent dans le silence ; puis Judith se leva tout à coup, et saisissant convulsivement la main du chasseur :

— Nathaniel, dit-elle précipitamment, je me réjouis que la glace soit rompue entre nous; on dit que de soudaines amitiés produisent de longues intimités. Je ne sais pas comment cela se fait, mais vous êtes le premier homme que j'aie rencontré qui n'ait pas cherché à me flatter et qui ne fût pas un ennemi déguisé. Ne dites rien à Hurry de notre conversation ; nous la reprendrons une autre fois.

L'étrange créature laissa tomber la main de Nathaniel et disparut dans la maison, laissant le jeune homme stupéfait et immobile. Il était tellement absorbé dans ses pensées qu'il fallut le cri d'Hutter pour l'avertir qu'il avait à maintenir l'Arche dans une bonne direction; il revint alors à la réalité de sa situation.

CHAPITRE VI

Peu de temps après la disparition de Judith, un léger vent du sud s'eleva, et Hutter déploya une large voile carrée qui avait appartenu jadis à un lougre d'Albany. L'effet de cette manœuvre fut bientôt assez sensible pour rendre inutile le travail des avirons. Deux heures plus tard le château était visible à travers l'obscurité de la nuit et dressait sa tête hors de l'eau à la distance de cent vergues environ; la voile fut alors carguée, et le bateau dériva par degrés jusqu'à l'édifice, où il fut amarré.

Personne n'avait visité la maison depuis que les deux chasseurs l'avaient quittée. Elle était plongée dans le repos de minuit, comme un type de la solitude au désert. Comme on savait que l'ennemi était proche, Hutter ordonna à ses filles de ne pas user de lumière, ce qu'on faisait d'ailleurs rarement pendant l'été.

— En plein jour, ajouta Hutter, établi derrière ces bûches solides, je ne craindrais pas une armée de sauvages qui n'aurait aucune cachette pour s'embusquer. J'ai trois ou quatre fusils toujours chargés, entre autres une carabine infaillible. Mais si j'attirais les Indiens ici pendant la nuit, je ne saurais comment m'en défaire. Au reste, je suis plus en sûreté sur l'eau que sur terre. Quelques gens trouvent ma demeure trop exposée, mais je crois avoir bien fait de jeter l'ancre dans le mouillage, au large des buissons et des fourrés.

— On prétend que vous avez été marin, vieux Tom ? dit avec sa brusquerie ordinaire March frappé des expressions dont le vieux Tom se servait. On assure encore que, si vous vouliez, vous raconteriez d'étranges histoires de batailles navales et de naufrages.

— Il y a des gens dans le monde, répondit Tom d'une manière évasive, qui vivent des pensées d'autrui, et qui viennent jusque dans ces bois. Ce que j'ai été et ce que j'ai vu dans ma jeunesse est moins important que ce que sont les sauvages. Il vaut mieux s'occuper de ce qui nous arrivera dans les vingt-quatre heures prochaines que de ce qui s'est passé il y a vingt-quatre ans.

— C'est parler sensément, dit Hurry au Tueur-de-Daims, nous avons à veiller sur Judith et sur Hetty ; sans parler de nos têtes, qui pourraient être compromises. En attendant, couchons-nous sans chandelle. Je dors aussi bien dans l'obscurité qu'en plein midi, et je n'ai pas besoin de lumière pour me voir fermer les yeux.

Les deux jeunes filles se retirèrent ; et aussitôt le vieux Tom invita ses compagnons à retourner dans l'Arche, où il leur fit part du projet qu'il avait conçu.

— Ce qui est important pour nous, dit-il, c'est d'être maîtres des eaux. Or, nous possédons ici trois canots : deux à moi, un à Hurry ; mais j'en connais encore deux autres cachés dans les troncs d'arbres creux, et les sauvages ne manqueront pas de les découvrir demain.

— Ami Hutter, interrompit Harry, il n'y a pas d'Indiens capables de déterrer un canot bien abrité, et Tueur-de-Daims peut vous dire que je suis si habile à cacher une barque que je ne la retrouve plus moi-même.

— C'est vrai, dit le jeune chasseur ; mais je la retrouve à votre défaut, et c'est une circonstance dont il faut tenir compte. Je suis de l'avis de maître Hutter : il vaut mieux croire à la sagacité des sauvages que de s'en rapporter à leur peu de clairvoyance. Hâtons-nous donc, s'il est possible, d'amener ces deux canots au château.

— Est-ce que vous avez envie d'être de la partie ? demanda Hutter avec surprise.

— Assurément, je suis prêt à m'enrôler dans toute expédition qui n'est pas contraire à la dignité d'un blanc. La nature nous ordonne de défendre notre vie et la vie des autres; aussi vous suivrai-je jusque dans le camp des Mingos; je m'efforcerai de faire mon devoir si l'on en vient aux coups; mais, n'ayant jamais vu le feu, je ne puis promettre plus que je ne saurais tenir. Chacun est sûr de ses intentions, mais on ne connaît ses forces qu'après en avoir fait l'épreuve.

— Vous parlez avec une modestie convenable, s'écria Hurry. Bien que vous n'ayez point d'égal contre les daims, je ne m'attends pas à vous trouver très belliqueux. Entre le son d'un fusil de chasse et celui d'une carabine de guerre il y a une fort grande différence.

Les hommes sont d'ordinaire très sensibles aux doutes qu'on émet sur leur courage, surtout quand ils ont la conscience qu'ils sont fondés. Cependant le Tueur-de-Daims ne parut nullement choqué des soupçons injurieux de son camarade. — Nous verrons, dit-il avec douceur : n'ayant jamais essayé, j'attendrai l'expérience pour me former une opinion sur moi-même; alors je parlerai avec exactitude et sans jactance. Il y a des gens très vaillants avant le combat qui n'y font pas grande besogne, et d'autres qui, s'ignorant d'abord eux-mêmes, finissent pour s'en tirer à leur honneur.

— En tous cas, jeune homme, dit Hutter, vous savez ramer, et c'est tout ce que nous vous demandons ce soir. Ne perdons plus de temps, entrons dans le canot et agissons au lieu de parler.

Hurry et le Tueur-de-Daims prirent les rames, et le vieillard vint s'asseoir auprès d'eux après être rentré dans la maison et avoir conféré quelques minutes avec Judith. S'il y eût un temple élevé à Dieu dans cette solitude, son horloge aurait sonné minuit au moment où commença l'expédition. Les ténèbres s'étaient épaissies; cependant le temps était clair et la lueur des étoiles suffisait pour guider les aventuriers. Hutter, qui connaissait seul la place où les canots étaient cachés, se chargea de gouverner pendant que ses deux compagnons ramaient avec précaution, de peur que le clapotement de cette nappe d'eau n'arrivât aux oreilles de leurs ennemis dans le silence d'une nuit profonde. Au bout d'une demi-heure, on toucha le rivage à environ une lieue du château.

— Arrêtons-nous, dit Hutter à voix basse, et observons. Il faut être tout yeux et tout oreilles, car ces gredins ont des nez de limier.

On examina avec soin les bords du lac; aucune trace de camp ne s'y remarquait, et l'on cherchait en vain sur les flancs de la montagne ces filets bleuâtres qui s'élèvent des derniers tisons d'un foyer éteint. Comme on était assez loin de la crique où les sauvages avaient été aperçus, on pouvait débarquer sans danger. Hutter et March s'aventurèrent sur le sable en laissant au Tueur-de-Daims la surveillance du canot. Le vieux Tom prit les devants, et il eut soin de s'arrêter tous les trois ou quatre pas pour écouter les bruits qui pouvaient déceler la présence d'un ennemi. Partout régnait le calme le plus profond, et tous deux atteignirent, sans être inquiétés, le tilleul où se trouvait l'un des canots.

— C'est là, murmura le vieux Tom; passez-moi d'abord les rames, et retirez l'embarcation avec soin : car les scélérats peuvent l'avoir laissée là comme une amorce. Tenez ma carabine prête en mettant le canon de mon côté, et regardez si le bassinet est plein. Dans le cas où l'on m'attaquerait, étant chargée, je pourrai du moins lâcher la détente.

— Tout est en ordre, dit Tom : agissez lentement et laissez-moi vous conduire.

Hurry chargea le canot sur ses épaules et retourna à la plage avec lenteur, de peur de culbuter sur les flancs inclinés de la montagne. Vers la fin du voyage, le Tueur-de-Daims fut obligé d'aller à la rencontre de ses compagnons pour aider à soulever la barque au dessus des buissons. Grâce à son assistance, elle fut bientôt placée à côté de l'autre canot et remorquée vers le milieu du lac, où Tom l'abandonna sachant que la brise du sud la pousserait du côté de sa maison. De là le vieillard gouverna vers la pointe où March avait tiré vainement sur un daim. Elle était voisine de la baie, et la prudence devenait plus nécessaire que jamais sur ce territoire ennemi. A cette place, il n'y avait point de pente à gravir; les montagnes se dessinaient comme une masse sombre à un quart de mille plus loin, séparées du sable par une plaine couverte çà et là de grands arbres. Celui qui renfermait le canot était situé à moitié chemin de l'endroit où la pointe très resserrée se réunissait au continent.

Tom et Hurry abandonnèrent encore la surveillance de l'embarcation à leur collègue et s'avancèrent à la découverte du dernier canot, qu'ils trouvèrent aisément. Favorisés par la proximité de l'eau, ils le mirent à flots, et l'eurent bientôt conduit au mouillage où les attendait le Tueur-de-Daims.

— Nous avons déjoué les ruses des Indiens, dit Hurry en éclatant de rire; s'ils veulent visiter le château, il faudra qu'ils se jettent à la nage. En vérité, vieux Tom, vous avez eu une idée sublime en vous installant au milieu du lac. Il y a des hommes qui regardent la terre comme plus sûre que l'eau; mais les castors, les rats et autres bêtes intelligentes se précipitent dans les flots quand ils sont serrés de près.

— Abordons, dit Hutter, et voyons s'il n'y a point de traces de camp autour de la baie.

Tous trois s'avancèrent sur la plage, et bientôt un tressaillement général prouva qu'ils avaient aperçu simultanément quelque chose. C'était un brasier mourant dont la lumière papillonnait sur les objets environnants. Ce feu avait été probablement allumé par une bande d'Indiens, et le vieux Tom, qui savait qu'une source était proche et que l'endroit était favorable à la pêche, en conclut aussitôt que les sauvages avaient dû y rassembler leurs femmes et leurs enfants.

— Ce n'est pas là un camp de guerriers, dit-il à Hurry, et il doit y avoir quelque butin à prendre autour de ce foyer. Renvoyez le jeune homme au canot, car il ne serait bon à rien, et allons tous deux à la découverte.

— Votre avis est excellent, vieux Tom. Tueur-de-Daims, retournez aux embarcations et dirigez-vous vers le milieu du lac; vous laisserez aller l'une d'elles à la dérive. Si nous avons besoin de vous, j'imiterai le cri d'un plongeon. Dans le cas où vous entendriez nos carabines et où vous auriez envie de guerroyer, venez nous rejoindre pour voir si vous avez la main aussi sûre contre les sauvages que contre les daims.

— Croyez-moi, Hurry, ne vous exposez pas...

— Nous vous remercions, mon garçon, mais notre parti est pris. Menez-donc le canot au centre du lac, et à votre retour il y aura du mouvement dans ce camp.

Le chasseur, qui savait à quoi s'en tenir sur l'entêtement des hommes des frontières, n'insista pas davantage; il conduisit le canot au point indiqué, le lâcha près du centre de la nappe liquide, et revint promptement vers la terre; il se cramponna aux roseaux, dont les touffes s'étendaient à une centaine de pieds du rivage, et attendit les deux aventuriers avec la plus vive anxiété. Son attente fut longue, surtout pour un homme qui voyait un lac pour la première fois, et qui ne connaissait qu'en théorie la guerre des frontières. Il était patient, maître de lui-même, et sentait la nécessité d'être prudent; mais il ne put se défendre d'une certaine agitation quand il entendit sur la rive le cri perçant d'un plongeon. Etait-ce celui d'un oiseau véritable ou le cri de ses compagnons? Ce fait ne demeura pas longtemps incertain. Le même cri fut répété quelques minutes après, et le Tueur-de-Daims fut convaincu que c'était un son naturel, malgré l'habileté de March à contrefaire le chant des oiseaux.

Mais, peu d'instants après, des sons d'une autre espèce se firent entendre sur les bords du lac. C'était la voix d'une femme en détresse, ou celle d'un jeune enfant. Sans savoir de quel côté il devait se diriger, Nathaniel lâcha les roseaux et se mit à ramer. Il ne tarda pas à entendre le frôlement des buissons et le craquement des branches mortes sur le rivage qu'il longeait, et qui présentait en cet endroit un escarpement presque perpendiculaire. Il était hors de doute que des fugitifs cherchaient à se frayer un passage entre les taillis. Tout à coup les détonations de cinq ou six carabines furent répétées par les échos ; elles furent suivies par les cris qui échappent au plus brave dans un moment de surprise, et par le bruit bien distinct d'une lutte corps à corps.

— Il me glisse dans la main ! s'écria Hurry avec la fureur du désappointement. Ce démon a la peau graissée ! Tiens... voilà pour ta peine !

Ces mots furent suivis par la chute d'un corps pesant au milieu des broussailles ; c'était celui du sauvage, dont March s'était débarrassé sans cérémonie. La fuite et la poursuite recommencèrent, et le jeune homme vit une forme humaine descendre l'escarpement et s'avancer à grands pas dans l'eau. Il prit aussitôt ses rames pour aller à la rencontre de ses compagnons, sans s'inquiéter d'être remarqué. Il se mettait à peine en mouvement, quand Hurry, littéralement chargé d'ennemis, roula sur la grève en remplissant l'air de ses imprécations. L'athlétique chasseur, étendu à terre et presque étouffé sous le poids de ses antagonistes, imita le cri du plongeon d'une manière qui aurait excité le rire en de moins terribles circonstances. Hutter, qui était déjà assez loin dans l'eau, parut se repentir brusquement de sa fuite et retourna au rivage pour secourir son compagnon ; mais il fut immédiatement renversé par une demi-douzaine d'Indiens qui descendirent du haut de la falaise.

— Laissez-moi me relever, reptiles bigarrés ! s'écria Hurry ; n'est-ce pas assez de m'avoir lié comme un fagot, faut-il encore que vous m'étouffiez ?

Ce discours prouva au Tueur-de-Daims que ses amis étaient prisonniers, et qu'en débarquant il s'exposait à partager leur sort. Il était déjà près du rivage ; mais quelques coups de rames donnés à propos l'éloignèrent de ses ennemis, qui, par bonheur, avaient déchargé leurs carabines pendant la poursuite et n'avaient pas remarqué le canot dans le premier désordre de la mêlée.

— Au large ! s'écria Hutter, les jeunes filles ne comptent plus que sur vous. Vous aurez besoin de toute votre habileté pour échapper à ces sauvages. Au large, et que Dieu vous récompense de l'appui que vous donnerez à mes enfants!

Il y avait peu de sympathie entre Hutter et le jeune homme : mais la douleur morale et physique qui se révélait dans cet appel toucha le Tueur-de-Daims, qui résolut de défendre avec énergie les intérêts du vieillard.

— Rassurez-vous, répondit-il, je veillerai sur vos filles et sur votre château. L'ennemi est maître du rivage, c'est incontestable; mais il n'a point le lac. Personne ne peut dire ce qui arrivera; mais si la bonne volonté peut vous servir, vous et les vôtres, comptez sur la mienne, elle me tiendra lieu d'expérience.

— Oui, oui, répondit Hurry de sa voix de stentor, vous avez de bonnes intentions, mais que pouvez-vous faire? Inutile dans les temps les plus favorables, comment deviendrez-vous une merveille dans l'adversité? Il y a sur les bords du lac non pas un sauvage, mais quarante, et c'est une armée dont vous ne viendrez pas à bout. Le meilleur parti à prendre, c'est d'aller droit au château, d'y prendre les filles avec quelques vivres, de gagner le cours du lac par où nous sommes venus et de vous diriger vers la Mohawk. Ces diables ne sauront où vous êtes pendant quelques heures; d'ailleurs, pour vous attendre, il leur faudrait faire le tour du lac. Voilà mon avis, et le vieux Tom l'adoptera s'il veut avantager ses filles dans son testament.

— Mauvaise idée, jeune homme, répondit Hutter, l'ennemi a des éclaireurs qui vous verront et vous feront prisonnier. Enfermez-vous au château et surtout fuyez la terre. Tenez pendant une semaine, et des détachements des garnisons voisines chasseront les sauvages.

— Avant vingt-quatre heures, mon vieux, les scélérats auront construit un radeau pour assiéger votre domaine, interrompit Henri March avec une chaleur qu'on n'aurait pas attendue d'un homme garrotté qui n'avait de libre que la langue et les opinions. Votre conseil a quelque fondement, mais il amènerait de fâcheux résultats. Si nous étions au logis, nous pourrions tenir quelques jours; mais rappelez-vous que ce jeune homme voit l'ennemi ce soir pour la première fois.

— Nathaniel, ces sauvages me font des signes pour que je vous invite à venir à terre; mais ce serait une démarche insensée. Quant au vieux Tom et à moi, va-t-on nous scalper cette nuit, nous mettre à la torture, ou nous transporter au Canada; personne ne le sait, excepté le diable qui les inspire. J'ai la tête si grosse, que je crois qu'ils essaieront bien d'en tirer deux chevelures. Ils recommencent leurs signes; mais si je vous conseille d'aborder, je consens à ce qu'ils me mangent après m'avoir rôti. Loin de là, attendez le jour au large; et quand il aura paru...

Les recommandations de March furent interrompues par un sauvage qui entendait assez d'anglais pour avoir compris enfin le sens de cette harangue, et qui lui mit rudement la main sur la bouche. Immédiatement après, toute la bande s'enfonça dans les bois, emmenant les prisonniers, qui ne parurent faire aucune résistance. Au moment où le craquement des buissons écartés cessa de se faire entendre, la voix du père retentit une dernière fois à travers les fourrés :

— Sauvez mes filles, jeune homme, et que Dieu vous récompense !

Un silence de mort succéda à ces paroles. L'éloignement et l'obscurité avait empêché le Tueur-de-Daims de distinguer la troupe, mais l'idée de la présence des hommes, les rapports imparfaits qu'il avait avec eux, avait suffi pour animer la solitude. Il se pencha pour écouter, retint son haleine et concentra toutes ses facultés dans le sens de l'ouïe; mais toute espèce de son avait cessé; et tel fut le sentiment d'abandon dont Nathaniel fut saisi, qu'il regretta les jurons de March et le cri perçant qui venait de troubler le calme de la forêt. Toutefois, il n'était pas homme à se laisser abattre; il plongea ses rames dans l'eau, vira de bord, et se dirigea vers le centre du lac, avec la lenteur d'un homme qui se promène en méditant. Chemin faisant, il retrouva le dernier canot, qu'il prit de la remorque. Ne voyant dans l'aspect du ciel et dans la direction du vent rien qui fût contraire à ses projets, il s'étendit au fond de son embarcation pour goûter quelques heures de sommeil. Mais quoique les hommes robustes dorment profondément quand ils sont fatigués, même à proximité du danger, il fut quelque temps avant de perdre connaissance. Ses facultés à demi endormies lui représentaient les événements de la soirée dans une sorte d'hallucination. Il se leva tout à coup, croyant entendre le signal convenu par Hurry; mais quand il fut debout, tout était rentré dans le silence de la tombe. Les canots dérivaient lentement au nord. Les étoiles parsemaient le firmament de leurs clartés mélancoliques. Le plongeon fit entendre de nouveau son cri tremblotant, et Nathaniel eut l'explication du bruit qui l'avait alarmé. Il arrangea son rude oreiller, s'étendit au fond du canot et s'endormit.

CHAPITRE VII

Le jour naissait lorsque le Tueur-de-Daims rouvrit les yeux et les promena autour de lui avec un empressement bien facile à comprendre. Rien n'avait troublé son sommeil, aussi se leva-t-il avec une intelligence aussi nette que les circonstances l'exigeaient. Le soleil n'avait pas encore paru, mais la voûte des cieux était enrichie de ces teintes douces qui accompagnent la naissance et la chute du jour ; et les tribus emplumées remplissaient l'air de leurs chants, qui rappelèrent tout d'abord à Nathaniel les dangers qu'il courait. En effet, ces hymnes matinales indiquaient le voisinage de la terre. Les légères embarcations s'étaient rapprochées de la base de la montagne qui dominait la rive orientale, et le troisième canot, prenant la même direction, dérivait vers une pointe, où il devait inévitablement toucher, à moins d'une saute de vent ou d'une intervention humaine. Au reste, c'était là l'unique sujet d'inquiétude. Le château reposait en paix sur son écueil, et l'Arche demeurait amarrée au pilotis. Le vent étant venu à fraîchir assez mal à propos, le canot en dérive ne tarda pas à toucher le rivage. Le Tueur-de-Daims ne voulut pas le laisser exposé à tomber entre les mains des Indiens, et il gouverna vers la plage, après s'être assuré que sa carabine était en bon état. La plus grande circonspection lui était nécessaire, puisqu'il pouvait y avoir des sauvages aux aguets sur la côte, et c'était un moment difficile à passer pour un novice qui n'avait aucun ami pour le seconder, et qui manquait de l'encouragement que donne au plus timide la certitude d'être observé. Néanmoins Nathaniel se comporta comme aurait pu le faire un vétéran des bois. Sans hésitation et sans témérité, il s'avança avec une espèce de prudence philosophique, et l'on peut dire qu'il débuta avec éclat dans la carrière à laquelle il doit sa célébrité.

Quand il fut à cent vergues du rivage, le Tueur-de-Daims donna trois ou quatre vigoureux coups de rame, qui suffisaient pour pousser la barque vers la grève, et quitta l'instrument du travail pour prendre celui de la guerre. Il levait sa carabine, quand une détonation perçante fut suivie du sifflement d'une balle qui, en passant auprès de lui le fit involontairement tressaillir. Il chancela et s'étendit de tout son long au fond du canot. Presque aussitôt un Indien s'élança en poussant un cri du milieu des buissons sur le sable. C'était sur quoi comptait le jeune homme; il visa son ennemi à découvert, mais il hésita à faire partir la détente sur un homme contre lequel il avait tant d'avantages. L'Indien, dont il épargnait ainsi la vie, rentra dans les broussailles aussi vite qu'il en était sorti.

Pendant ce temps, le Tueur-de-Daims débarqua sur une plage de sable et de gazon, surmontée d'épaisses broussailles. Cette végétation rabougrie faisait place, un peu plus loin, aux sombres voûtes de la forêt. Les arbres étaient gros, élevés, et partaient d'un sol tellement nu qu'ils ressemblaient à d'immenses colonnes distribuées çà et là au hasard pour soutenir un dôme de feuilles. Quoiqu'ils fussent assez près les uns des autres, vu leur âge et leur dimension, l'œil pouvait pénétrer sous leur ombrage à une distance considérable.

Prévoyant qu'il lui serait impossible de se remettre à l'eau sans recevoir une nouvelle balle, Nathaniel se mit audacieusement à la recherche de son adversaire. Il aperçut bientôt les bras de l'Indien, dont le corps était caché derrière un chêne et qui s'occupait de bourrer son arme. Rien n'eût été plus facile que de le surprendre, mais le Tueur-de-Daims, peu habitué aux expédients déloyaux des escarmouches, se révoltait à l'idée d'assaillir un ennemi désarmé. Ses joues se colorèrent, il fronça le sourcil, il recueillit toutes ses forces, mais au lieu de s'avancer pour tirer il demeura dans la position d'un chasseur qui se prépare à ajuster!

— Non, non, se dit-il à lui-même, une pareille conduite sera t digne d'une peau rouge; mais elle n'est pas dans le caractère d'un chrétien. Que le mécréant recharge son arme, et nous en viendrons aux mains comme des hommes; car il ne doit pas s'emparer du canot, et il ne l'aura pas. Laissons-lui le temps de se mettre en mesure, et Dieu protégera le bon droit.

Cependant l'Indien était tellement absorbé dans ses occupations, qu'il ne s'était même pas aperçu de la présence de son ennemi. Après avoir rechargé sa carabine, il s'avança en évitant avec soin de se mettre sous le feu du canot, sans se douter qu'il s'exposait en réalité. Alors Nathaniel quitta son abri et apostropha l'Indien.

— Par ici, peau rouge, par ici, si vous me cherchez. Je suis novice dans la guerre, mais pas assez pour rester sur une grève où je serais aussi facile à tuer qu'un hibou en plein jour. Il dépend de vous que nous soyons en paix ou en guerre; car j'ai les inclinations d'un homme blanc, et je ne suis pas de ceux qui regardent comme une belle action de tuer des créatures humaines dans les bois.

Le sauvage ne fut pas médiocrement interdit, mais il savait assez d'anglais pour comprendre le sens de ces paroles rassurantes. Loin de manifester de l'inquiétude, il laissa tomber à terre la crosse de sa carabine et fit un geste de confiance et d'amitié avec l'aisance d'un homme qui ne reconnaissait point de supérieur. Toutefois le volcan qui brûlait dans son cœur communiquait sa flamme à ses regards, et ses narines se dilataient comme celles d'une bête féroce contrariée dans son élan fatal.

— Deux canots, dit-il avec l'accent guttural de sa race en levant deux doigts pour prévenir toute erreur, l'un pour vous, l'autre pour moi.

— Non, non, Mingo, c'est impossible, ni l'un ni l'autre ne vous appartiennent, et vous ne les aurez pas tant que je pourrai vous en empêcher. Je sais que la guerre est déclarée entre votre peuple et le mien, mais ce n'est pas une raison pour que deux hommes se tuent au coin d'un bois comme des bêtes. Allez de votre côté, laissez-moi aller du mien. Le monde est assez grand pour nous d'eux, et si nous nous rencontrons en bataille rangée le Seigneur décidera de notre destin.

— Bon ! s'écria l'Indien ; mon frère est missionnaire... Il parle beaucoup, toujours sur le Manitou.

— Vous vous trompez, guerrier : je ne suis pas digne d'être missionnaire, et je suis tout simplement chasseur, quoique plus tard, si la paix n'est point faite, je puisse avoir l'occasion de me mesurer avec vos compatriotes. Je voudrais pourtant que ce fût dans un combat régulier, et non pas à propos d'un misérable canot.

— Bon ! mon frère est très jeune, mais il est très sage ; petit guerrier, grand parleur ; c'est quelquefois un chef au conseil.

— Je n'ai pas cette prétention, Indien répartit le Tueur-de-Daims en rougissant de l'ironie mal dissimulée de son interlocuteur, je ne demande qu'à vivre en paix dans les bois. Tous les jeunes gens doivent suivre le sentier de la guerre quand il le faut, mais la guerre n'est pas un massacre inutile ; je vous invite donc à continuer votre route, et j'espère que nous nous séparerons en amis.

— Bon ! mon frère a deux chevelures, une grise sous l'autre noire. Vieille sagesse, jeune langue.

Là-dessus le sauvage s'avança avec confiance, sa figure était souriante, et tout son extérieur indiquait des dispositions pacifiques. Les deux adversaires se donnèrent cordialement une poignée de main.

— Chacun son bien, dit le sauvage ; mon canot est à moi le vôtre est à vous. Allons voir ; s'il est à vous, vous le garderez ; s'il est à moi, je le prendrai.

— C'est juste, peau rouge ; mais vous avez tort de supposer qu'un des canots vous appartienne. Au surplus, il faut voir pour croire ; rendons-nous donc au rivage, et puisque vous ne vous fiez pas à mes yeux, vous pourrez vous en rapporter aux vôtres.

L'Indien proféra son exclamation favorite, et tous deux s'approchèrent de la grève sans aucune défiance apparente. Le sauvage prenait même quelquefois les devants, comme s'il eût voulu prouver qu'il ne craignait pas de tourner le dos à son compagnon. En arrivant sur les bords du lac, il indiqua du doigt la barque du Tueur-de-Daims, et dit avec emphase :

— Celui-ci est un canot de visage pâle, celui-là un canot d'homme rouge : je ne veux pas de l'un, l'autre est à moi.

— Vous avez tort, vous avez complètement tort. Ce canot m'a été confié par le vieux Tom Hutter, et il est à lui d'après toutes les lois des blancs et les coutures en sont une preuve évidente.

— Bon ! mon frère n'est pas vieux, mais il a beaucoup de science. L'Indien n'a fait cela, c'est l'ouvrage d'un homme blanc.

— Je suis charmé de vous voir penser ainsi, car l'opinion contraire aurait été un sujet de querelle. Pour faire cesser toute discussion, je vais mettre hors de votre portée l'embarcation que vous aviez réclamée.

A ces mots, le Tueur-de-Daims mit son pied sur le bout du frêle esquif, et l'envoya à cent pieds du rivage. Cet expédient brusque et décisif fit tressaillir le sauvage, qui prit d'abord un air farouche, et qui, revenant promptement à son expression première, feignit de sourire amicalement.

— Bon ! répéta-t-il avec plus d'emphase que jamais. Jeune tête, vieil esprit ; il sait comment vider une querelle. Adieu, frère ; va dans la maison sur l'eau, dans le château du Rat musqué. L'Indien retournera au camp, et dira au chef qu'il n'a pas trouvé de canot.

Le Tueur-de-Daims, qui avait hâte de rejoindre les deux femmes, saisit avec joie la main que l'Iroquois lui tendait. Après de nouvelles protestations d'amitié, celui-ci s'achemina tranquillement vers la forêt, sa carabine sous le bras, sans se retourner une seule fois par inquiétude ou par défiance. L'homme blanc portant son arme d'une manière non moins pacifique, s'approcha du canot qui restait, mais il ne put s'empêcher de suivre des yeux les mouvements de l'Indien. Cependant, honteux des soupçons qu'il avait conçus, il s'occupa exclusivement des préparatifs nécessaires à son départ. Il y travaillait depuis une minute à peine, quand ses yeux sûrs et perçants, se tournant par hasard du côté de la terre, lui révélèrent l'imminence du danger qui menaçait sa vie. Les noires prunelles du sauvage le contemplaient avec la férocité du tigre, et la gueule d'une carabine posée entre les broussailles se trouvait juste en face de la poitrine de Nathaniel. Ce fut alors que sa longue expérience de chasseur lui fut profitable. Il se conduisit comme s'il eût eu devant lui un daim bondissant, dont il n'aurait pas connu la position exacte. Armer et ajuster sa carabine, ce fut l'affaire d'un instant, il n'apercevait qu'une figure sinistre, mais il tira au milieu des broussailles où devait être le corps qui en dépendait. Ses mouvements furent si rapides que les deux adversaires firent feu au même instant, et que les deux détonations se confondirent. Le sauvage poussa son terrible cri de guerre, bondit à travers les buissons, et se rua sur la rive en brandissant un tomahawk. Nathaniel attendit, la crosse à terre, la tête droite, ferme comme un pin dans une calme matinée d'été : toutefois, par suite de ses habitudes de chasseur, il chercha machinalement son sac à plomb et sa poudrière. Arrivé à vingt pas de son ennemi, le sauvage lui lança sa hache acérée, mais d'un œil si incertain et d'une main si faible, que le Tueur-de-Daims put saisir par le manche le tomahawk qui passait près de lui. Au même instant l'Indien chancela et tomba tout de son long sur le sable.

— Je le savais! je le savais! s'écria Nathaniel tout en se préparant à glisser une nouvelle balle dans sa carabine; je savais quel serait le résultat lorsque j'ai vu cet individu m'ajuster. On vise et l'on tire vite quand on est en danger de mort, et je n'ai prévenu ce maudit que de la centième partie d'une seconde. Sa balle m'a effleuré les côtes, mais qu'on dise ce qu'on voudra pour ou contre les Mingos, ils ne sont pas aussi bons tireurs que les blancs. Chingachgook lui-même, si habile sous d'autres rapports, est inférieur, n'est qu'un tireur très ordinaire.

Pendant ce monologue, le Tueur-de-Daims avait rechargé son arme. Il jeta le tomahawk, s'avança vers la victime et la regarda avec une attention mélancolique, appuyé sur la carabine. C'était la première fois qu'il voyait tomber un homme dans le combat; c'était le premier homme qu'il atteignait. Ses sensations étaient nouvelles, et des regrets généreux se mêlaient à son triomphe.

L'Indien n'était pas mort, quoiqu'il eût le corps traversé par la balle. Il gisait immobile sur le dos; mais ses yeux expressifs suivaient tous les mouvements du vainqueur comme l'oiseau démonté regarde le chasseur. Le malheureux s'attendait au coup fatal qui devait précéder la perte de sa chevelure, ou peut-être croyait-il qu'il serait mutilé avant sa mort.

Tueur-de-Daims devina ses pensées, et trouva une triste satisfaction à dissiper les alarmes du sauvage.

— Non non, Peau-Rouge, dit-il, vous n'avez rien à craindre de moi. Je suis de race chrétienne, et scalper n'est pas dans mes attributions; je vais m'emparer de votre carabine, et je reviens vous rendre tous les services que je pourrai. Pourtant je ne puis rester ici longtemps, car le bruit des coups de feu ne manquera pas d'y attirer vos infâmes camarades.

La fin de ce discours fut un soliloque que le jeune homme prononça en allant ramasser la carabine. Il la mit dans le canot, et retourna auprès de l'Iroquois.

— Toute inimitié, lui dit-il, est finie entre vous et moi, Peau-Rouge, et vous pouvez vous rassurer sur le compte de votre crâne. J'ai les inclinations d'un blanc, comme je vous l'ai dit, et j'espère me conduire comme un blanc.

Si Nathaniel eût lu dans les yeux du sauvage mourant, il est probable qu'il eût montré moins de vanité à l'endroit de sa couleur : mais il y vit de la reconnaissance, sans remarquer l'ironie amère qui s'y mêlait.

— De l'eau, vociféra le malheureux; donnez de l'eau au pauvre Indien.

— Oui, vous aurez de l'eau, dussiez-vous mettre le lac à sec. Je vais vous porter sur le bord pour que vous puissiez boire à votre aise. Tous les blessés sont comme ça, dit-on, c'est de l'eau qu'ils désirent par-dessus tout.

En parlant ainsi, le Tueur-de-Daims souleva l'Indien dans ses bras et le porta sur le bord du lac. Il s'assit ensuite sur une roche, et prit sur ses genoux la tête du moribond qu'il essaya de consoler.

— Guerrier, lui dit-il, j'aurais tort de prétendre que votre heure n'est pas venue. Vous avez déjà dépassé l'âge mûr, et vu le genre de vie qui vous menez, vos jours ont été assez bien remplis. Ce qui vous importe maintenant, c'est de songer à l'autre existence. Ni les Peaux rouges ni les visages pâles ne croient s'endormir pour toujours! mais ils s'attendent à vivre dans un monde meilleur.

— Bon! s'écria l'Indien, dont la voix conservait toute sa force; quoique sa vie s'en allât; jeune tête, vieille sagesse?

— C'est quelquefois une consolation, au moment de l'agonie, de recevoir le pardon de ceux auxquels nous avons essayé de nuire. Ce n'est qu'à l'heure du jugement que nous savons si Dieu nous prend en pitié, mais nous désirons en attendant obtenir de la miséricorde sur la terre. Dans ce monde ou dans l'autre on aime à savoir que quelqu'un nous pardonne. Pour moi, je ne vous en veux pas d'avoir médité ma perte : d'abord, parce que vous m'avez manqué ; ensuite, parce que c'était dans vos inclinations, dans votre nature, dans votre éducation, et que je n'aurais pas dû avoir la moindre confiance en vous ; enfin, parce que je ne peux en vouloir à un mourant, qu'il soit païen ou chrétien. Ayez donc l'esprit en paix, en tant que cela me concerne.

L'Iroquois avait sur l'avenir inconnu de ces lueurs vagues et terribles que la miséricorde divine répartit dans toute la race humaine ; mais ses idées étaient nécessairement conformes à ses habitudes et à ses préjugés. Comme la plupart de ses compatriotes, et comme un grand nombre des nôtres, il songeait plutôt à mourir de manière à mériter les applaudissements qu'à s'assurer la paix dans une existence extérieure. Malgré l'égarement de son esprit, il comprit que le Tueur-de-Daims avait de bonnes intentions, mais il regretta que personne de sa tribu ne fût témoin de la fermeté stoïque avec laquelle il supportait l'agonie. Il avait cette courtoise innée qui distingue si souvent les guerriers indiens avant qu'ils soient corrompus par la fréquentation de la lie des hommes blancs ; aussi s'efforça-t-il d'exprimer de la gratitude à son ennemi compatissant.

— Bon ! répéta-t-il ; car c'était un mot très usité parmi les sauvages : jeune tête et jeune cœur aussi. Les vieux cœurs sont rudes ; ils ne versent pas de larmes. Écoutez l'Indien quand il meurt ; il n'a pas besoin de mentir. Comment vous appelle-t-on ?

— Nathaniel Bumppo, dit le Tueur-de-Daims ; mais les Delawares m'ont promis de me donner un surnom plus digne, si je le méritais en marchant dans le sentier de la guerre.

— C'est un nom d'enfant, un pauvre nom pour un guerrier. Vous en aurez bientôt un autre.

Surexcité par ses émotions, l'Iroquois eut la force de lever la main et de toucher la poitrine du jeune homme en ajoutant :

— Peu de crainte, là : œil certain, main foudroyante, coup mortel... Grand guerrier bientôt... non, pas Tueur-de-Daims... Œil-de-Faucon, Œil-de-Faucon... Donnez-moi la main !

Le Tueur-de-Daims, ou Œil-de-Faucon, comme on l'appela par la suite dans tout le pays, prit la main du sauvage, qui rendit le dernier soupir en regardant avec admiration l'étranger qui avait montré dans une circonstance aussi critique tant de présence d'esprit, d'adresse et de fermeté. Si l'on songe à l'extrême plaisir qu'éprouve un Indien en voyant son ennemi montrer de la faiblesse, on appréciera mieux la conduite que méritait un pareil hommage.

— Son âme s'est envolée, s'écria Œil-de-Faucon d'une voix étouffée ; hélas ! voilà où nous arrivons tôt ou tard ; et le plus heureux, quelle que soit sa couleur, est celui qui est le mieux préparé. Voici le corps d'un brave guerrier sans doute, et son âme est déjà dans le ciel ou l'enfer. Je pourrais prendre sa chevelure et l'aller porter au magistrat des colonies, qui me donnerait la prime accordée en pareille occasion ; mais jamais pareil argent ne souillera mes mains. Je suis né blanc, et je mourrai blanc, quand même Sa Majesté, ses gouverneurs et tous ses conseils oublieraient leur origine pour obtenir un léger avantage à la guerre. Que votre âme repose en paix, guerrier ! votre corps sera intact quand il la rejoindra au grand jour du jugement.

A ces mots, le Tueur-de-Daims appuya le cadavre contre un rocher avec toutes les précautions nécessaires, pour l'empêcher de tomber ou de prendre une attitude qui aurait pu sembler inconvenante à la délicatesse des Indiens. Quand il eut accompli ce devoir, il regarda d'un air rêveur la figure contractée de son ennemi, et recommença ses monologues suivant l'habitude qu'il avait acquise en vivant isolément dans les bois.

— Peau rouge, dit-il, je n'en voulais pas à vos jours ; mais il fallait tuer ou être tué : vous avez été traître, suivant votre usage. J'ai été trop confiant, suivant le mien, nous ne sommes pas à blâmer. J'avais combattu jusqu'ici des ours, des loups, des panthères et des chats sauvages ; vous m'avez forcé de débuter avec les Peaux rouges, et probablement je ne m'en tiendrai pas là.

Ces réflexions furent interrompues par l'apparition d'un second Indien, qui, en apercevant le Tueur-de-Daims, poussa un cri perçant, auquel répondirent une douzaine de voix sur différentes parties de la montagne. Il n'y avait pas de temps à perdre, et une minute après le canot s'éloignait rapidement du rivage.

Dès que Nathaniel se crut en sûreté, il cessa de ramer et examina l'état des choses. Les Indiens s'étaient groupés autour du cadavre et remplissaient l'air de cris de rage. A ces cris succédèrent des exclamations de joie, lorsqu'on s'aperçut que la victime avait conservé sa chevelure ; puis vinrent les lamentations et les gémissements qui accompagnent d'ordinaire les funérailles d'un guerrier. On ne songea point à poursuivre le vainqueur, car les sauvages d'Amérique, comme les panthères de leurs forêts, n'attaquent jamais un ennemi sans avoir la presque certitude de l'atteindre.

N'ayant aucun motif pour rester près de la pointe, le jeune homme s'occupa de réunir les canots. L'un d'eux fut facile à rattraper ; l'autre se dirigeait vers la terre d'une façon si étrange qu'il fallait supposer que l'action d'un courant caché venait en aide à la brise. En se rapprochant toutefois, le Tueur-de-Daims découvrit la cause mystérieuse de ce mouvement qui l'étonnait. Un Iroquois, parvenu à la nage jusqu'à l'embarcation, était étendu au fond ; et, se servant de son bras en guise d'aviron, il la poussait lentement mais sûrement vers le rivage. Persuadé qu'il ne pouvait avoir d'armes, le Tueur-de-Daims, sans même lever sa carabine, n'hésita pas à s'approcher du sauvage, qui se leva tout à coup en poussant un cri de surprise.

— Peau rouge, lui dit-il, vous avez assez joui de ce canot, vous ferez bien de me le laisser ; je suis raisonnable, et n'ai pas envie d'imiter les gens qui regardent un sauvage comme un bon de prime plutôt que comme un être humain. Jetez-vous dans le lac avant que nous en venions aux gros mots.

L'Indien ne savait pas un mot d'anglais, mais il vit aux gestes et aux yeux expressifs du Tueur-de-Daims qu'il n'y avait pas à hésiter ; il sauta dans le lac, et son corps nu disparut sous l'eau. Quand il revint à la surface pour respirer, il était déjà loin, et les regards inquiets qu'il jetait derrière lui annonçaient qu'il redoutait un coup de carabine ; mais le jeune blanc n'avait point d'intention hostile. Au moment où l'Indien atteignait la terre et se secouait comme un épagneul qui sort de l'eau, Nathaniel, en route pour le château, se livrait à ses monologues habituels.

— Ma foi, dit-il, j'aurais eu tort de tuer un homme sans nécessité. Ce Mingo est sans doute une canaille ; mais ce n'est pas une raison pour que j'oublie ma qualité de blanc... Œil-de-Faucon ! ce ne serait pas un mauvais nom pour un guerrier : cela sonne mieux que Tueur-de-Daims ; mais, pour que l'on m'accorde ce titre, il faut que je parle de l'aventure, et ces fanfaronnades ne conviennent guère qu'à un sauvage. A ma place, Chingachgook irait se vanter de ses exploits, et les chefs le nommeraient Œil-de-Faucon en moins d'une minute... Ma foi, cette affaire est, comme toutes les autres, entre les mains de la Providence, et je compte sur elle pour me faire obtenir ce que j'ai mérité.

Après cette manifestation de sentiments intimes, le jeune

homme continua à ramer vers l'édifice, dont les murailles d'écorce et le toit en saillie se dessinaient d'une manière pittoresque, éclairés par les splendeurs du soleil levant. Judith Hetty, debout devant la porte, attendait avec anxiété l'arrivée des canots, que sa sœur aînée regardait de temps en temps à l'aide d'une vieille lunette de bord. Jamais cette jeune fille n'avait eu plus d'éclat qu'en ce moment ; l'animation de l'inquiétude lui avait donné les plus riches couleurs et augmentait le charme de ses yeux.

CHAPITRE VIII

Aucune des sœurs ne parla quand le Tueur-de-Daims se présenta seul devant elles, après avoir amarré ses canots auprès de l'arche. Enfin Judith eut la force de s'écrier :

— Mon père !

— Il a été malheureux, et il est inutile de le cacher, répondit le Tueur-de-Daims avec sa droiture accoutumée ; il est avec Hurry entre les mains des Mingos, et Dieu sait comment il s'en tirera. J'ai ramené les canots, et c'est une consolation, puisque les scélérats ne peuvent venir ici qu'à la nage ou en radeau. Au coucher du soleil nous recevrons pour renfort Chingachgook, si je trouve moyen de l'aller chercher ; et alors je crois que nous pourrons répondre de l'arche et du château jusqu'à ce que nous soyons secourus par les officiers des garnisons.

— Les officiers ! s'écria Judith avec impatience et non sans émotion : qu'avons-nous besoin d'eux. Nous sommes capables de défendre seuls le château... mais parlez-nous de mon père et du pauvre Hurry Harry !

Le Tueur-de-Daims raconta succinctement tout ce qui s'était passé et n'essaya pas de dissimuler les fatales conséquences que pouvait avoir la captivité de ses compagnons. Les jeunes filles l'écoutèrent avec une attention profonde sans montrer le trouble que n'auraient pas manqué d'éprouver d'autres femmes moins accoutumées aux hasards d'une vie de frontière. A la grande surprise du Tueur-de-Daims, Judith parut la plus affligée, ce qu'il attribua tant à l'amour filial qu'à l'intérêt qu'elle portait à Hurry.

La sœur cadette entendit ce triste récit avec une morne indifférence, peut-être parce qu'elle ne prévoyait pas tous les dangers qui menaçaient son père. Toutes deux s'abstinrent de réflexions et s'occupèrent à préparer le repas du matin ; car les personnes habituées aux soins du ménage travaillent machinalement au milieu des plus grandes douleurs. Le repas fut silencieux, les filles mangèrent peu; mais le Tueur-de-Daims prouva qu'il possédait une qualité nécessaire dans un bon soldat, celle de conserver son appétit dans les circonstances les plus critiques. Presque à la fin du repas, Judith prit la parole du ton brusque et entrecoupé d'une personne qui trouve plus pénible d'étouffer ses émotions que de leur donner carrière.

— Mon père aurait aimé ce poisson! s'écria-t-elle : il assure que le saumon des lacs est presque aussi bon que le saumon de la mer.

— Il paraît que votre père a navigué, répondit le jeune homme, qui, comme tous ceux qui connaissaient Hutter, aurait voulu pénétrer les mystères de sa vie passée : Hurry Harry m'a dit qu'il avait été marin.

— Si Hurry sait quelque chose de mon père, répondit Judith, je voudrais bien qu'il me le communiquât. Tantôt je crois aussi qu'il a été marin, tantôt je cesse de le croire. Si ce coffre était ouvert, il pourrait éclaircir tous nos doutes; mais les serrures en sont trop fortes pour être brisées comme un fil.

Le Tueur-de-Daims tourna les yeux vers le coffre en question et l'examina de près pour la première fois : c'était une caisse d'un bois précieux, polie et travaillée avec soin, et supérieure à tous les ouvrages du même genre qu'il avait vus précédemment; mais le lustre en était altéré par le défaut de soin, et diverses raies profondes prouvaient que le bois s'était trouvé en contact avec des substances plus dures que lui; les coins étaient en acier ciselé; les serrures, qui étaient au nombre de trois, auraient, ainsi que les gonds, attiré l'attention, même dans un magasin de curiosités. Ce coffre était large; et lorsque Nathaniel essaya de le soulever en saisissant la poignée massive, il reconnut que le poids correspondait parfaitement avec l'aspect extérieur.

— Avez-vous jamais vu ce coffre ouvert? demanda le jeune homme avec franchise, car les ménagements étaient peu connus à cette époque sur la limite extrême de la civilisation.

— Jamais. Si mon père en a soulevé le couvercle, ce n'est pas en ma présence ; je crois même qu'il n'a jamais regardé dedans.

— Vous vous trompez, Judith, dit tranquillement Hetty; mon père a levé le couvercle, et je l'ai vu.

— Quand l'avez-vous vu? demanda précipitamment Judith.

— Ici, et à plusieurs reprises. Mon père ouvre le coffre quand vous êtes dehors; mais peu lui importe que je le voie ou que je l'entende.

— Et que dit-il?

— Je ne puis vous le dire, répliqua Hetty à voix basse, mais d'un ton résolu ; les secrets de mon père ne sont pas mes secrets.

— Voilà qui est étrange ! Concevez-vous, Tueur-de-Daims, que mon père ait des secrets qu'il me cache et qu'il confie à ma sœur ?

— Il a sans doute ses raisons, Judith ; mais, comme il n'est pas là pour les expliquer, je n'en parlerai pas davantage.

Judith parut un moment contrariée ; puis, se remettant tout à coup, elle tourna le dos à sa sœur et s'adressa au jeune homme.

— Vous n'avez pas, dit-elle, compté toutes vos aventures ; nous avons entendu des détonations au pied de la montagne du côté de l'est.

— Les carabines ont fait leur devoir ce matin, jeune fille, quoique la poudre ait été épargnée autant que possible. Un guerrier iroquois est parti pour les heureux territoires de chasse, et si je n'en ai pas parlé, c'est qu'il est indigne d'un blanc de se vanter de ses exploits.

Judith écoutait presque hors d'haleine ; et comme le modeste Nathaniel semblait disposé à n en pas dire davantage, elle se leva, et s'approchant de lui elle dit avec émotion et d'un ton de reproche : — Vous avez seul combattu les sauvages pour nous défendre, Hetty et moi ; vous avez affronté bravement l'ennemi sans avoir personne pour témoin de vos actions ou de votre chute, si la Providence avait permis un tel malheur.

— C'est vrai, Judith ; je me suis battu, et c'était pour la première fois de ma vie : j'en éprouve un mélange d'orgueil et de tristesse ; mais il paraît que la guerre est dans la nature humaine, puisque toutes les nations s'y adonnent, et il faut suivre nos inclinations. Ce qui s'est passé aujourd'hui n'est rien ; mais si Chingachgook arrive ce soir au rendez-vous et que je l'amène ici malgré les sauvages, vous verrez quelque chose de bien en fait de combat, avant que les Mingos s'emparent du château, de l'arche ou de vous.

— Quel est ce Chingachgook ? d'où vient-il, et pourquoi vient-il ici ?

— Ces questions sont naturelles, quoique le jeune homme soit déjà célèbre. Chingachgook est de race mohicane, et il s'est associé aux Delawares, comme la plupart des hommes de sa tribu qui a été depuis longtemps dispersée par l'extension de la race blanche. Il est de la famille des grands chefs ; son père Uncas était le guerrier et le conseiller le plus renommé de son peuple ; le vieux Tamenund lui-même honore Chingachgook. Cependant on le croit encore trop jeune pour conduire une expédition ; et puis la nation est tellement affaiblie que le titre de chef n'est plus qu'un vain nom. Donc, après la déclaration de guerre, nous nous sommes donné rendez-vous pour ce soir, au coucher du soleil, sur un rocher, au pied du lac ; dans l'intention de commencer notre première expédition contre les Iroquois. Pourquoi nous venons de ce côté, c'est notre secret ; mais des jeunes gens réfléchis, dans le sentier de la guerre, ne font rien qu'à bon escient.

— Un Delaware peut n'avoir pas de mauvaises intentions à notre égard, et nous pensons que les vôtres sont amicales.

— La trahison est le dernier crime dont j'espère être accusé, répliqua le Tueur-de-Daims, blessé du soupçon vague qui avait traversé l'esprit de Judith.

— Personne ne vous accuse, s'écria la jeune fille avec impétuosité ; votre honnête physionomie est une garantie de votre franchise ! Si tous les hommes s'exprimaient comme vous et ne promettaient que ce qu'ils veulent tenir, il y aurait moins de malheurs dans le monde ; les belles plumes et les habits écarlates ne serviraient pas d'excuse à la bassesse et à la déception. Ces mots furent prononcés avec énergie, et les éclairs jaillirent des yeux de Judith. Nathaniel ne put s'empêcher de remarquer cette émotion extraordinaire ; mais avec un tact rare qu'on ne pouvait guère attendre de lui, il évita d'y faire allusion. Judith redevint graduellement plus calme ; et comme elle voulait évidemment se montrer au jeune homme avec tous ses avantages, elle reprit tout son sang froid pour continuer la conversation.

— Tueur-de-Daims, dit-elle, je n'ai pas le droit de pénétrer vos secrets, et je suis prête à croire tout ce que vous m'affirmerez. Si nous pouvons réellement nous assurer du renfort, nous lutterons contre les sauvages, qui finiront par consentir à échanger leurs prisonniers contre des peaux ou contre le baril de poudre que nous avons à la maison.

Le jeune homme avait le mot de scalper sur les lèvres, mais il s'arrêta de peur d'alarmer les jeunes filles. Il fut toutefois deviné par Judith, dont l'existence hasardeuse avait aiguisé l'intelligence.

— Je vous comprends, poursuivit-elle, quoique vous gardiez le silence dans la crainte de me blesser... je veux dire de nous blesser, car Hetty n'aime pas son père moins que moi. Mais je ne crains rien pour la chevelure de mon père, car les Indiens ne scalpent jamais un prisonnier qu'ils ont pris vivant ; ils le gardent pour en retirer rançon, à moins qu'il ne leur prenne l'atroce fantaisie de le mettre à la torture.

— En effet, ce sont leurs usages... mais comprenez-vous, Judith, pourquoi votre père et Hurry ont attaqué les Indiens ?

— Sans doute, c'était par la cruelle pensée de gagner des primes ; mais, que voulez-vous ! il y a des hommes parés d'or et d'argent, porteurs d'une commission royale, qui se rendent coupables de la même barbarie.

Les yeux de Judith étincelèrent de nouveau ; mais, par un effort désespéré, elle recouvra sa présence d'esprit.

— Je m'anime, ajouta-t-elle en s'efforçant de sourire, quand je pense à tout le mal que les hommes se font entre eux. Que de sottise !... Mais les Indiens ne sont pas foncièrement sanguinaires ; ils estiment un ennemi en raison de la hardiesse de ses entreprises, et s'ils découvrent que leurs prisonniers ont été attirés par l'appât de la prime attachée à chaque chevelure, ils les honoreront loin de les maltraiter.

— Pendant quelque temps, Judith, j'en conviens ; mais l'amour de la vengeance prendra ensuite le dessus. Il faut que Chingachgook et moi nous tâchions d'arracher votre père et Hurry aux Mingos, qui rôderont sans doute pendant plusieurs jours autour du lac afin de compléter leur succès.

— Vous croyez qu'on peut compter sur ce Delaware ? demanda la jeune fille d'un air rêveur.

— Autant que sur moi-même : vous avez dit que vous ne me soupçonniez pas.

— Vous ! s'écria Judith en lui serrant la main et en la pressant avec chaleur ; je soupçonnerais plutôt un frère ! Je ne vous connais que depuis un jour. Tueur-de-Daims, mais ma confiance est aussi grande que si nos relations dataient d'une année. Votre nom d'ailleurs m'a souvent été répété ; les officiers des garnisons parlent souvent des leçons de tir que vous leur avez données, et tous s'accordent à vanter votre probité.

— Parlent-ils de leur adresse ? demanda Nathaniel en riant de bon cœur, mais sans bruit. Je n'ai pas besoin de savoir ce qu'ils pensent de la mienne ; car, si elle n'était pas constatée, il serait inutile de se donner du mal ; mais que disent les officiers de leurs propres talents ? Ils exercent, à les en croire, les profession des armes, et pourtant la plupart d'entre eux ne savent guère s'en servir.

— En cela, sans doute, ils ne ressemblent pas à votre ami Chingachgook ; quel est le sens de ce nom ?

— Le gros serpent, ou le grand serpent. C'est un titre qu'il a mérité par sa sagesse ou par ses ruses de guerre. Son véritable nom est Uncas, et tous les membres de sa famille s'appellent Uncas, jusqu'à ce qu'ils aient gagné par leurs hauts faits une autre qualification.

— Puisqu'il en est ainsi, il nous sera utile, à moins que les affaires qui l'amènent dans ce pays ne l'empêchent de vous servir.

— En vérité, je ne vois pas d'inconvénient à vous mettre au courant de ses affaires. Apprenez donc que le Gros-Serpent est un Indien d'agréable tournure, et que les jeunes filles de sa tribu l'admirent tant pour lui-même qu'à cause de sa naissance. La plus recherchée de toutes, celle que les guerriers se disputent, est la fille d'un chef nommée Wah-tah-Wah, mot qu'on ne peut traduire que par cette apostrophe, St-oh-st! Or Chingachgook a demandé en mariage Wah-tah-Wah, et Wah-tah-Wah a accepté Chingachgook.

Nathaniel s'interrompit en cet endroit de son récit en voyant Hetty Hutter se lever et s'approcher de lui comme un enfant s'approche de sa mère pour écouter des histoires.

— Oui, reprit-il en lui adressant un coup d'œil amical, Chingachgook s'est fait aimer, et les parents ont consenti à son mariage; mais il ne pouvait obtenir une si précieuse conquête sans s'attirer des inimitiés. Un certain Yoconnon, dont le nom signifie épine de ronce, fut le plus désolé de ses rivaux, et nous pensons qu'il est pour quelque chose dans ce qui s'est passé depuis. Il y a deux lunes, Wah-tah-Wah suivait son père et sa mère, qui allaient pêcher le saumon dans les rivières de l'ouest, où il abonde, et pendant ce temps la jeune fille disparut. On fut quelques semaines sans avoir de ses nouvelles, mais il y a dix jours un coureur nous apprit qu'elle avait été enlevée par les Mingos, qui l'avaient adoptée et voulaient la marier à l'un des leurs. Ce messager nous dit en même temps que la bande avait le projet de passer quelques mois dans ces parages avant de retourner au Canada, et c'est pour essayer de retrouver la jeune fille que nous venons nous installer ici.

— Et en quoi cela vous intéresse-t-il? demanda Judith avec quelque inquiétude.

— Tout ce qui regarde mon ami me regarde. Je suis l'adjudant de Chingachgook, et si je parviens à lui rendre sa fiancée, je serai aussi joyeux que si l'affaire me regardait moi-même.

Mais je m'oublie à parler, tandis que d'autres soins me réclament.

Comme l'heure où l'on attendait Chingachgook n'était pas encore prochaine, Nathaniel eut le temps d'examiner les fortifications et de les augmenter autant qu'il était en son pouvoir. L'expérience et la prévision de Hutter lui avaient laissé peu de chose à faire; toutefois il combina diverses précautions dont l'idée lui avait été suggérée par les traditions et les récits des

Indiens. La distance entre le château et le point le plus rapproché du rivage mettait à l'abri des balles qu'on aurait pu envoyer de la terre, quoique l'habitation fût à portée de fusil. La seule chose à craindre était que les Indiens, traversant le lac sur un radeau, ne vinssent à prendre d'assaut la citadelle. Hutter avait prévu ce cas extrême; la maison n'avait de combustible que son toit d'écorce, et des trappes pratiquées dans les planchers permettaient de puiser de l'eau à tous moments. Judith, qui connaissait tous ces détails au jeune homme, dont les manières simples et naïves parlaient à son imagination comme à son cœur.

Lorsque l'heure du rendez-vous fut arrivée, le Tueur-de-Daims s'embarqua dans l'arche avec Judith et Hetty, qui ne voulurent pas rester seules à garder l'habitation.

CHAPITRE IX

Le rocher sur lequel Nathaniel devait trouver son ami était isolé et séparé de la terre par les eaux, qui s'étaient frayé un passage pour se déverser dans la Susquehannah. Avant d'y arriver, le jeune homme mouilla une ancre au-dessus du courant, afin de pouvoir le remonter en halant le câble; ensuite, craignant quelque ruse des Iroquois, il fit rentrer les deux femmes dans la cabine. Comme il gouvernait à l'aide d'une voile, et qu'il ne pouvait épier ce qui se passait sur les rives boisées, il invita les deux sœurs à se tenir en embuscade.

— Voyez-vous le chef delaware ? demanda-t-il à Judith.

— Non, je n'aperçois que le rocher, les arbres et le lac qu'éclaire le soleil couchant.

— Ne vous exposez pas, Judith! ne vous exposez pas, Hetty! les carabines ont l'œil vigilant, le pied leste et la parole fatale! cachez-vous, mais observez! Je serais désespéré qu'il vous arrivât malheur.

— Et à vous! s'écria Judith en adressant au jeune homme, par une meurtrière, un regard de reconnaissance.

— Ne craignez rien pour moi, ma bonne fille. Tenez vos regards attachés au rocher...

Le Tueur-de-Daims fut interrompu par une exclamation de Judith.

— Qu'est-ce ? demanda-t-il précipitamment.

— Il y a un homme sur le rocher, un guerrier indien **décoré** de ses peintures et armé.

— Où porte-t-il sa plume de faucon ? reprit le Tueur-de-Daims avec empressement ; est-elle plantée sur la touffe de guerre ou au-dessus de l'oreille gauche ?

— Au-dessus de l'oreille gauche.

Le guerrier sourit et murmura le mot Mohican !

— Dieu soit loué ! c'est le Serpent ! s'écria Nathaniel ; et il s'empressa de diriger l'arche du côté du rocher. Aussitôt qu'elle eut touché le bord, la porte de la cabine s'ouvrit précipitamment, et un sauvage s'élança dans l'intérieur en proférant son exclamation familière : — Hugh !

Au même instant, les échos répétèrent le cri de vingt Iroquois qui sautèrent sur la plage voisine, à travers les broussailles, et dont quelques-uns, dans leur précipitation, allèrent tomber au sein des flots.

— Au large ! s'écria Judith en barrant la porte par laquelle Chingachgook venait d'entrer ; au large ! les sauvages vont nous aborder.

Nous avons dit que Nathaniel avait eu soin de jeter, en passant, une ancre dans le lac, au-dessus de l'endroit où le courant de la Susquehannah commençait à se faire sentir. Il suffisait de tirer la corde qui y restait attachée pour échapper aux embûches de l'ennemi ; mais la difficulté était de mettre en mouvement une masse énorme, qui opposait une force d'inertie considérable.

— Halez ! s'écria de nouveau Judith ; il y va de votre vie : les Iroquois se jettent dans l'eau comme des chiens acharnés à leur proie.

Chingachgook se hâta d'aller aider son ami, et pendant que tous deux se cramponnaient au câble, ils interrogèrent la jeune fille sur la position de leurs adversaires, que la cabine empêchait de voir.

— Les Mingos s'éloignent, répondit Judith ; ils n'osent pas s'aventurer à la nage et disparaissent dans les buissons... Vous avez rencontré votre ami, et nous sommes tous en sûreté.

Ces paroles encourageantes redoublèrent l'activité des jeunes gens, et ils parvinrent à l'ancre, qu'ils levèrent pour continuer leur route. Lorsque la toue fut loin de la terre, on mouilla de nouveau, et les deux amis se donnèrent la main pour la première fois. Chingachgook, jeune et beau guerrier de taille athlétique examina d'abord sa carabine, en ouvrit le bassinet pour s'assurer si l'amorce n'était pas mouillée, et jeta ensuite un coup d'œil furtif autour de lui, sans témoigner une curiosité puérile qui ne convenait pas à un guerrier.

— Voilà Judith et Hetty, dit le Tueur-de-Daims avec sa politesse innée ; voici le chef mohican dont vous avez entendu parler ;

Chingachgook ou le Grand-Serpent, ainsi nommé à cause de sa sagesse et de sa prudence : c'est mon premier et mon meilleur ami.

En cessant de parler, le Tueur-de-Daims manifesta sa joie par un éclat de rire d'autant plus remarquable qu'il n'était accompagné d'aucun son. Quoique le Gros-Serpent entendît et parlât l'anglais, comme la plupart de ses compatriotes il n'aimait pas à s'en servir, et il s'abstint de toute réflexion ; seulement il donna une poignée de main à Judith et fit un salut à Hetty ; puis il se tourna vers son ami, dont il attendait des explications. Nathaniel le comprit.

— Le soleil est couché, dit-il, et le vent ne tardera pas à tomber : dans une demi-heure, la brise du sud pourra se lever, et alors nous continuerons à voguer vers le château. Provisoirement, laissez-moi me concerter avec le Delaware sur la conduite que nous devons tenir.

Personne ne s'opposa à ses propositions ; les jeunes filles se retirèrent dans la cabine pour préparer le souper, et les jeunes gens s'assirent à l'avant de la tour. Leur conférence eut lieu dans la langue des Delawares, dialecte peu compris, même par les savants, et dont nous tâcherons, en le traduisant, de conserver la couleur.

Il n'est pas nécessaire de revenir sur les détails qui concernent le Tueur-de-Daims ; mais il est bon de dire qu'il les énonça sommairement, en s'abstenant surtout de raconter sa victoire sur l'Iroquois. Quand il eut fini, le Delaware prit la parole à son tour, d'un ton sentencieux, et avec une grande dignité. Après avoir quitté les villages de son peuple, il avait remonté la Susquehannah jusqu'à sa source, et n'avait pas tardé à reconnaître une piste, qui lui avait révélé le voisinage des Mingos. Il s'était tenu sur les bords du lac, et avait passé plusieurs heures à rôder sur les flancs de l'ennemi, pour épier l'occasion de revoir Wah-tah-Wah ou de prendre une chevelure : deux choses qu'il désirait avec une ardeur presque égale. Quand il avait aperçu l'arche, il avait aisément deviné qu'elle était conduite par des hommes blancs, et il avait supposé que c'étaient ses amis. Au coucher du soleil, il était sorti de la forêt pour se rendre au rocher, où il avait eu le bonheur de trouver l'arche prête à le recevoir.

Quoique Chingachgook eût surveillé de près les ennemis, il avait été étonné non moins que son ami de leur brusque poursuite. Il ne pouvait l'expliquer que par cette circonstance, qu'ils étaient plus nombreux qu'il ne l'avait pensé d'abord, et qu'ils avaient des détachements dont il ignorait l'existence. Leur camp régulier devait être, comme toujours, près d'une source, et peu éloigné du lieu où Tom et March étaient tombés entre leurs mains.

— Eh bien ! Serpent, demanda le Tueur-de-Daims, puisque vous avez erré autour de ces Iroquois, avez-vous quelque chose à nous dire de leurs prisonniers?

— Chingachgook les a vus, un vieillard et un grand guerrier, un chêne tombant et un pin élancé.

— Vous n'êtes pas loin de la vérité, Delaware. Le vieux Tom décline certainement, quoiqu'on puisse encore tailler dans son tronc quelques planches solides : quant à Hurry Harry, vu sa taille, sa force et sa bonne mine, on peut l'appeler l'orgueil de la forêt humaine. Ces hommes étaient-ils enchaînés ou retenus d'une manière quelconque?

— Non ; les Mingos sont trop nombreux pour mettre leur gibier en cage. Les uns veillent, les autres dorment. Les visages pâles sont traités en frères aujourd'hui : demain il seront scalpés.

— C'est la nature des hommes rouges, et il faut s'y soumettre. Judith, Hetty, le Delaware m'apporte des nouvelles rassurantes ; votre père et son compagnon ne sont pas à la gêne ; ils ne souffrent que de la perte de la liberté. On les retient dans le camp, mais ils y font ce qu'ils veulent.

— J'en suis charmée, répondit Judith ; et maintenant que votre ami est avec nous, je suis convaincue que nous trouverons l'occasion de racheter les prisonniers. S'il y a des femmes dans le camp, j'ai des objets de toilette qui les séduiront ; et, au pis aller, nous pouvons ouvrir le coffre, où nous trouverons de quoi tenter les chefs.

— Judith, reprit le jeune homme avec un sourire, en la regardant fixement, aurez-vous le courage d'abandonner vos parures pour la rançon des prisonniers, quoique l'un soit votre père et l'autre votre mari futur.

— Tueur-de-Daims, dit Judith, je serai franche avec vous. J'avoue qu'il y eut un temps où mes parures me semblaient la plus précieuse chose de la terre ; mais je commence à penser différemment. Hurry Harry n'est rien et ne sera jamais rien pour moi ; pourtant je donnerais tout ce que je possède pour le délivrer. Jugez donc de ce que je ferais pour mon père.

— C'est bien, et conforme au caractère de la femme. J'ai rencontré les mêmes dispositions chez les jeunes filles des Delawares ; je les ai vues maintes fois sacrifier leur vanité à leur tendresse. Tout se passe suivant les règles dans les deux couleurs... La femme a été créée pour sentir, et elle est dirigée par le sentiment.

— Les sauvages laisseront-ils partir mon père si nous donnons ce que nous avons de mieux ? demanda Hetty d'un air de douceur.

— Oui, bonne Hetty, si leurs femmes s'en mêlent. Mais dites-moi, Serpent, y en a-t-il beaucoup dans le camp?

Le Delaware entendait et comprenait tout, quoiqu'il fût assis, avec la finesse et la gravité indienne, la tête détournée, inattentif en apparence à une conversation dans laquelle il n'avait point d'intérêt direct. Cependant, à cet appel, il répondit de la manière sentencieuse qui lui était habituelle :

— Six, dit-il en levant les cinq doigts d'une main et le pouce de l'autre ; puis, posant une main sur son cœur pour désigner sa fiancée, il ajouta : Sans compter celle-ci.

— L'avez-vous vue, chef? Avez-vous aperçu son visage? Vous êtes-vous approché de ses oreilles pour lui parler.

— Non, Tueur-de-Daims. Les arbres étaient trop nombreux, et le feuillage cachait les cieux comme les nuages de la tempête. Mais j'ai entendu le rire de Wah-tah-Wah, et je l'ai distingué du rire des femmes iroquoises. Il a résonné à mes oreilles comme le gazouillement du roitelet.

En disant ces mots, le jeune guerrier sourit, et son visage, dont la peinture augmentait la sévérité naturelle, s'illumina d'un éclair de joie.

— Oui, reprit Nathaniel ; on peut s'en rapporter dans ce cas aux oreilles d'un Delaware, qui entend les moindres bruits dans les bois.

Le Tueur-de-Daims et son ami reprirent leur conversation, et les jeunes filles les laissèrent.

— Le jeune chasseur au visage pâle était-il depuis longtemps sur le lac? demanda le Delaware au chasseur.

— Depuis hier seulement, mais j'ai bien employé mon temps.

L'Indien lança à son compagnon un regard perçant, qui semblait braver l'obscurité croissante de la nuit. Ses yeux noirs étincelaient comme ceux de la panthère. Nathaniel comprit la pensée du chef et répondit avec la modestie qu'il croyait convenir au caractère d'un blanc :

— Vous avez deviné, Serpent ; j'ai rencontré l'ennemi, et je l'ai combattu.

L'Indien poussa un cri de joie, et, mettant la main sur le bras de son ami, il lui demanda s'il avait scalpé quelqu'un.

— Ce n'est pas dans la nature des blancs, et je le soutiendrai en présence de toute la tribu Delaware, y compris le vieux Tamenund et votre père, le grand Uncas.

— J'ai encore ma chevelure comme vous pouvez le voir, et c'est la seule qui ait été compromise, puisque l'un des adversaires était un chrétien et un blanc.

— Un guerrier n'est-il point tombé? le Tueur-de Daims ne

doit-il pas son nom à la justesse de son coup d'œil et à la sûreté de sa carabine ?

— Sous ce rapport, chef, vous êtes près de la vérité. Je puis dire qu'un Mingo est tombé.

— Un chef ? demanda Chingachgook avec véhémence.

— Ma foi, c'est ce que j'ignore. Il était adroit, traître et courageux, et pouvait avoir obtenu un titre parmi les siens. Il a combattu bravement, mais il n'avait pas l'œil assez prompt pour lutter avec un homme élevé à votre école, Delaware.

— Mon frère a-t-il achevé le blessé ?

— C'était inutile, car il est mort dans mes bras. Il faut dire la vérité ; il m'a attaqué en Peau rouge, et je n'ai pu songer à l'offenser en méconnaissant ma nature. Il m'a créé blanc, je vivrai et mourrai blanc.

— Bon ! Nathaniel est un visage pâle, et il a les mains d'un visage pâle. Un Delaware ira chercher la chevelure ; il la suspendra à une perche, et il en fera l'objet d'une chanson qu'il chantera devant ses frères. L'honneur appartient à la tribu, et ne doit pas être perdu.

— C'est facile à dire ; mais le cadavre du Mingo est entre les mains de ses amis, qui l'ont enfoui dans quelqu trou, d'où toute l'habileté d'un Delaware ne pourra le retirer.

Le jeune homme raconta alors à l'Indien l'aventure de la matinée, sans rien omettre d'important, mais en évitant la forfanterie. Chingachgook félicita de nouveau son ami ; puis tous deux se levèrent, car l'heure était arrivée où il était prudent d'éloigner l'arche du rivage.

Il faisait alors nuit close ; les cieux étaient couverts et les étoiles cachées. Le vent du nord était tombé, comme de coutume, au coucher du soleil, et une brise légère soufflait du sud. Ce changement favorisant les desseins de Nathaniel, il leva le grappin, et la toue commença aussitôt à dériver sensiblement vers le château du Rat-Musqué. La voile fut déployée et donna à la marche du bâtiment une vitesse d'environ deux milles à l'heure. Comme la rame devenait inutile, le Tueur-de-Daims, Chingachgook et Judith s'assirent à l'arrière de la toue, que le premier se chargea de conduire. Ils s'entretinrent du parti qu'ils auraient à prendre et des moyens qu'ils auraient à employer pour parvenir à la délivrance de leurs amis.

Judith fut l'âme de cette conversation. Le Delaware comprenait aisément tout ce qu'elle disait ; les observations rares, concises du jeune Indien, étaient de temps en temps rendues en anglais par son ami. Judith fit de grands progrès dans l'estime de celui-ci pendant une demi-heure d'entretien. Elle avait une résolution prompte, une fermeté inébranlable, un esprit fécond en expédients ; tout cela était de nature à plaire à des hommes de la frontière. Les événements qui s'étaient accomplis depuis deux jours, l'isolement de la jeune fille, le besoin qu'elle avait d'un appui la poussèrent à considérer le Tueur-de-Daims comme un vieil ami. La droiture et la franchise de cet homme, qualités que sa propre expérience ne lui avait pas révélées dans notre sexe, avaient excité en elle une confiance que jamais aucun autre ne lui avait inspirée. Dans tous ses rapports avec les hommes, elle avait été jusqu'alors obligée de se tenir sur la défensive avec un succès qu'elle seule pouvait apprécier; mais elle se trouvait brusquement placée sous la protection d'un jeune chasseur, qui, bien certainement, ne pensait à elle que comme il aurait pu penser à une sœur. Sa probité, ses idées poétiques, ses locutions originales avaient contribué à remplir l'âme de Judith d'un sentiment aussi profond que subit. La belle figure et l'imposante stature de Hurry March avaient racheté la grossièreté de ses manières ; comparés avec quelques-uns des officiers qui venaient pêcher ou chasser sur le lac, ses avantages physiques eux-mêmes ne semblaient plus exceptionnels; de plus le Tueur-de-Daims, avait dans le cœur comme une fenêtre par laquelle l'honnêteté se faisait voir au grand jour. L'indifférence même qu'il montrait pour elle piquait l'orgueil de la fille aînée du vieux Tom.

— Comme la nuit est sombre ! dit Judith après un silence de plusieurs minutes : pourvu que nous puissions découvrir le château ?

— Nous n'avons pas à craindre de le manquer en gouvernant vers le milieu du lac, repartit le Tueur-de-Daims. La nature nous a tracé cette route que l'obscurité même ne saurait nous empêcher de suivre.

— N'entendez-vous pas quelque chose, Tueur-de-Daims ? On dirait que l'eau s'agite tout près de nous.

— C'est vrai; il se passe dans l'eau quelque chose d'inusité. Peut-être n'est-ce qu'un poisson... Ces animaux sont comme les hommes ou les bêtes de la terre : ils s'attaquent les uns les autres. L'un d'eux vient de sauter en l'air et de retomber dans son élément, puisque la nature nous enjoint d'y rester... Ah ! ceci ressemble au bruit d'une rame qu'on remue avec précaution.

En ce moment le Delaware se pencha et désigna un objet perdu sur la limite des ténèbres. Judith et le Tueur-de-Daims suivirent la direction de son bras, et aperçurent au même instant un canot. Ce fâcheux voisin était à peine visible, il ne l'aurait pas été pour des yeux moins exercés; mais, l'équipage de l'Arche distingua bien nettement un canot, qu'un seul individu, debout, dirigeait avec une pagaie. Cette pirogue cachait-elle au fond de sa coque d'autres individus, c'est ce qu'on ne pouvait voir. Fuir au moyen des rames avec un bâtiment aussi lourd que l'Arche, quelle que fût la vigueur des bras qui la dirigeaient, était impossible. C'est ce que comprirent les deux hommes qui, d'un commun accord, saisirent leurs fusils dans l'attente d'un conflit.

— Je puis aisément abattre le rameur, murmura Nathaniel, mais hélons-le d'abord et sachons ses intentions.

Élevant la voix, il continua d'un ton solennel :

— Arrêtez! Si vous approchez davantage, je ferai feu, quoique à contre-cœur, et vous tomberez mort; cessez de ramer et répondez.

— Faites feu et vous tuerez une pauvre fille sans défense, répondit une voix douce et tremblante, et Dieu ne vous pardonnera jamais; continuez votre route, Tueur-de-Daims, et laissez-moi suivre la mienne.

— Hetty! s'écrièrent d'une seule voix Judith et le chasseur, qui s'élança aussitôt vers l'endroit où il avait attaché le canot à la poupe de l'Arche. Il n'y était plus et tout s'expliquait. La fugitive intimidée par la menace, s'arrêta et resta obscurément visible, comme un spectre humain rasant la surface de l'eau. La voile fut carguée pour ralentir la marche de l'Arche, mais pas assez à temps; le changement de position au contraire mit une plus grande distance entre eux et la jeune fille.

— Que veut dire ceci, Judith? Pourquoi votre sœur a-t-elle pris le canot pour vous quitter?

— Vous savez qu'elle est faible d'esprit, la pauvre enfant, et qu'elle a ses idées à elle sur ce qu'il convient de faire. Elle aime son père plus que bien des enfants n'aiment leurs parents... et puis...

— Puis quoi, jeune fille? Nous sommes dans un moment critique où il faut dire la vérité !

Judith éprouvait une répugnance féminine et généreuse à trahir les secrets de sa sœur, et elle hésita un moment; mais, pressée par le chasseur et comprenant le danger auquel ils allaient tous être exposés par l'imprudence d'Hetty, elle ajouta :

— La pauvre fille, je le crains, n'a pas été même de discerner tout ce qu'il y a de vanité, de folie et de légèreté cachées sous la belle figure et la tournure élégante d'Harry Hurry. Son nom s'échappe de ses lèvres lorsqu'elle dort; le jour même elle dissimule à peine les sentiments qu'il a su lui inspirer.

— Ainsi vous pensez, Judith, que votre sœur se dispose à

accomplir quelque projet insensé qui mettra bien certainement ces reptiles de Mingos en possession d'un canot, et tout cela pour sauver son père et Hurry ?

— C'est, je le crains, ce qui arrivera !

Pendant ce court dialogue, l'ombre du canot et de la jeune fille était devenue presque imperceptible. Il n'y avait pas de temps à perdre ; les deux hommes saisirent les avirons et tournèrent la tête de l'Arche vers la direction du canot.

La chasse se fût bientôt terminée par la prise de la fugitive, si elle n'eût fait sur elle-même plusieurs courbes qu'il était impossible au lourd bateau d'imiter. Cette tactique accrut sensiblement la distance qui la séparait de ceux qui la poursuivaient, et bientôt elle disparut complètement à leur vue.

Judit se pencha en avant, espérant saisir le moindre son qui pût indiquer la direction que sa sœur avait prise ; ce fut en vain. Un profond silence régnait sur toute la surface du lac. Et pourtant Hetty était tout près d'eux. Par une habile manœuvre, elle avait regagné l'obscurité produite par les arbres de la forêt, et, ainsi protégée, elle se trouvait actuellement à couvert derrière de hauts nénuphars.

Nathaniel et le Delaware se consultèrent un instant dans la langue de ce dernier, puis les avirons plongèrent de nouveau et l'Arche reprit sa marche un peu plus au sud dans la direction du camp ennemi. Arrivés près du bord dans l'endroit le plus sombre de la rive, ils restèrent une heure dans l'attente qu'Hetty viendrait peut-être les rejoindre.

Cette manœuvre n'eut pas le résultat qu'ils en attendaient ; la fugitive ne reparut plus. Désappointés et comprenant l'importance de s'emparer de la forteresse avant que l'ennemi n'y arrivât, ils reprirent leur première route avec une inquiétude de plus, celle que tous leurs efforts pour rassembler les canots ne fussent déjoués par la démarche imprudente de la pauvre idiote.

CHAPITRE X

L'instinct suppléait chez Hetty à l'absence de raisonnement dont l'accusaient généralement ceux qui n'appréciaient que superficiellement sa manière d'être. En abordant la rive à l'endroit même que ses amis venaient de quitter, elle imprima avec son pied au canot un mouvement de rotation qui le fit descendre dans la direction du château de son père. A la surprise de Nathaniel et de Judith, ils aperçurent le faible esquif complétement vide et abandonné au gré du courant.

— Mettez le cap au large, Delaware ! s'écria Nathaniel, j'aperçois le canot qu'Hetty a sans doute abandonné avant de pénétrer dans la forêt.

— Hetty ! Hetty ! cria Judith, dont la voix tremblante trahissait l'angoisse ; pouvez-vous m'entendre ? pour l'amour de Dieu, répondez-moi !

— Je suis ici, Judith ; ici, à terre où il serait inutile de me suivre, car je me sauverais dans les bois.

— Oh ! Hetty, qu'allez-vous faire ? Il est près de minuit, et les bois sont remplis d'Indiens et de bêtes féroces.

— Ils ne feront pas de mal à une pauvre idiote comme moi, ma chère Judith ; Dieu me protége ici comme dans l'arche ou dans le château. Je vole au secours de mon père et du pauvre Harry Hurry, qui seront torturés et assassinés si personne n'intercède en leur faveur.

— Nous y songeons comme vous, et demain nous enverrons une rançon pour les racheter ; revenez donc, ma sœur, et fiez-vous à nous qui avons l'esprit plus sain ; nous ferons tout ce qu'il est possible de faire pour sauver notre père.

— Je sais que votre esprit est plus fort que le mien, Judith, car le mien est bien faible ; mais rien ne peut me détourner de mon dessein. Gardez le château, vous et Nathaniel, et laissez-moi dans les mains de Dieu.

— Nous sommes tous sous la garde de Dieu, Hetty, et c'est un péché que de ne pas se confier à sa bonté. Vous ne pourrez rien faire dans l'obscurité, vous vous égarerez et vous mourrez de faim.

— Dieu ne peut pas abandonner une pauvre fille qui veut sauver son père ; j'irai trouver les sauvages.

— Revenez pour cette nuit seulement, et demain matin nous vous laisserons faire comme vous voudrez.

— Vous le dites et vous le pensez aussi, mais demain vous ne me laisseriez pas partir. Votre cœur faiblirait et vous n'auriez plus devant les yeux que des tomahawks et des scalpels. Et puis j'ai à dire au chef indien quelque chose qui servira mes projets, et je l'oublierais si j'attendais trop longtemps. Vous verrez que sitôt que je lui aurai parlé il mettra mon père en liberté.

— Pauvre Hetty ! que pourriez-vous dire à un sauvage qui pût modifier ses projets sanguinaires ?

— Je ferai entrer le remords dans son âme, et vous verrez, ma sœur, que je vous ramènerai mon père.

— Voulez-vous me dire, Hetty, ce que vous avez l'intention de dire au sauvage ? demanda Œil-de-Faucon ; je les connais assez pour juger si vos paroles auront quelque effet sur leur résolution. Si elles ne sont pas appropriées aux idées d'un Indien, vous ne réussirez pas.

— Eh bien donc, Nathaniel, comme vous semblez un bon et honnête garçon, je vais vous le dire ; je me tairai jusqu'à ce que l'on me mette en présence du chef. Alors il apprendra par ma bouche que Dieu ne pardonne ni le meurtre, ni le vol, et qu'en admettant que mon père et Hurry fussent partis avec l'intention de scalper les Iroquois, il doit rendre le bien pour le mal, suivant les commandements de la Bible ! sinon il s'expose aux châtiments éternels. Lorsque cette vérité aura pénétré son esprit, il laissera partir mon père et Hurry.

Cette saillie naïve de la simplicité d'esprit de la jeune fille rendit Nathaniel muet de stupéfaction. Judith venait d'imaginer un moyen de contrecarrer le projet insensé de sa jeune sœur, lorsque le bruit des feuilles et le craquement des branches lui apprirent qu'elle s'enfonçait dans le bois. Elle l'appela en vain par son nom ; les échos seuls de la forêt lui répondirent. Toute poursuite eût été folle et inutile ; en conséquence, l'Arche reprit sa course vers son encrage habituel, Nathaniel se félicitant intérieurement d'avoir retrouvé le canot et dressant ses plans en prévision des événements du lendemain. En moins d'une heure la petite troupe atteignit le château. Tout était dans le même état, et l'on prit, pour y pénétrer, les précautions qui avaient été mises en usage pour le quitter. Judith occupa cette nuit une couche solitaire, inondant l'oreiller de ses larmes, à la pensée que sa compagne d'enfance errait dans les bois à la merci des bêtes féroces et des sauvages. Nathaniel et le Delaware se retirèrent dans l'Arche, où nous les laisserons jouir d'un sommeil paisible pour suivre Hetty dans sa course à travers la forêt.

La nuit était si obscure sous la voûte épaisse des arbres, que sa marche fut lente et incertaine. Elle erra ainsi deux heures au milieu des profondeurs des bois, déchirant ses pieds délicats aux ronces et aux cailloux qui jonchaient le sol. A la fin ses forces l'abandonnèrent et elle sentit le besoin de chercher un lieu de repos pour la nuit. Elle n'ignorait point que des bêtes sauvages erraient aux alentours de la forêt, mais son père lui avait appris qu'elle renfermait peu d'animaux qui fissent leur nourriture de la chair humaine, et que les serpents dangereux étaient presque inconnus dans cette partie de la contrée. Elle commença donc ses préparatifs pour la nuit avec autant de sang-froid et de promptitude, que si elle les eût faits dans la maison de son père. Elle se fit un lit des feuilles répandues en quantité autour d'elle; puis, s'agenouillant au pied de cette couche improvisée, élevant ses mains vers la voûte ombragée, elle murmura d'une voix douce et claire la prière du Seigneur, et se coucha, s'endormant bientôt du sommeil calme et paisible de l'innocence.

Les heures de la nuit s'écoulèrent, et l'aube pénétrait déjà de sa lueur incertaine les rares interstices des arbres qu'Hetty Hutter dormait encore. Cependant la fraîcheur de la rosée commençait à agir sur ses membres engourdis, un sourire vint effleurer ses lèvres, d'où s'échappèrent quelques mots inarticulés; elle étendit ses bras comme un enfant qui cherche le premier baiser de sa mère. Ce changement de posture laissa retomber sa main sur un objet doux et chaud qui paraissait reposer à côté d'elle, et qui aux mouvements involontaires qu'elle avait faits semblait se fourrer plus avant sous le lit de feuilles et la soulevait comme pour prendre la place qu'elle occupait. Elle prononça le nom de Judith et s'éveilla tout à fait. En ouvrant les yeux elle aperçut devant elle un petit ourson brun de l'espèce commune d'Amérique, se balançant sur ses pattes de derrière et paraissant inquiet de son réveil. La première impulsion d'Hetty, qui avait eu souvent en sa possession de jeunes animaux de cette espèce, fut de s'en emparer, mais un sourd rugissement l'avertit du danger. Elle recula de quelques pas, regarda autour d'elle et aperçut la mère qui épiait ses mouvements, roulant des yeux féroces, à une petite distance du lieu où elle avait passé la nuit; le voisinage de cet animal était dû à un tronc d'arbre où des abeilles ayant déposé des rayons de miel, quatre ours et deux autres petits se délectaient de cette nourriture, dont leur espèce est très friande.

Les influences qui gouvernent les actes des classes inférieures d'animaux dépassent la perception humaine. Dans cette circonstance la mère ne manifesta aucune intention d'attaquer la jeune fille. Elle quitta le tronc d'arbre, s'avança à vingt pas environ et, s'asseyant sur ses pattes de derrière, elle balança son corps en faisant entendre un grognement sourd et prolongé. Hetty ne chercha pas à se sauver; au contraire, émue de terreur, elle s'agenouilla et, tendant les bras vers l'animal, elle répéta sa prière de la veille. Lorsqu'elle se releva, l'ourse rassembla ses petits autour d'elle et se mit paisiblement à les lécher. Hetty crut devoir profiter de cette occasion pour continuer sa course le long de la lisière. La famille oursine se mit à la suivre à une petite distance, observant ses gestes et ses moindres détours.

La jeune fille parcourut un mille environ avec son étrange escorte. Elle atteignit un ruisseau qui s'était creusé un lit dans le sol et allait tortueusement se jeter dans le lac, encaissé entre des pentes hautes et roides recouvertes d'une riche végétation. Hetty s'arrêta pour faire ses ablutions ; puis, se désaltérant à l'eau pure et limpide de la source, elle reprit sa course, toujours suivie de ses velus compagnons. De l'autre côté du ruisseau le terrain changeait d'aspect ; une terrasse élevée au dessus de ses bords conduisait par une pente douce à une seconde plate-forme plus élevée, qui faisait partie de la vallée qu'encadraient obliquement les montagnes jusqu'à la partie sud du lac. Hetty connut qu'elle approchait du camp, et, l'eût-elle ignoré, que les ours l'eussent avertie du voisinage des créatures humaines. Aspirant l'air de ses naseaux, la mère s'arrêta ; en vain, la jeune fille l'invita des yeux et de la voix par des appels enfantins à la suivre. Pendant qu'elle était ainsi occupée poursuivant lentement sa marche à travers les broussailles et la tête tournée vers l'animal immobile, elle sentit qu'une main pesait légèrement sur son épaule.

— Où allez ? dit une voix douce et féminine à mots entrecoupés et rapides. Indiens ! Peaux rouges ! sauvages ! méchants guerriers par là-bas.

Cette interpellation inattendue n'alarma pas plus la jeune fille que la présence du féroce habitant des bois. Il est vrai de dire que la créature qui se tenait devant elle était peu faite pour inspirer la terreur. C'était une jeune fille de son âge environ dont le sourire était aussi attrayant que celui de Judith et à la voix mélodieuse. La beauté n'est pas inconnue parmi les femmes des Américains aborigènes avant qu'elles aient été exposées aux durs travaux auxquels elles sont assujetties chez les sauvages. Celle qui venait d'arrêter si soudainement les pas d'Hetty portait une mantille de calicot qui couvrait la partie supérieure de son corps. Un court jupon de drap bleu bordé d'un galon d'or descendait à moitié au-dessous du genou, des genouillères de même étoffe et des moccasins de peau de chevreuil complétaient son costume. Ses cheveux, séparés au milieu d'un front bas et uni, retombaient sur ses épaules en longues tresses noires et soyeuses. L'ovale de sa figure était parfait ; ses traits réguliers et délicats ; sa bouche rose et souriante laissait entrevoir une rangée de petites perles blanches alignées. Elle devait le nom qu'elle portait à la douceur remarquable de sa voix. On l'appelait Wah-tah-Wah ; c'était la fiancée de Chingachgook, qui, ayant réussi à endormir les soupçons de ses geôliers, avait la permission d'errer autour du camp. Cette indulgence s'accordait avec la politique ordinaire des Peaux rouges, qui du reste étaient sûrs de suivre sa trace, en supposant qu'elle eût essayé de fuir. On se rappellera en outre que les Iroquois ou plutôt les Hurrons, comme il convient mieux de les appeler, ignoraient entièrement que son fiancé fût si près d'eux; la jeune fille ne le savait pas davantage.

Il serait difficile de dire laquelle des deux, de la fille blanche ou de la fille rouge, manifesta le plus de surprise. Dans cette rencontre inattendue Wah-tah-Wah fut la première à en prévoir les conséquences et à aviser aux moyens de les détourner. Lorsqu'elle était enfant, son père, employé en qualité de guerrier par les autorités de la colonie, avait habité quelques années près des forts et la jeune Indienne y avait appris la langue anglaise, qu'elle parlait avec facilité mais avec l'expression laconique d'une Indienne.

— Où allez ? répéta-t-elle, rendant à Hetty son sourire bienveillant; méchants guerriers ici, bon guerriers bien loin.

— Comment vous appelle-t-on? demanda Hetty avec la simplicité d'un enfant.

— Wah-tah-Wah, mais pas Mingo. Bonne Delaware. Yankeese amis. Mingos très cruels, ils aiment scalper pour le sang. Delaware aiment aussi scalper, mais pour l'honneur. Venez par ici, où il n'y a pas d'yeux méchants.

Elle conduisit sa compagne vers le lac, descendant le talus pour se mettre toutes deux à l'abri sous les arbres penchés et derrière les buissons. Elles s'assirent côte à côte sur un tronc d'arbre tombé, dont la partie supérieure baignait dans la rivière.

— Pourquoi venez-vous, et de quel lieu ?

Hetty raconta son histoire avec sa franchise et sa simplicité habituelles. Elle expliqua la situation de son père, elle révéla son intention de le servir et de le sauver s'il était possible.

— Pourquoi votre père est-il venu la nuit dans le camp mingo ?

— Il a entendu le cri de guerre, il n'est pas enfant, la barbe couvre son menton, il sait que les Iroquois portent un tomahawk, un couteau, un fusil.

— Pourquoi lui venir la nuit me saisir par les cheveux et chercher à scalper la fille delaware ?

— Vous ! s'écria Hetty, qui pâlit d'horreur, il vous a saisie et il a essayé de vous scalper ?

- Pourquoi pas? la chevelure delaware rapporte autant d'or que celle du Mingo, gouverneur ne fait pas de différence.

Méchante chose pour pâle visage de sculpter; le bon Tueur-de-Daims l'a dit à moi.

— Vous connaissez le Tueur-de-Daims ? reprit Hetty rougissant de plaisir et oubliant un moment ses chagrins, je le connais aussi; il est dans ce moment dans l'Arche avec Judith et un Delaware qu'on appelle le Grand-Serpent, un beau et hardi guerrier.

Malgré la sombre couleur de son visage, la joue de la jeune fille indienne se couvrit d'une teinte pourpre et ses yeux noirs de jais brillèrent d'un éclat plus vif. Élevant un doigt sur sa bouche dans l'attitude du Silence, elle baissa la voix et continua.

— Chingachgook, son père Uncas grand chef des Mohicans après le vieux Tamenund. Plus comme guerrier; pas tant de cheveux gris et moins au feu du conseil. Vous connaissez le Serpent ?

— Il nous a joints hier au soir, il était dans l'Arche avec moi pendant deux ou trois heures avant que je ne la quittasse; je crains bien, Wah-tah-Wah, qu'il ne soit venu pour chercher des chevelures aussi bien que mon pauvre père et Harry-Hurry.

— Pourquoi pas ? Chingachgook est guerrier rouge, très rouge, les chevelures sont ses trophées, il en prendra, soyez sûre.

— Alors, dit vivement Hetty, il sera aussi méchant que les autres. Dieu ne pardonne pas à un homme rouge ce qu'il défend aux visages pâles.

— Pas vrai, répliqua la fille delaware avec feu, pas vrai! je vous le dis. Le Manitou sourit et est content lorsqu'il voit un jeune guerrier quitter le sentier de la guerre, avec deux, dix, cent chevelures sur un bâton; le père de Chingachgook a pris des chevelures; son grand-père et tant de vieux chefs en ont pris, et Chingachgook en prendra autant qu'il en pourra donner.

— Alors son sommeil doit être affreux à penser; nul ne peut être cruel et espérer le pardon !

— Pas cruel! beaucoup de pardon, répondit Wah-tah-Wah frappant la terre avec son pied et secouant la tête d'un air mutin, je vous le dis, le Serpent est brave, il rentrera au wigwam avec quatre, six, douze chevelures.

— Est-ce donc là son but? est-il venu de si loin, a-t-il traversé les montagnes et les vallées, les rivières et les lacs pour tourmenter ses semblables et ne commettre que des actions cruelles ?

Cette question calma tout à coup la colère croissante de l'indienne et donna à ses pensées un cours plus doux et plus féminin. Elle regarda autour d'elle avec précaution comme si elle craignait d'être espionnée; puis fixant attentivement sa compagne, elle poussa plusieurs petits cris coquets et joyeux, et, jetant ses bras autour du cou d'Hetty, elle l'embrassa avec une tendresse de cœur.

— Vous, bonne, murmura-t-elle, vous bonne, je le sais. Wah-tah-Wah veut une amie, une sœur pour parler à son cœur, vous son amie, dis-je, pas vrai ?

— Je n'ai pas eu d'amie, répondit Hetty lui rendant ses caresses avec la même amitié, j'ai une sœur, mais pas d'amie ; j'aime Judith, Judith m'aime, mais c'est naturel, la Bible nous le dit, mais j'aimerais avoir une amie. Je serai la vôtre de tout mon cœur, car j'aime votre voix, votre sourire et votre manière de penser sur toutes choses, excepté sur les chevelures.

— Plus parler de cela, vous visage pâle, moi Peau rouge, élevées différemment ; Tueur-de-Daims et Chingachgook grands amis et pas de même couleur ; Wah-tah-Wah et... quel est votre nom, joli visage pâle ?

— On m'appelle Hetty.

— Wah-tah-Wah et Hetty sont deux sœurs...

Passant un bras autour de la taille d'Hetty, la jeune Indienne pencha sa tête sur le visage de sa nouvelle amie, qui prenant confiance dans sa jeune compagne lui fit ses confidences.

— Ils disent que je n'ai pas toute ma raison. Mon père me l'a souvent dit, et Judith, quelquefois, lorsqu'elle est fâchée. Mais je n'y ai fait attention que quand ma mère me l'a dit un jour ; puis elle s'est mise à pleurer, et c'est comme cela que je sais que je suis idiote.

Wah-tah-Wah contempla quelques instants la jeune fille sans parler, puis la vérité se faisant jour dans son esprit, la pitié, le respect et la tendresse semblèrent se confondre en un même sentiment pour sa jeune compagne. Elle se leva brusquement et lui fit signe de la suivre dans le camp. Cette brusque résolution fut prise par Wah-tah-Wah parce qu'elle était désormais certaine que les sauvages respecteraient une jeune fille visitée par le Grand-Esprit.

Hetty suivit sa nouvelle amie sans crainte ni répugnance, continuant la conversation et adressant à sa compagne de nouvelles questions.

— Vous n'êtes pas pauvre d'esprit, vous ; il n'y a donc pas de raison pour que le Serpent refuse de vous épouser.

— Wah-tah-Wah est prisonnière, et les Mingos ont de longues oreilles. Pas parler de Chingachgook devant eux. Bonne Hetty, promettre cela ?

— Je sais, je sais. — Nathaniel et le Serpent veulent vous

enlever des mains des Iroquois, et vous ne voulez pas que j'en parle.

— Comment, vous savoir?... interrompit vivement Wah-tah-Wah contrariée dans ce moment que sa compagne ne fût pas plus obtuse de compréhension. — Comment, vous savoir?... Mieux ne parler que du père et d'Hurry. Promettez de ne pas parler quoi ne comprenez pas. Si Serpent veut voir Wah-tah-Wah, Hetty aussi veut voir Hurry. Une bonne fille ne dit pas le secret de son amie.

Hetty comprit cet appel et promit à la jeune Delaware de ne faire aucune allusion à la présence de Chingachgook ou aux motifs de sa visite sur le lac. Ainsi rassurée, l'Indienne reprit avec sa compagne blanche le chemin du camp ennemi.

CHAPITRE XI

La présence des femmes dans le camp indiquait suffisamment que les Indiens, ainsi rassemblés, n'étaient pas régulièrement sur le sentier de la guerre. En effet, ce n'était qu'une fraction de tribu qui avant le commencement des hostilités était venue pêcher et chasser dans le voisinage des frontières, et qui, après avoir séjourné l'hiver et une partie du printemps sur le territoire de ses ennemis, avait l'intention de faire quelque action d'éclat avant de se retirer. Lorsque le messager des forts vint annoncer la prise des hostilités entre les Anglais et les Français, le parti des sauvages porté sur les bords de l'Onéida comprit que la lutte allait entraîner avec elle les tribus dépendantes des deux colonies belligérantes; et que d'essayer de fuir immédiatement et en ligne directe vers le Canada les exposerait à une poursuite active de la part de leurs ennemis. En conséquence, les chefs avaient adopté l'expédient de rester au cœur de la région dangereuse; espérant rester ainsi sur les derrières de l'armée au lieu d'être attaqués par la tête.

Le campement, n'étant que temporaire, n'offrait à la vue que l'aspect d'un simple bivouac. Un seul feu brillait au centre et ne semblait avoir été allumé que pour faire cuire les vivres destinés à leurs sobres repas. Autour du foyer étaient groupés çà et là quinze ou vingt huttes faites avec des branches d'arbres et recouvertes d'écorces sèches, et suffisamment closes pour le repos de la nuit ou pour abriter les familles contre la pluie ou les orages. Il n'y avait à l'intérieur d'autres meubles que les ustensiles les plus simples du ménage : quelques vêtements gisaient épars autour des huttes; des fusils, des poires à poudre et des gibecières étaient entassés au pied des arbres, et les carcasses de deux ou trois chevreuils étaient exposées à la vue, étendues sur deux morceaux de bois fendus et dressés en forme de fourches. Quelques enfants sautant et jouant autour des huttes donnaient à l'aspect du camp un air de famille, et l'on entendait les rires étouffés et les chuchottements des femmes tandis que les hommes mangeaient, dormaient, ou examinaient leurs armes.

Hetty, en s'approchant, ne put retenir une exclamation à la vue de son père. Il était assis à terre, le dos appuyé contre un arbre et Hurry à côté de lui. Il paraissaient aussi libres que les sauvages eux-mêmes. Wah-tah-Wah conduisit auprès d'eux sa nouvelle amie et se retira discrètement pour les laisser donner un libre cours aux sentiments qui les agitaient. Hetty s'approcha simplement de son père, et demeura silencieuse comme une statue représentant l'affection filiale. Le vieillard ne témoigna ni alarme ni surprise de sa venue. Il possédait et imitait le stoïcisme des Indiens, sachant bien que c'était le moyen le plus sûr de s'en faire respecter. Les sauvages eux-mêmes ne trahirent aucun signe d'émotion à cette soudaine apparition d'une étrangère parmi eux. Toutefois, quelques guerriers se réunirent, et les regards qu'ils dirigeaient vers Hetty pendant qu'ils conversaient à voix basse indiquaient aisément qu'elle était le sujet de leur entretien. La force de l'Arche était connue. Les yeux vigilants postés autour du lac, guettant nuit et jour, avaient appris qu'il n'y avait encore aucun corps de troupes dans les environs, et, comme nous l'avons déjà dit, ils ignoraient même l'arrivée de Chingachgook.

Hutter, malgré l'indifférence qu'il affectait, était ému de l'arrivée de sa fille. Il se rappelait les douces instances de l'enfant pour l'empêcher de quitter l'Arche. Connaissant en outre son dévoûment simple, il comprit pourquoi elle était venue et le peu de soin qu'elle avait pris de sa propre conservation.

— C'est mal, Hetty, ce que vous avez fait : ces Iroquois sont féroces et n'oublient pas plus une injure qu'un service.

— Dites-moi, père, répliqua-t-elle jetant autour d'elle un regard furtif dans la crainte d'être entendue, Dieu vous a-t-il laissé accomplir l'action cruelle qui vous a fait nous quitter ? Je tiens à savoir cela avant que de parler aux Indiens.

— Vous n'auriez pas dû venir ici, Hetty; ces brutes ne comprendront ni votre nature ni vos intentions.

— Que s'est-il passé, père ? Ni vous, ni Hurry, ne semblez avoir pris de ces horribles trophées.

— Si cela suffit pour mettre votre esprit en repos, enfant, je vous répondrai non : j'avais suivi la jeune créature qui vous a amenée ici ; mais ses cris firent tomber sur moi une troupe de ces chats sauvages, beaucoup trop forte pour qu'un seul chrétien pût y résister.

— Merci pour cela, mon père !... Maintenant, je parlerai aux Iroquois, avec une conscience paisible. J'espère que Hurry n'a pas eu l'occasion non plus de faire du mal à ces Indiens.

— Quant à cela, Hetty, répondit celui-ci, vous avez dit la vérité ; Hurry n'a pas pu, voilà tout.

— Vous paraissez libres ; vos bras ni vos jambes ne sont retenus par aucun lien.

— Nos membres sont libres, en effet, mais c'est à peu près tout, car il ne nous est pas permis d'en faire usage. Les arbres qui nous entourent ont des yeux ; et si le vieillard, lui et moi, nous essayions de sortir des limites de notre prison, cinq ou six balles de fusil, courant après nous, viendraient nous inviter à modérer notre impatience.

— Il vaut mieux que mon père et vous restiez tranquilles et calmes, jusqu'à ce que j'aie parlé aux Iroquois ; alors tout sera bien. Ne me suivez pas ; aussitôt que tout sera arrangé et que vous serez rendus à la liberté, je viendrai vous avertir.

Hetty parlait avec tant d'assurance et semblait avoir une telle confiance dans le succès, que les prisonniers la laissèrent partir sans objection et se diriger vers le groupe des chefs qui tenaient conseil sur les motifs de son apparition dans le camp.

Lorsque Wah-tah-Wah avait quitté sa compagne, elle s'était approchée des guerriers qui lui avaient témoigné le plus d'intérêt et de bonté pendant sa captivité, affectant une indifférence et un mutisme qui devaient nécessairement exciter leur curiosité. En effet, un geste significatif l'invita à entrer dans le cercle où les guerriers la questionnèrent aussitôt sur la présence de la fille blanche au milieu d'eux, et les motifs qui l'avaient amenée. C'était tout ce que l'Indienne désirait. Elle expliqua comment elle avait découvert la faiblesse d'esprit d'Hetty, exagérant avec intention son manque d'intelligence, puis elle raconta en termes généraux le sujet qui amenait la jeune fille au milieu de ses ennemis. Son récit réussit, comme elle en avait eu l'intention, à couvrir la personne de la fille du visage pâle d'un caractère sacré qui lui assurait le respect et la vénération de la part de la tribu tout entière. Son but ainsi rempli à sa satisfaction, elle regagna sa hutte, où elle se mit à préparer un repas pour l'offrir à sa nouvelle amie, aussitôt qu'elle serait libre de le partager.

À l'approche d'Hetty, les chefs ouvrirent leur petit cercle avec l'aisance et la déférence qui eussent fait honneur à des hommes d'origine plus courtoise : un vieillard lui fit signe d'approcher et de venir s'asseoir à côté de lui, sur un arbre abattu et disposé à cet effet ; les autres guerriers vinrent se grouper, les uns assis, les autres debout, autour des deux principaux personnages. Au moment où la jeune fille ouvrait la bouche pour parler, le vieux chef la retint du geste, dit quelques mots à l'oreille de l'un de ses plus jeunes conseillers, et attendit patiemment que l'on eût amené Wah-tah-Wah au milieu d'eux.

L'Indienne était appelée pour servir d'interprète et transmettre aux chefs les réponses de la jeune Anglaise, dont les Hurons ne comprenaient qu'imparfaitement la langue. Sachant combien il était dangereux de chercher à tromper l'ennemi, l'Indienne n'était pourtant pas fâchée d'assister à l'interrogatoire, bien décidée à tenir secrète l'arrivée de son fiancé.

Aussitôt qu'elle eut prit place à côté d'Hetty, le vieux chef la pria de demander à la fille pâle ce qui causait sa présence parmi les Iroquois.

— Dites-leur, Wah-tah-Wah, que je suis la jeune fille de Thomas Hutter, le plus âgé des deux prisonniers, le propriétaire du château de l'Arche, celui qui a le plus de droits sur ces montagnes, sur ce lac, qu'il habite depuis longtemps, où il étend ses trappes, d'où il tire le poisson. Ajoutez que je suis venue parmi eux pour les convaincre qu'ils ne doivent pas faire de mal à mon père ni à Hurry, mais au contraire les laisser partir en paix et les traiter plutôt en frères qu'en ennemis ; répétez-leur tout cela très exactement et ne craignez rien pour vous ni pour moi, Dieu nous protégera.

Wah-tah-Wah fit comme son amie le désirait et traduisit ses premières paroles aussi littéralement que possible dans la langue des Iroquois. Les chefs restèrent silencieux, les deux d'entre eux qui avaient quelque connaissance de la langue anglaise donnant un signe d'approbation à la jeune interprète.

— Et maintenant Wah-tah-Wah, traduisez-leur mot pour mot ce que je vais vous dire. D'abord, que mon père et Hurry sont venus ici avec l'intention d'enlever autant de chevelures qu'ils pourraient ; car le méchant gouverneur a promis des primes pour les chevelures, qu'elles appartinssent aux guerriers, aux femmes ou aux enfants, que l'amour de l'or fut trop fort pour les faire s'abstenir.

Wah-tah-Wah hésita, tant lui parut étrange ce moyen de gagner la bienveillance des ennemis ; mais, ces motifs ne produisirent aucun effet favorable sur l'auditoire.

Hetty, s'apercevant qu'elle avait été comprise des chefs, continua :

— Ils savent que mon père et Hurry n'ont pas réussi, ils ne peuvent donc leur en vouloir. Mais demandez-leur d'abord s'ils savent qu'il y a un Dieu qui règne sur toute la terre et gouverne tout ce qui existe.

Les guerriers s'inclinèrent affirmativement à cette question.

— C'est bien ! ma tâche sera légère. Le Grand-Esprit, comme vous appelez notre Dieu, a fait écrire un livre que nous appelons la Bible et qui renferme sa volonté. Voici un de ces saints livres ; dites au chef de prêter attention, car je vais leur lire quelques passages.

Un léger murmure de curiosité échappa à la gravité silencieuse des guerriers à la vue d'une petite Bible.

— Les paroles, les lignes de ce livre, tout émane de Dieu.

— Pourquoi ? le Grand Esprit pas envoyée livre aux Indiens ? demanda Wag-tah Wah.

— Pourquoi ? répondit Hetty un peu troublée par une question si inattendue, pourquoi ?... Ah ! parce que les Indiens ne savent pas lire.

L'Indienne ne jugea pas nécessaire de pousser plus loin ses questions.

— Dites aux chefs que ce livre ordonne aux hommes de pardonner aux ennemis, de les traiter en frères. Croyez-vous pouvoir leur dire cela et vous faire comprendre ?

— Dire assez bien ; mais pas facile à comprendre.

Hetty eut beau insister pour savoir si elle était comprise des chefs ; elle ne reçut qu'une réponse évasive.

— Je vais leur lire quelques versets. D'abord le Grand-Esprit *commande d'aimer son prochain comme soi-même.*

— Prochain pour Indien veut pas dire visage pâle, répondit précipitamment la fille delaware.

— Vous oubliez, Wah-tah-Wah, que c'est le Grand-Esprit qui parle. Voici un autre commandement : *Quiconque te frappera sur la joue droite, tu lui présenteras l'autre.*

— Que veut dire cela ?

Hetty expliqua que c'était un commandement d'oublier les injures.

— Dites-leur ceci aussi, ajouta-t-elle : *Aimez vos ennemis, bénissez ceux qui vous maudissent, rendez le bien pour le mal.*

La jeune illuminée passait rapidement de verset en verset. Traduire partie de ce qu'elle disait eût été impossible. Lorsqu'elle eut fini seulement, l'Indienne transmit aux chefs une traduction abrégée. Les Hurons attribuèrent au dérangement de son es-

prit l'ardeur que la pauvre enfant déployait inutilement pour les convaincre; toutefois il y avait parmi eux quelques vieillards qui prolongèrent l'entretien par leurs questions.

— Ceci est le bon livre des visages pâles, observa un vieillard qui prit le volume des mains d'Hetty.

Wah-tah-Wah répondit d'elle-même que les Français du Canada et les Yankees des provinces britanniques admettaient également son autorité et affectaient d'en respecter les principes

— Avertissez ma jeune sœur, dit le Huron, que ma bouche va s'ouvrir pour dire quelques paroles.

— Le chef Huron va parler, mon amie visage pâle, écoute-t-elle ?

— Je m'en réjouis, s'écria Hetty, Dieu a touché son cœur et il rendra à la liberté mon père et Hurry.

— Ceci est la loi du visage pâle résuma le chef, et lui dit de rendre le bien à ceux qui lui font du mal, et quand son frère lui demande son fusil, de lui donner aussi sa poudre.

— Non pas ! répondit vivement Hetty, il n'est pas question de fusil dans tout le livre ; la poudre et les balles offensent le Grand-Esprit.

— Pourquoi donc le visage pâle en fait-il usage ? S'il lui est ordonné de donner deux choses à celui qui en demande une, pourquoi prend-il le double des pauvres Indiens qui ne lui demandent rien ? Il vient d'où le soleil se lève, avec son livre à la main, et il enseigne à l'homme rouge de le lire, mais pourquoi oublie-t-il lui-même tout ce qu'il contient ? Quand les Indiens lui donnent, il n'est jamais content ; aujourd'hui il offre de l'or pour les chevelures de nos femmes et de nos enfants et il nous appelle bêtes sauvages si nous enlevons la chevelure d'un guerrier tué en pleine guerre. Je m'appelle le Chêne-Fendu.

De plus fortes têtes que celle de la pauvre fille eussent été en grande perplexité de répondre à des questions aussi positives. On ne s'étonnera donc pas que, malgré ses sentiments et sa sincérité chrétiennes, elle ne sût que répondre :

— Que leur dirai-je, Wah-tah-Wah ? dit Hetty, semblant implorer sa jeune amie de venir à son secours ; je sais que tout ce que j'ai lu dans ce livre est vrai, et pourtant la conduite de ceux qui en parlent là semble me démentir.

— Donnez raison aux visages pâles, répondit l'Indienne avec ironie ; c'est toujours bon pour eux, mais mauvais pour les autres.

— Non, non, il ne peut y avoir deux vérités, cela ne peut pas être. Une fois les visages pâles disent blanc, l'autre fois noir ; cela ne peut pas être.

Hetty, accablée par cette logique irrésistible et entrevoyant qu'elle allait échouer dans son projet de sauver la vie de son père et d'Hurry, fondit en larmes ; aussitôt la froide ironie et l'indifférence empreintes sur la physionomie de l'Indienne disparurent. Elle entoura de ses bras la jeune fille affligée cherchant à calmer sa douleur par des témoignages vifs et sincères de sympathie. — Cessez de pleurer ! pas pleurer, dit-elle ensuyant les larmes qui inondaient le visage d'Hetty. Pourquoi ôtes-vous si troublée ? Nous pas faire le livre s'il est mauvais, et vous pas faire méchant visage pâle ; il y a mauvais Peau Rouge et méchant homme blanc ; couleurs pas toutes bonnes, pas toutes mauvaises ; les chefs savent cela.

Hetty se remit un peu de cet élan involontaire de tristesse, et se rappelant le but essentiel de sa démarche, elle profita de ce que les chefs étaient encore groupés autour d'elle pour tenter un nouvel effort.

Écoutez-moi, Wah-tah-Wah, dit-elle, s'efforçant de comprimer les sanglots qui étouffaient sa voix ; dites aux chefs que peu importe ce que font les méchants, le bien sera toujours le bien, les paroles du Grand-Esprit sont toujours les mêmes ; et nul ne peut espérer l'impunité pour une méchante action, parce qu'elle aurait été commise avant lui : *Rendez le bien pour le mal*, dit ce livre, et cette loi est aussi bien pour le Peau Rouge que pour le visage pâle.

— Jamais entendre telle loi parmi les Delawares ou parmi les Iroquois, répondit l'Indienne avec douceur ; pas bon de dire aux chefs telle loi ; dire à eux quelque chose qu'ils puissent croire.

La fille Delaware allait continuer lorsqu'elle fut interrompue par un léger mouvement du plus âgé des chefs. Elle leva les yeux et aperçut l'un des guerriers regagnant le groupe, accompagné d'Hutter et d'Hurry qu'il était allé chercher.

— Ma fille, dit le chef, demandez à cette barbe grise pourquoi il est venu dans notre camp ?

Hutter était trop courageux et trop vindicatif pour reculer devant les conséquences de ses actes, sachant d'ailleurs qu'il n'y avait rien à gagner à équivoquer par crainte de leur colère ; il répondit donc à la question qui lui fut transmise par l'Indienne en avouant les projets qui l'avaient attiré dans les parages du camp ennemi, laissant valoir pour toute justification le prix élevé auquel le gouverneur de la province avait mis les chevelures. Cette franchise fut accueillie par les Indiens avec une satisfaction évidente, parce qu'elle leur prouvait qu'ils avaient au moins capturé un homme digne de leur vengeance. Hurry, également interrogé, eût volontiers dissimulé ses intentions mercenaires, mais il eut le tact d'imiter par nécessité la franchise de son compagnon d'infortune. Ces deux réponses parurent concluantes aux chefs indiens qui, jugeant sans doute inutile de prolonger la séance, se dispersèrent, laissant nos personnages livrés à leurs tristes réflexions.

— Je ne vous blâmerai pas, Hetty, de votre imprudente sortle, commença le vieillard qui s'assit auprès de sa fille et lui prit les mains ; mais la Bible et les sermons ne sont pas des moyens capables de détourner des Peaux-Rouges de leurs desseins. Nathaniel n'a-t-il envoyé aucun message ? ou a-t-il découvert un moyen de nous tirer de ce mauvais pas ?

— Ah ! voilà la vraie question, ajouta Hurry ; si vous pouvez seulement nous aider à courir un demi-mille en liberté, je réponds du reste.

Hetty paraissait désolée ; ses yeux erraient de l'un à l'autre sans qu'elle pût trouver une réponse à leurs questions.

— Nathaniel ni Judith n'ont connu mon projet avant ma disparition de l'Arche ; ils ont peur que les Iroquois ne tentent une attaque sur le château, et ils songent plutôt à se défendre qu'à venir à votre secours.

— Non ! non ! non ! dit Wah-tah-Wah précipitamment et à voix basse, baissant la tête jusqu'à terre afin d'amortir ses paroles. Non ! non ! Nathaniel est un homme tout différent. Lui pas penser à défendre lui-même, quand un ami est en danger. Nous nous aiderons tous et nous gagnerons ensemble le château.

— Voilà qui résonne bien, vieux Tom, dit Hurry riant et clignant de l'œil.

— Pas parler fort ! Les Iroquois ont l'oreille ouverte.

— Pouvons-nous compter sur vous, jeune femme ? s'informa Hutter avec intérêt. Dans ce cas vous pouvez compter vous-même sur une bonne récompense, et nous vous aiderons à regagner votre tribu une fois que nous serons nous-mêmes sains et saufs dans le château. Avec l'Arche et les canots nous serons maîtres du lac en dépit de tous les sauvages du Canada.

— Mais si vous venez encore à terre pour chercher des chevelures ? répliqua l'Indienne avec ironie.

— Ah ! ah ! ce fut une faute, mais il faut s'en tirer.

— Père ! dit Hetty, Judith pense de forcer la grande caisse dans l'espoir d'y trouver de quoi payer votre rançon aux sauvages. Un regard sombre de mécontentement obscurcit la dure physionomie d'Hutter à la nouvelle de ce fait.

— Pourquoi pas ouvrir cette caisse ? s'écria Wah-tah-Wah, la vie est plus douce que le vieux bois. Si ne pas dire à la fille de l'ouvrir, Wah-tah-Wah, n'aidera pas à se sauver.

— Vous ne savez pas ce que vous demandez ; vous n'êtes que de sottes filles, et le plus sage pour vous serait de parler de ce que vous comprenez. Cette négligence affectée des sauvages me fait peur, Hurry. C'est une preuve certaine qu'ils ont de mauvaises intentions à notre égard ; si donc nous voulons entreprendre quelque chose pour notre salut, il faut nous hâter. Croyez-vous que nous puissions compter sur cette Squaw?

— Ouvrez l'oreille, reprit celle-ci d'une voix brève, Wah-tah Wah pas Huronne. Tout Delaware-cœur, Delaware-pensée, Delaware! elle aussi prisonnière; un prisonnier aider un autre prisonnier? pas bon parler davantage. Fille rester avec père, Wah-tah-Wah venir plus tard si tout est bien, pour dire ce qu'il faut faire. Ceci fut dit à voix basse mais distinctement et de manière à produire une impression décisive sur l'esprit des captifs.

Puis aussitôt l'Indienne se leva et s'éloigna, se dirigeant à pas lents vers le wigwam qu'elle occupait, comme si elle n'avait plus d'intérêt à prendre part à la conversation des trois visages pâles.

CHAPITRE XII

Nous avons laissé les habitants du château plongés dans le sommeil. A plusieurs intervalles Nathaniel et le Delaware se levèrent pour observer les alentours, et trouvant chaque fois que tout était paisible, ils retournèrent sur leur grabat et dormirent d'un profond sommeil jusqu'à l'aube. Nathaniel se leva le premier, et revint quelques instants après apporter à Chingachgook quelques vêtements d'été, grossiers et légers, qui appartenaient à Hutter.

— Couvrez-vous de cette veste et de ce pantalon, dit-il au jeune Indien, car il serait imprudent de vous montrer avec vos peintures de guerre. Enlevez de vos joues ces larges raies belliqueuses, habillez-vous et portez ce chapeau, qui avec le reste vous donnera une tournure d'un homme à peu près civilisé, comme disent les missionnaires. Souvenez-vous que Wah-tah-Wah est prisonnière, et que nous devons ruser pour la retirer des mains de ses bourreaux.

Chingachgook contempla d'un air de dégoût ces liens gênants des visages pâles; mais il comprit la nécessité de cacher aux Iroquois qu'un Delaware se trouvait dans le château, et se revêtit des objets placés devant lui, mais non sans y déployer une maladresse moitié réelle, moitié affectée, laissant errer sur ses lèvres un sourire grave de dédain. Le déguisement était assez complet, et la couleur cuivrée de son visage différait peu de la peau brûlée par le soleil de son compagnon le Tueur-de-Daims. Ce dernier eut plus d'une fois l'occasion de sourire de l'air gauche et emprunté de l'Indien dans son costume européen; mais il se garda bien d'en rien laisser paraître au jeune chef, dont la gravité et la dignité de guerrier eussent été compromises.

La réunion des trois occupants du château pour le repas du matin fut silencieuse et pensive. Judith se ressentait des effets d'une nuit agitée et passée sans sommeil; et les deux jeunes gens réfléchissaient à la gravité de leur situation : tant que dura le déjeuner, Nathaniel et Judith échangèrent quelques mots de simple politesse sans faire d'allusion aux événements passés ou futurs.

Enfin Judith, ne pouvant plus longtemps renfermer les inquiétudes qui l'agitaient, ramena la conversation sur l'objet principal de leur réunion.

— Ce serait affreux, Nathaniel, s'écria-t-elle brusquement, s'il arrivait malheur à mon père et à Hetty! Nous ne pouvons pas rester ainsi tranquilles et les laisser entre les mains des Iroquois sans aviser à quelque moyen d'aller à leur secours.

— Je suis prêt, Judith, à les secourir comme tous les autres humains dans le danger, si seulement un moyen était indiqué. Ce n'est pas une plaisanterie que de tomber entre les mains des Peaux-Rouges, surtout avec des intentions qui ont conduit Hutter et Hurry dans la forêt; et je ne voudrais pas savoir mon plus mortel ennemi dans pareille situation, à plus forte raison des hommes avec qui j'ai voyagé, mangé et dormi. Avez-vous imaginé quelque stratagème que moi et le Serpent puissions mettre à exécution?

— Je ne connais d'autre moyen de sauver les prisonniers qu'en les rachetant. Ils ne résisteront pas à des présents, surtout si nous leur en portons une grande quantité, et ils préféreront les emporter à emmener avec eux de pauvres prisonniers inutiles.

— Ceci est assez bien imaginé, Judith, surtout s'il est possible de gagner l'ennemi par des présents et si les présents sont assez riches pour les séduire. Votre père possède une assez belle propriété, bien située pour la défense, quoiqu'elle ne soit pas surchargée d'objets capables de former une rançon. Il a en outre la carabine appelée comme moi Tueur-de-Daims, qui peut compter pour quelque chose; il y a, je crois, encore, caché en un certain endroit, un baril de poudre qui produirait un assez bon effet; mais on ne rachète pas deux hommes vigoureux avec si peu... puis...

— Puis quoi? demanda Judith avec impatience, voyant que Nathaniel hésitait à continuer dans la crainte d'augmenter sa détresse...

— Je voulais dire, Judith, que les Français offrent aussi des primes, de celles qui éblouissent la vue des Peau-Rouges, quoiqu'elles ne vaillent pas sans doute le fusil et le baril de poudre.

— Que faire alors? murmura Judith frappée par l'évidence de ces faibles ressources. Mais vous avez vu mes hardes, à moi, Nathaniel, elles plairont sans doute aux femmes des Iroquois.

— Je le crois, je le crois, Judith, répliqua celui-ci fluement, cherchant à s'assurer si elle aurait le courage d'en faire le sacrifice; mais vous déciderez-vous à vous en séparer? Bien des hommes se sont crus courageux avant d'affronter le danger.

— Mettez-moi à l'épreuve Nathaniel, répondit Judith moitié sérieuse, moitié riant, et si vous me voyez regretter un seul ruban ou une plume, vous pourrez alors dire et penser de moi tout ce que vous voudrez.

— Mais je crois que vous avez raison, les Indiens ne lâcheront pas leurs prisonniers pour une aussi faible rançon que mes vêtements, le fusil et la poudre de mon père. Mais il nous reste la caisse.

— Comme vous dites, Judith, il y a la caisse, et la question reste actuellement entre un secret et la chevelure de nos amis. Votre père vous a-t-il jamais intimé sa volonté au sujet de cette caisse?

— Jamais! il a sans doute pensé que ses ferrures et sa serrure étaient sa meilleure protection.

— C'est une pièce curieuse et solidement construite, reprit le chasseur se levant et examinant attentivement l'objet sur lequel il était assis. Le bois dont il est fait n'existe dans aucune des forêts que nous avons parcourues; ce n'est pas le noir noyer et pourtant il lui ressemble, mais il est bien plus beau. Je pense, Judith, que la caisse seule suffirait pour racheter votre père, ou je ne connais pas la curiosité des Indiens.

— Le rachat pourrait se faire plus avantageusement peut-être, Nathaniel; la caisse est pleine, et la moitié de son contenu pourrait suffire. En outre, mon père, j'ignore pourquoi, paraît tenir grandement à la conserver.

— C'est ce que je pense, car il y a trois serrures!... n'y a-t-il pas aussi trois clefs?

— Je n'en ai jamais vu, et cependant il doit y en avoir, puisque Hetty m'a souvent dit avoir trouvé la caisse ouverte.

— Les clefs ne voltigent pas dans l'air et ne flottent pas sur l'eau plus que les créatures humaines : s'il y a une ou plusieurs clefs, elles sont quelque part.

— C'est vrai, et il serait possible de les trouver si nous cherchions bien.

— Ceci vous regarde, Judith. C'est votre propriété ou celle de votre père. La curiosité est une faiblesse de femme. Si la caisse contient des objets de rançon, il me semble qu'on ne saurait en faire un meilleur usage que de préserver la chevelure de votre père. Quand le propriétaire d'une trappe, d'un daim ou d'un canot est absent, son plus proche parent le représente, selon les lois de tous les habitants des forêts. Donc nous vous laissons libre de décider si la caisse doit ou non être ouverte.

— J'espère que vous ne me croyez pas capable d'hésiter lorsque la vie de mon père est en danger.

— Non! mais il n'est pas déraisonnable de prévoir que le vieux Tom blâmera ce que vous aurez fait, lorsqu'il se retrouvera libre et dans sa maison; mais c'est assez l'ordinaire des hommes de se fâcher de ce que l'on a fait pour leur bien.

— Tueur-de-Daims, si nous trouvons la clef, je vous autorise à ouvrir la caisse et à en retirer les objets que vous jugerez propres à rendre la liberté à mon père.

— Trouvez d'abord la clef, jeune fille; nous verrons ensuite. Vous, Serpent, qui avez des yeux de renard et dont le jugement n'est jamais en défaut, aidez-nous à deviner où Tom Flottant pourrait avoir caché la clef d'un meuble auquel il paraît attacher tant de valeur.

Le Delaware, qui n'avait pris aucune part à ce court dialogue, se leva dès qu'il fût directement interpellé, et se joignit aux jeunes gens pour commencer les recherches. Ils pénétrèrent en premier, dans la chambre à coucher d'Hutter. L'ameublement en était plus complet que dans les autres pièces, et contenait divers meubles et autres objets féminins qui avaient appartenu à sa défunte femme; mais, comme Judith avait toutes les clefs de cette pièce, elle fut bientôt visitée et n'amena aucune découverte.

Ils passèrent ensuite dans les chambres des deux sœurs. Chingachgook fut frappé du contraste qui existait dans l'ameublement de ces deux pièces.

— Cela vous étonne, ami? dit Nathaniel répondant aux gestes d'étonnement de son compagnon; mais cette différence existe dans le caractère des deux filles du vieux Tom : l'une aime les belles choses et les colifichets, tandis que l'autre, simple et humble dans ses goûts, ne cherche rien à ajouter aux dons de Dieu et des hommes. Après tout, il se peut que Judith ait ses vertus particulières et Hetty ses défauts.

— Et l'esprit faible a vu la caisse ouverte! demanda Chingachgook avec une expression de curiosité.

— Elle me l'a dit elle-même et vous avez pu l'entendre aussi.

Il semblerait donc que le père a plus de confiance dans la discrétion de la plus jeune fille que dans celle de l'aînée.

— Alors la clef n'est cachée que pour l'Eglantine-des-Bois; tel était le nom que le guerrier indien lui avait donné.

— C'est cela! c'est bien cela! à l'une il se fie, et de l'autre il se cache.

— Une clef ne peut donc être mieux cachée de l'Eglantine-des-Bois que parmi de grossiers vêtements.

Le Tueur-de-Daims fut frappé d'admiration de la perspicacité de son ami, et, se tournant vers lui, il sourit, et d'un geste approbateur le félicita de sa conjecture ingénieuse.

— On vous a judicieusement appelé le Serpent... Judith, en effet, ne voudrait pas toucher de ses doigts délicats un jupon grossier comme ceux que porte sa sœur Hetty, comme celui-ci, par exemple; descendez-le, Chingachgook, et voyons si vous êtes prophète.

Chingachgook fit ce qu'on lui demandait, mais il n'y avait pas de clef. Une poche grossière pendue au clou voisin attira leur attention. En ce moment Judith, qui avait été occupée à chercher ailleurs, se rapprocha d'eux et leur dit :

— Ce sont les vêtements de la pauvre Hetty; rien de ce que vous cherchez ne saurait être là.

Ces mots étaient à peine sortis de ses lèvres que l'Indien triomphant élevait dans sa main la clef qu'il avait retirée de la poche. Judith avait l'esprit trop prompt pour ne pas comprendre la raison d'une telle cachette. Elle rougit de dépit autant que de honte, se mordit les lèvres et demeura silencieuse. Nathaniel et son compagnon montrèrent dans cette circonstance la délicatesse instinctive de leur âme, ne trahissant ni l'un ni l'autre la moindre regard, le plus léger sourire qui indiquât qu'ils avaient compris les motifs de cet adroit artifice. Le premier, prenant la clef des mains de l'Indien, se dirigea vers la pièce où était placée la caisse; il s'assura qu'elle s'appliquait indistinctement aux trois serrures, les ouvrit, déplaça les barres de fer qui l'entouraient, leva le couvercle et le retira aussitôt à quelques pas de distance, faisant signe à son ami de l'imiter.

— Ceci est un coffre de famille, Judith, dit-il, et pourrait contenir des secrets de famille. Le Serpent et moi nous allons nous retirer dans l'Arche pour veiller aux canots, aux avirons, pendant que vous examinerez tout ceci pour vous-même pour voir s'il y a des objets suffisants de valeur pour sauver votre père. Lorsque votre examen sera terminé, appelez-nous, et nous tiendrons conseil sur ce qu'il reste à faire.

— Arrêtez, Nathaniel, s'écria Judith au moment où il se disposait à sortir ; je ne toucherai pas à un seul des objets ici renfermés que vous ne soyez présent. Mon père et Hetty ont jugé convenable de se méfier de moi, et j'ai trop de fierté pour plonger dans leurs trésors cachés autrement que pour sauver leurs jours. Restez donc avec moi, et soyez témoins de ce que je ferai.

— Je crois, Serpent, que Judith a raison de réclamer notre présence, et s'il y a là-dedans des secrets, ils seront confiés à la discrétion de deux jeunes gens dont la bouche sait rester fermée. Nous resterons, Judith... mais d'abord allons voir au dehors si tout est paisible, car il nous faudra du temps pour examiner tout ce qu'il y a là-dedans.

Les deux hommes sortirent sur la plate-forme, et Nathaniel interrogea les alentours avec sa longue-vue tandis que l'Indien parcourait gravement des yeux l'étendue du lac et des bois environnants, épiant le moindre son qui pût trahir les projets de leurs ennemis. Tout paraissait calme et silencieux, et quelque minutes plus tard les trois jeunes gens étaient de nouveau rassemblés autour du vieux coffre.

— Il y a là une pleine cargaison, dit Nathaniel soulevant le lourd couvercle qu'il assujettit au moyen d'un morceau de bois. Serpent, apportez quelques siéges pendant que j'étalerai cette couverture à terre pour y déposer les objets.

Le Delaware accomplit l'ordre qui lui était donné ; Nathaniel plaça un siége près du coffre pour Judith, il en prit un pour lui et enleva la toile épaisse qui recouvrait l'intérieur de la caisse. Les premiers objets qui s'offrirent à leur vue composaient un costume complet et riche à l'usage d'un homme à la mode du siècle. Un habit écarlate avec des galons d'or sur les boutonnières frappa surtout l'imagination de Chingachgook, dont les yeux brillèrent de convoitise et qui sembla perdre à cette vue tout son stoïcisme et sa philosophie indienne. Deerslayer se retourna et parut mécontent de cette marque de faiblesse humaine chez son ami ; puis, comme il en avait l'habitude, il murmura de lui-même quelques réflexions sur le sujet.

— C'est un de ses dons... Oui, il est donné à un Peau-Rouge d'aimer le clinquant, et je ne puis l'en blâmer. C'est en effet un singulier costume, et sa couleur ne peut manquer d'exciter les désirs des Iroquois. Si ce vêtement a jamais été confectionné pour votre père, je ne m'étonne plus que vous ayez conservé le goût des beaux atours.

— Cet habit n'a jamais été fait pour mon père, il est beaucoup trop long pour lui.

— L'étoffe n'a pas été épargnée, ni l'or, répliqua le Tueur-de-Daims, riant en lui-même... Serpent, ce costume paraît aller à votre taille, et je serais curieux de le voir sur vos épaules.

Chingachgook ne se fit pas prier ; jetant de côté la veste usée et grossière d'Hutter, il s'empressa d'endosser l'habit écarlate, et courut à un miroir qui servait au vieux Tom pour faire sa barbe, il s'y arrêta stupéfait d'admiration à la vue de sa grotesque transformation.

— Otez-le, Serpent... quittez cet habit, reprit l'inflexible chasseur, de tels vêtements ne vous vont pas plus qu'à moi. Votre costume est la peinture, le tatouage, les plumes de héron et le wangnum, comme le mien se compose de vêtements de peau et de mocassins.

— Je ne vois pas pourquoi, Tueur-de-Daims, un homme ne porterait pas un habit écarlate aussi bien qu'un autre... Je voudrais vous voir ainsi costumé.

— Me voir dans un costume de seigneur ! Si vous attendez ce jour, Judith, vous attendrez donc que j'aie perdu la raison... Non ! non ! jeune fille, mes dons sont mes dons, et je mourrai avec eux quand même je ne devrais plus abattre un seul chevreuil ou piquer un saumon. Mettez l'habit sur la couverture, Serpent, et voyons plus loin.

Aux vêtements d'homme succéda une riche toilette de femme, qui attira des exclamations de plaisir des lèvres de Judith. Jamais dans ses rêves de grandeur où elle avait désiré briller, la jeune fille n'eût imaginé un costume plus approprié à ses goûts. Son ravissement fut presque enfantin, et il fallut interrompre l'examen des autres objets renfermés dans le coffre pour la laisser passer dans une autre pièce, où elle se revêtit aussitôt de la robe de brocart et de ses accessoires, et rentra au bout de quelques minutes pour exposer à l'admiration des deux jeunes gens la richesse de son costume et l'élégance de sa taille, pour laquelle la robe semblait avoir été confectionnée.

Divers autres articles destinés à compléter les deux costumes, tels que ceintures, plumes et gants, furent étalés sur la couverture. Puis une seconde enveloppe de toile, recouvrant les objets que renfermait encore le coffre, arrêta subitement Deerslayer dans ses recherches.

— Tout homme a ses secrets, dit-il, et c'est son droit de les garder pour lui. Nous avons retiré une quantité d'objets suffisants pour remplir notre but, et nous agirons sagement en laissant à maître Hutter la disposition et le secret de ce qui reste au fond du coffre.

— Pensez-vous sérieusement à offrir ces vêtements aux Iroquois, à titre de rançon ? demanda vivement Judith.

— Il me semble que c'est pour cela que nous avons ouvert cette caisse. Cet habit seul l'emportera aux yeux du chef Indien sur tout autre présent, et s'il possède une femme ou une fille, la robe que vous avez là suffirait pour attendrir le cœur de toute femme que nous pourrions rencontrer entre Albany et Montréal. Je ne vois pas ce qu'il nous faudrait encore après ces deux articles.

— Cela peut vous sembler ainsi, Nathaniel, répondit Judith désappointée ; mais quel usage une femme indienne pourra-t-elle faire d'un tel costume. Les branches d'arbre, la fumée et la boue du wigwam l'auraient bientôt souillé.

— Sans doute... mais que nous importe l'usage qu'ils feront de notre présent, pourvu que notre but soit rempli. Je ne vois pas en quoi ces objets pouvaient être utiles à votre père, si ce n'est qu'aujourd'hui ils peuvent servir à racheter sa vie ; en y ajoutant les autres babioles, nous rachèterons Hurry par-dessus le marché.

— Alors vous pensez que Thomas Hutter n'a personne dans sa famille... ni enfant, ni fille, à qui ce costume puisse convenir.

— Je vous comprends, Judith... Oui, je devine votre secret désir. Mais vous êtes la fille de Thomas Hutter et cette robe a été faite pour la fille de quelque gouverneur ou pour toute autre grande dame, pour être portée dans de riches salons et en compagnie de seigneurs et d'officiers de la couronne. A mes yeux, Judith, une fille ne me paraît jamais plus belle que lorsqu'elle est vêtue suivant sa condition dans le monde.

— Je cours enlever ces chiffons, Nathaniel, s'écria Judith, qui s'élança hors de la chambre, et je ne les reporterai jamais.

— Voilà comme elles sont toutes, Serpent ; aimant les colifichets, je suis bien aise qu'elle ait consenti à quitter ces habits, qui ne lui vont pas et dont elle n'a réellement pas besoin pour paraître belle. Wah-tah-Wah vous semblerait bien belle, croyez-vous, dans cette robe, Delaware ?

— Wah-tah-Wah, fille peau rouge... comme le jeune pigeon... on le connaît à son plumage. Je passerais près d'elle sans la reconnaître si elle portait cette peau étrangère. Il est plus sage de rester vêtu de telle sorte que nos amis ne demandent pas notre nom.

Judith reparut bientôt revêtue de sa simple robe de toile et déposa la robe et les accessoires sur le tapis.

— La question est de savoir actuellement si nous chercherons au fond du coffre d'autres articles pour assurer la rançon d'Hutter ?

— Si nous connaissons tout ce qu'il contient, reprit Judith, nous pourrions mieux décider ce qu'il faut laisser ou ce qu'il vaut mieux emporter.

— Votre réflexion me paraît raisonnable... mais il est fâcheux d'être obligés de forcer les secrets de votre père.

— La curiosité est bien naturelle et justifiée ici par la nécessité.

Judith n'était pas aussi désintéressée qu'elle affectait de le paraître. Elle se souvenait que la curiosité d'Hetty avait été satisfaite, et elle n'était pas fâchée de saisir l'occasion d'en savoir autant sur ce sujet que sa plus jeune sœur. Dès qu'il fut bien décidé entre tous que la perquisition serait poussée plus loin, Nathaniel enleva la seconde toile et découvrit des armes de toutes sortes. Une paire de pistolets richement incrustés d'argent attira surtout son attention et il s'arrêta à en examiner les dessins. Ce qui s'ensuivit de cette découverte sera expliqué dans le chapitre suivant.

CHAPITRE XIII

Le Tueur-de-Daims, se retournant vers le Delaware, lui montra la précieuse découverte dont il ne se lassait pas d'admirer le travail.

— Fusil d'enfant! dit le Serpent maniant l'un des pistolets comme un jouet.

— Non, Serpent, non! C'est fait pour un homme, et remplirait le but, s'il était bien employé. Mais arrêtez, les blancs sont remarquables pour leur négligence. Laissez-moi voir si ces pistolets sont chargés.

Le pressentiment du chasseur fut justifié par l'épreuve; il passa alternativement la baguette dans le canon des deux pistolets, et reconnut qu'ils étaient chargés : circonstance qui frappa d'étonnement l'Indien, habitué à prendre le plus grand soin de ses armes et à les décharger tous les jours pour en entretenir la propreté.

— C'est ainsi que les accidents arrivent fréquemment, dit Nathaniel secouant la tête. Mais nous allons jouer un tour au propriétaire de ces armes en les déchargeant pour lui. Il suffira de changer l'amorce et nous essaierons notre adresse pour voir quel est le plus habile de nous au pistolet, car quant au fusil, c'est une affaire jugée entre nous.

Quelques instants plus tard, ils étaient tous deux debout sur la plate-forme, choisissant un objet particulier de point de mire, Judith, attirée par la curiosité, était auprès d'eux.

— Retirez-vous en arrière, Judith, il y a longtemps que ces armes sont chargées, et un accident pourrait arriver.

— Alors ne les tirez pas! donnez-les tous deux au Delaware. Peut-être vaudrait-il mieux ne pas les tirer et les décharger avec le tire-bourre.

— C'est contre l'usage. Nous les tirerons, Judith; mais je crois que nous n'aurons, ni l'un ni l'autre, à nous vanter de notre adresse.

Judith, que ses habitudes de jeunesse avaient familiarisée avec les armes à feu, n'insista pas davantage et se retira derrière Nathaniel, laissant l'Indien sur le devant de la plate-forme. Chingachgook éleva l'arme à plusieurs reprises, cherchant à l'affermir avec ses deux mains, changeant une position maladroite pour en prendre une plus maladroite encore, et enfin lâcha la détente sans viser et avec une indifférence produite par les efforts inutiles qu'il avait faits au premier abord. Il en résulta qu'au lieu d'atteindre le but indiqué sur l'Arche, la balle n'atteignit pas même le bateau, mais tomba dans l'eau comme une pierre que l'on y eût jetée.

— Bien visé, Serpent, bien visé! s'écria Nathaniel riant des lèvres sans proférer aucun son, vous avez frappé le but, et pour de certains hommes ce serait un exploit. Vous autres, Peaux rouges, n'êtes pas habitués à ces sortes d'armes. Maintenant reculez-vous et voyons ce qu'un blanc peut faire avec des armes fabriquées par les blancs. Un pistolet n'est pas aussi commode qu'un fusil, mais nous allons voir.

Le Tueur-de-Daims visa rapidement et ferme et le coup suivit immédiatement le mouvement. Mais le pistolet éclata et les fragments volèrent autour de lui. Judith poussa un cri, et lorsque les deux hommes inquiets se retournèrent, elle était pâle et tremblait.

— Elle est blessée... la pauvre fille est blessée, Serpent, qui eût pu le prévoir, à cette distance... Asseyons-la et voyons ce que nos efforts et notre science réunis pourront lui procurer de soulagement.

Judith se laissa porter sur un siége, avala quelques gouttes d'eau que le Delaware lui offrit de sa gourde et fondit en larmes.

— Courage! pauvre Judith, courage! dit Nathaniel avec douceur... Où avez-vous mal? Je ne vois pas de sang ni de déchirure.

— Je ne suis pas blessée, Nathaniel, balbutia Judith à travers ses larmes... c'est la frayeur, rien de plus, je vous assure... Et, Dieu soit loué, personne n'a été blessé par cet accident.

— C'est extraordinaire! je vous croyais plus courageuse, Judith, et moins capable de vous laisser effrayer par le bruit d'une arme à feu.

La honte tenait Judith silencieuse; car elle ne se rendait pas compte elle-même d'une frayeur qu'elle n'avait jamais éprouvée auparavant.

— Elle se remit bientôt et, essuyant les traces de ses larmes, elle sourit de nouveau.

— Puisque vous n'êtes pas blessée, Judith, voyons ce que contient encore le vieux coffre. L'objet suivant qui frappa leur vue était un instrument de mathématiques avec garnitures de cuivre que le Tueur-de-Daims et son compagnon admirèrent sans en comprendre l'usage.

— Voici quelque chose de bien plus curieux encore, s'écria le chasseur retirant d'un petit sac les pièces d'ivoire d'un échiquier, chaque pièce artistement travaillée et conforme au nom qui la distinguait; les cavaliers montés sur des chevaux, les tours supportées par des éléphants et les pions surmontés de têtes de guerriers.

La vue de ces jouets dont ils ne connaissaient pas l'usage amusa beaucoup Judith et l'Indien. Le Tueur-de-Daims restait silencieux et un nuage obscurcissait son front. A la fin ses compagnons, frappés de son silence, se turent aussi.

— Judith, demanda-t-il tout à coup s'adressant à la jeune fille d'un air de tendre compassion, vos parents vous ont-ils jamais parlé de religion?

Le front de la jeune fille se colora d'un riche pourpre comme un ciel napolitain par une soirée de novembre. Mais le Tueur-de-Daims lui avait inspiré un goût si puissant pour la vérité, qu'elle répondit avec franchise.

— Ma mère m'en a souvent parlé; mon père, fort peu.

— Je le vois, c'est cela. Il n'a pas de Dieu comme il convient à un blanc d'en avoir, ou même à un Peau-Rouge. Il adore des idoles.

Judith parut d'abord profondément blessée; puis, après réflexion, elle éclata de rire.

— Vous croyez, Tueur-de-Daims, que ces jouets d'ivoire sont les dieux de mon père? Détrompez-vous, j'ai entendu parler des idoles et je sais ce que c'est.

— Ce sont des idoles, repartit Nathaniel d'un ton doctoral. Pourquoi votre père les garderait-il s'il ne les adorait pas?

— Garderait-il ses dieux enfermés dans un sac au fond d'un coffre?... Non, non, Deerslayer... Mon père porte son Dieu avec lui partout où il porte ses pas. Ces hochets pourraient bien être des idoles, d'après ce que j'ai moi-même entendu dire au sujet de l'idolâtrie ; mais ils viennent de loin comme le reste et sont tombés en la possession de mon père lorsqu'il était marin.

— Je suis content de votre réponse, Judith, très content. Le vieillard est de ma couleur et je désire lui rendre service ; mais il m'eût répugné d'obliger un homme qui eût adoré plusieurs dieux. Et le naïf et simple Nathaniel se frotta les mains de joie.

— Maintenant je crois me rappeler, Nathaniel, que ces pièces composent un jeu connu des officiers de la garnison, et voici une planche bien enveloppée qui pourrait bien faire partie de vos idoles.

Nathaniel, enlevant l'enveloppe, découvrit en effet un échiquier dont les cases, comme les pièces elles-mêmes, étaient d'ébène et d'ivoire, et arrangeant les pièces à peu près dans l'ordre usité, il commença à croire que Judith avait raison et que ces pièces formaient simplement un jeu destiné à occuper les heures d'oisiveté des officiers et des gens de haute condition.

Cette découverte détermina néanmoins la somme des objets à offrir aux sauvages pour la rançon des prisonniers. Il fut reconnu que rien n'était plus apte à tenter leur cupidité que ces objets, surtout les éléphants que Chingachgook ne pouvait se lasser d'admirer. Aussi commencerait-on par les offrir en premier, les autres ne devant servir que comme dernières ressources. Les vêtements d'homme et de femme, les pistolets furent replacés avec soin dans l'ordre où ils avaient été trouvés, le couvercle abaissé et les trois serrures refermées avec la clef que le Tueur-de-Daims alla reporter dans la poche où son ami le Serpent l'avait trouvée.

Une heure se passa à régler les préliminaires de leur démarche et à remettre tout en ordre. Nathaniel s'aperçut le premier que le temps s'écoulait et qu'il importait de mettre au plus tôt leur projet à exécution.

— Pendant que nous amusons ainsi Hunter, Hurry et peut-être Hetty...

Un événement inattendu arrêta la parole sur ses lèvres. Un pas léger se fit entendre sur la plate-forme, une forme humaine obscurcit la porte d'entrée et presque aussitôt Hetty, dont il venait de prononcer le nom, s'arrêtait devant lui. A peine sa présence avait-elle arraché un cri à Judith et provoqué un geste de surprise chez Nathaniel et le Delaware qu'un jeune Indien d'environ quinze à seize ans parut à ses côtés. Le chasseur conserva son sang-froid, il dit quelques mots au Delaware, lui recommandant de ne pas se montrer, puis il s'avança vers la porte pour reconnaître l'étendue du danger qui les menaçait. Il n'y avait personne autre que les deux arrivants et rien de changé sur le bord, excepté un petit radeau amarré à l'arche, paraissant avoir été construit à la hâte pour amener Hetty au château. Le chasseur secoua la tête et rentra dans la pièce où étaient Hetty et le jeune Indien.

— Voilà ce que c'est que d'avoir fouillé si longtemps dans le coffre du vieillard. Si nous eussions fait plus d'attention à ce qui se passait autour de nous, nous n'aurions pas reçu une telle leçon de prudence de la part d'un enfant. Néanmoins ceci nous ouvre la voie des négociations et j'écouterai ce qu'Hetty est sans doute chargée de nous proposer.

Judith, dès qu'elle fut remise de sa frayeur, témoigna toute la joie de revoir sa sœur; elle la pressa dans ses bras et l'embrassa avec toute la ferveur des jours d'innocence; Hetty prit le siége qui lui fut offert et raconta les aventures qu'elle avait traversées depuis son départ de l'arche. Le jeune Iroquois restait debout près de la porte d'entrée, indifférent en apparence à tout ce qui se passait devant lui et aussi immobile que les morceaux de bois contre lesquels il était adossé.

— Lorsque je lus aux chefs les textes de l'Ecriture sainte, continua Hetty, ils ne parurent pas produire sur leur esprit l'effet que j'en attendais... Mais le grain semé croîtra. Dieu a planté les semences des arbres...

— Oui, c'est vrai, murmura Nathaniel, et le produit en est riche.

— Dieu a planté les graines de tous les arbres et vous voyez à quelle hauteur ils se sont élevés et les ombres qu'ils projettent. Il en est ainsi de la Bible. Lisez un verset cette année, vous l'oublierez, puis il reviendra tout à coup à votre mémoire l'année suivante.

— Et avez-vous trouvé qu'il en fût ainsi avec les sauvages, ma pauvre Hetty?

— Oui, Judith, et plutôt que je ne l'aurais espéré. Aussitôt que je me fus restauré avec Wah-tah-Wah, les chefs revinrent et me dirent que ce que j'avais lu dans le bon livre était juste... devait être juste... et sonnait doux aux oreilles comme le chant pur d'un oiseau. Ils me prièrent de venir ici en dire autant au guerrier qui avait tué l'un des leurs, et qu'ils seraient heureux de faire la paix, de venir ici dans le château entendre de nouveau les paroles du Manitou des visages pâles; que je devais vous prier de leur prêter vos canots pour ramener mon père et Hurry. Avez-vous jamais vu un meilleur effet produit par la puissance de la Bible, Judith?

— Si cela était, ce serait un miracle, en vérité. Mais je doute fort qu'un Indien ou qu'un Iroquois... Que dites-vous de cela, Nathaniel, j'ai peur d'une trahison.

— Laissez-moi causer un peu avec Hetty... Ce radeau a-t-il été construit après votre déjeuner, ma chère enfant, et êtes-vous venue du camp par le bord opposé à celui-ci?

— Oh! non, Tueur-de-Daims, le radeau était déjà prêt et mis à l'eau.

— Oui, oui, c'est là un tour indien, répliqua le chasseur. Ils sont experts dans ces sortes de ruses. Ainsi le radeau vous attendait?

— C'est comme vous le dites. Les Indiens m'y firent entrer et, au moyen de cordes faites avec l'écorce des arbres, ils m'ont conduite le long de la rive jusqu'au point qui fait face au château, et alors ils ont ordonné à ce jeune homme de m'amener ici au moyen des avirons.

— Et les bois sont actuellement remplis de ces vagabonds, attendant les résultats de leur miracle. Nous comprenons tout maintenant, Judith, et je vais d'abord me débarrasser de ce jeune Canadien, buveur de sang, et puis nous nous mettrons en route. Laissez-nous seuls, apportez-moi seulement les éléphants d'ivoire, il ne faut pas laisser ce jeune cerf un moment seul; car il nous emprunterait un canot sans notre permission.

Judith fit ce qu'il désirait et se retira avec sa sœur dans une pièce voisine. Connaissant la plupart des idiomes indiens, Deerslayer fit signe au jeune Iroquois de s'asseoir à côté de lui et plaça tout à coup devant lui les deux pièces de l'échiquier. Jusqu'à ce moment le jeune Indien n'avait trahi aucune émotion d'étonnement ou de curiosité. Le Tueur-de-Daims avait bien vu de temps à autre un éclair jaillir de ses yeux et mesurer les moyens de défense du château, mais il fallait l'œil exercé du chasseur pour en deviner l'objet. La vue des jouets d'ivoire produisit l'effet qu'il en avait attendu. Le jeune Huron poussa une exclamation de plaisir, qu'il comprima aussitôt, semblant honteux de cette infraction involontaire au décorum d'un messager. Néanmoins ses yeux restèrent ardemment fixés sur les deux tours, et bientôt, cédant à un mouvement irrésistible, il s'empara de l'une d'elles. Le Tueur-de-Daims le laissa examiner attentivement l'objet, sachant d'avance qu'il en donnerait une fidèle description aux chefs à son retour. Lorsqu'il crut que l'objet désiré avait produit son effet, il posa un doigt sur le cou nu du jeune homme pour attirer son attention.

— Écoutez, dit-il, je veux parler avec mon jeune ami du Canada. Qu'il oublie un instant sa surprise.

— Où est l'autre frère pâle? demanda le garçon regardant autour de lui et laissant échapper la première idée qui avait frappé son esprit avant d'avoir aperçu les échecs.

— Il dort... ou, s'il ne dort pas, il s'est retiré dans la chambre destinée pour dormir... Comment mon jeune ami sait-il qu'il y a un autre homme?

— Vus de l'autre bord les Iroquois ont de longs yeux... volent au delà des nuages... voient le fond du grand lac.

— Eh bien! les Iroquois sont les bienvenus. Deux visages pâles sont prisonniers dans le camp de vos pères, jeune homme.

L'enfant fit un signe de tête et eut l'air de traiter cette circonstance avec une indifférence complète quoiqu'un moment après il se mit à rire en pensant à la supériorité de sa tribu.

— Pouvez-vous me dire, enfant, ce que vos chefs veulent faire de leurs captifs?

L'adolescent regarda le chasseur avec surprise, puis il fit le tour de sa tête avec son index, à partir de l'oreille gauche, avec une exactitude d'imitation qui faisait honneur à ses talents naissants.

— Quand! demanda Nathaniel irrité de cette pantomine inhumaine; pourquoi ne les conduisez-vous pas dans vos wigwams?

— La route est trop longue et remplie de faces pâles. Le wigwam est loin et les chevelures se vendent cher. Pour une petite chevelure, beaucoup d'or!

— Eh bien, cela s'explique : il est inutile d'en parler plus longuement. Maintenant vous savez, mon jeune ami, que le plus vieux des captifs est le père de ces jeunes femmes, et l'autre le prétendu de l'aînée; elles désirent sauver le cuir chevelu de leurs protecteurs, et elles donneront pour rançon ces deux créatures d'ivoire. Allez dire cela à vos chefs, et rapportez-moi la réponse avant le coucher du soleil.

L'enfant entra avec zèle dans ce projet. Le désir de posséder un pareil trésor lui fit oublier un moment son antipathie pour les Anglais et leurs alliés indiens, et Nathaniel fut satisfait de l'impression qu'il avait produite. A la vérité l'enfant proposa d'emporter l'un des éléphants comme échantillon ; mais l'autre négociateur avait trop de finesse pour y consentir, sachant qu'en de pareilles mains l'animal pourrait bien jamais n'atteindre sa destination. Quoique déçu dans son espoir, l'enfant se prépara à partir. Au moment de mettre le pied sur son radeau, il hésita et fit quelques pas en arrière pour demander à emprunter un canot, afin d'abréger sa mission. Nathaniel refusa nettement, et l'Iroquois prit le parti de s'éloigner. Le Tueur-de-Daims, assis sur un tabouret, suivit longtemps des yeux la marche du jeune ambassadeur; et plaçant le coude sur ses genoux, il demeura longtemps, le menton dans la main, occupé à examiner les bords du lac.

Pendant ce temps, une scène différente se passait dans la chambre voisine. Hetty s'était informée du Delaware, et elle était allée le rejoindre dans sa cachette. Il la reçut avec respect et bienveillance, et ces dispositions amicales furent augmentées par l'espoir d'apprendre des nouvelles de sa fiancée. Voyant qu'il ne se décidait pas à prendre la parole, Hetty débuta en ces termes :

— Vous êtes Chingachgook, le Grand-Serpent des Delawares?

— Oui, Lis penché; c'était le nom que le chef avait donné à la pauvre Hetty; mon nom a-t-il été prononcé parmi les Iroquois? un petit oiseau l'a-t-il chanté à vos oreilles?

Hetty regarda l'Indien d'un air malin et lui sourit avec l'innocence d'un enfant.

— Ma sœur le Lis penché a-t-elle entendu l'oiseau dont je parle? reprit le Delaware d'une voix douce et mélodieuse qui contrastait avec les sons gutturaux de son langage ordinaire.

— Oui j'ai entendu l'oiseau dont vous parlez, Grand-Serpent ; vous êtes bien Chingachgook, car il n'y a pas d'autre homme rouge ici, et elle m'a dit qu'elle attendait votre arrivée.

— Chin-gach-gook, dit l'Indien en prononçant son nom lentement et en s'arrêtant sur chaque syllabe.

— Chin-gach-gook, répéta Hetty avec la même accentuation; oui, c'est ainsi que Wah-tah-Wah vous a nommé.

Et Hetty lui rendit compte de ses relations avec l'Indienne en répétant diverses expressions qui comblèrent de joie le fiancé.

— Wah m'a accompagnée jusqu'au radeau, ajouta-t-elle, et doit se trouver encore dans les bois; elle vous engage à vous défier des Iroquois, les plus perfides Indiens qu'elle ait jamais vus. Elle dit qu'il y a une grande étoile brillante qui paraît au-dessus de la colline, environ une heure après la brume; dès que cette étoile se montrera, notre amie viendra à la pointe où j'ai débarqué hier au soir, et vous l'irez chercher dans un canot.

— Bon ! Chingachgook comprend.

— Les Iroquois ne soupçonnent pas votre présence, quoique quelques-uns prétendent vous avoir vu autour du château, sous le costume d'un visage pâle. Ils craignent aussi que la garnison ait reçu un renfort d'hommes blancs; car voici la saison où les détachements se mettent en campagne. Wah-tah-Wah m'a communiqué tout cela pendant que les Indiens nous halaient le long du rivage ; et maintenant que je vous ai parlé pour elle, laissez-moi vous dire quelque chose pour moi.

Hetty prit machinalement les mains de l'Indien et joua avec ses doigts, comme un enfant joue avec ceux de son père.

Quand vous épouserez Wah, soyez bon pour elle et souriez-lui comme à présent ; ne la regardez pas de travers, comme certains chefs regardent leurs squaws. Me le promettez-vous ?

— Toujours bon pour Wah ! c'est une branche trop tendre pour la faire plier, on la briserait.

— Oui, et puis, Serpent, vous ne lui ferez pas porter de fardeaux et cultiver la terre comme font les Indiens. Tâchez de la traiter à la manière des visages pâles.

— Wah-tah-Wah n'est point visage pâle ; elle a peau rouge, cœur rouge.

— Oui, mais je veux dire que vous devez être doux et bon pour elle, car elle est bonne et douce elle-même.

Chingachgook s'inclina gravement et parut juger convenable de ne pas insister. Avant qu'Hetty eût le temps de reprendre ses communications, le Tueur-de-Daims appela son ami dans l'autre chambre. Le Serpent se leva pour lui obéir, et Hetty rejoignit sa sœur.

CHAPITRE XIV

Le premier acte du Delaware fut de se débarrasser gravement de son costume d'homme civilisé, malgré les objections de Nathaniel. L'Indien allégua que sa présence ne tarderait pas à être connue de tous les Iroquois, et qu'il valait mieux agir ouvertement, mais, en réalité, la nature avait triomphé des coutumes de ce jeune guerrier sauvage, au point de le mettre au niveau d'un citadin. Sachant que sa fiancée était sur la rive opposée, il voulait se faire remarquer par elle ; et il se promena sur la plate-forme dans son costume indigène, comme un Apollon du désert, l'esprit occupé de tant de rêveries. Tout cela fut perdu pour Nathaniel, qui ne comprit rien des motifs de cette vanité et qui d'ailleurs était trop préoccupé d'intérêts plus positifs. Il apprit au Delaware les négociations entamées pour une rançon.

— J'irai au camp iroquois, répondit gravement Chingachgook. Personne ne me connaît, excepté Wah, et un pareil traité ne peut être fait que par un chef ! Donnez-moi les bêtes étrangères, et laissez-moi prendre un canot.

Nathaniel pencha la tête, battit l'eau avec le bout d'une ligne et, au lieu de répondre directement à son ami, exprima ses idées par un soliloque : est-il possible que le Serpent perde à ce point la raison ! pour la lui rendre, il faudra le marier sans retard : autrement, il ne sera jamais tel qu'il était... Serpent, votre proposition n'est pas sérieuse : voulez-vous livrer toutes vos ressources à l'ennemi.

— Wah ! cria l'Indien.

— Oui, je sais bien que c'est Wah, rien que Wah ! En vérité Serpent, vous m'inquiétez, et vous m'humiliez ! Je n'ai jamais entendu un semblable projet exposé par un chef qui s'est déjà fait un nom par sa sagesse. Vous n'aurez pas de canot, à moins que vous ne soyez sourd à la voix de l'amitié.

— Mon frère le visage pâle a raison, un nuage a passé sur la face de Chingachgook, et la faiblesse est entrée dans son âme pendant que ses yeux étaient couverts. Mon frère a la mémoire bonne pour les bonnes actions, et faible pour les mauvaises ; il oubliera.

— Oui, c'est assez facile ; n'en parlons plus, chef. Mais si des nuages de cette espèce passent encore sur votre tête, faites en sorte de les éviter. Les nuages nuisent à l'atmosphère ; mais quand ils tombent sur la raison, c'est encore pis. Asseyez-vous auprès de moi, et calculons nos opérations, car nous aurons bientôt une trêve ou une guerre sanglante. Vous voyez que les misérables peuvent nous envahir en construisant des radeaux. J'ai pensé à mettre à bord de l'Arche tout ce que le vieux Tom possède et à nous y réfugier. En tenant la voile larguée et en changeant de place, nous pouvons empêcher longtemps ces loups du Canada de pénétrer dans notre bergerie.

Chingachgook accueillit ce plan avec faveur, et après une mûre délibération, les deux jeunes gens reconnurent que c'était le seul acceptable. On le communiqua à Judith, et on se mit aussitôt à l'exécuter. Comme Tom Flottant n'avait pas grand'chose en ce monde le déménagement fut bientôt opéré. L'Arche halée près de la partie orientale du château, reçut les lits, les armes, la batterie de cuisine et le coffre mystérieux. On ne crut pas nécessaire d'emporter les meubles lourds et grossiers dont on n'avait pas besoin, et qui étaient de peu de valeur.

Ces préparatifs étaient achevés quand on aperçut au loin le radeau, et Nathaniel, à l'aide de sa longue-vue, constata qu'il était monté par deux guerriers. Judith et sa sœur rentrèrent avec le Serpent dans la maison pendant que le Tueur-de-Daims, qui avait porté un tabouret sur la plate-forme, attendait tranquillement les visiteurs sa carabine entre les jambes.

Lorsque le canot fut à cinquante pieds environ du château, le Tueur-de-Daims héla les Hurons en leur enjoignant de cesser de ramer, son intention n'étant pas de les laisser débarquer.

— Êtes-vous chefs? demanda-t-il avec dignité, ou les Mingos m'ont-ils député des guerriers sans nom?

— Hugh! s'écria le plus âgé des Iroquois en promenant autour de lui des regards investigateurs: mon frère est très fier, mais le Chêne-Fendu porte un nom qui fait pâlir les Delawares.

— Quant à moi, je ne pâlirai pas, attendu que je suis né visage pâle. Que demandez-vous? et pourquoi arrivez-vous sur des troncs d'arbre, qui ne sont pas même creusés?

— Les Iroquois ne sont pas des canards pour marcher sur l'eau. Que les visages pâles leur donnent un canot, et ils viendront en canot.

— C'est raisonnable, mais il n'en sera pas ainsi. Nous n'avons que quatre canots, et étant quatre, c'est un pour chacun de nous. Cependant, nous vous remercions de la proposition, tout en vous demandant la permission de ne pas l'accepter. Iroquois, vous êtes les bienvenus sur vos troncs d'arbres.

— Merci, jeune guerrier... Comment les chefs vous nomment-ils?

Nathaniel hésita un moment, il sourit, grommela entre ses dents; puis, cédant à la faiblesse humaine:

— Mingo, dit-il, comme tous ceux qui sont jeunes et actifs, j'ai reçu différents noms. Un de vos guerriers, dont l'esprit est allé hier matin vers les heureux territoires de chasse, m'a cru digne du nom d'Œil-de-Faucon, parce que mon coup d'œil a été plus prompt que le sien dans une question de vie et de mort.

Chingachgook, qui écoutait attentivement, comprit toute la vérité, et il interrogea plus tard le Tueur-de-Daims, sur ce qui s'était passé. Il ne manqua pas d'en répéter tous les détails à sa tribu, et le jeune chasseur fut bientôt connu parmi les Delawares, sous le nom qu'il avait honorablement gagné.

L'Iroquois ne fut pas moins frappé de la forfanterie de l'homme blanc.

Il poussa un cri de surprise; puis il adressa au vainqueur un sourire courtois, accompagné d'un salut qui aurait fait honneur à la diplomatie orientale. Les deux Iroquois s'entretinrent à voix basse, et se rapprochèrent de la plate-forme.

— Mon frère Œil-de-Faucon, reprit le Chêne-Fendu, a envoyé un message aux Hurons, et il a rendu leurs cœurs très contents. Ils ont su qu'il possédait des images de bêtes à deux queues; peut-il les montrer à ses amis.

— Il serait plus exact de dire : à ses ennemis, repartit Œil-de-Faucon ; mais les mots ne signifient rien. Voici l'une des images ; je vous la remets sur la foi des traités. Si elle ne m'est pas rendue, la carabine décidera entre nous.

L'Iroquois parut adhérer, et Nathaniel lança l'un des éléphants aux sauvages, qui le reçurent avec l'adresse d'hommes expérimentés.

La surprise et le ravissement des deux vieux guerriers triomphèrent de leur stoïcisme, ils montrèrent même plus d'émotion que l'enfant, car celui-ci était soumis à l'influence d'une éducation récente, tandis que les vieillards, ne craignant point de compromettre leur réputation bien établie, se laissaient aller à leurs impressions. La matière, le travail, l'objet représenté, tout excitait leur admiration. La lèvre de l'élan d'Amérique offre quelque analogie avec la trompe d'éléphant ; mais cette ressemblance était loin d'être assez frappante pour faire rentrer le nouvel animal dans la sphère de leurs idées. Ils se gardèrent bien de prendre pour une partie de l'éléphant l'édifice qu'il portait sur le dos. Ayant vu au Canada des tours et des bêtes de somme, ils supposèrent naturellement que l'étrange quadrupède qu'on exposait à leurs yeux avait la force de porter une citadelle ; ce qui accrut encore leur étonnement.

— Mon frère Œil-de-Faucon a-t-il encore beaucoup de bêtes semblables ? demanda le plus vieux des Iroquois.

— Il y en a encore d'autres à l'endroit d'où elles viennent, Mingos, mais une seule suffit pour acheter cinquante chevelures.

— Un de mes prisonniers est un grand guerrier, droit comme un pin, fort comme l'élan, actif comme un daim, fier comme une panthère ! quelque jour, ce sera un grand chef et il conduira l'armée du roi Georges.

— Bah ! bah ! Hurry-Harry ne sera jamais qu'un caporal, il est grand, sans doute, mais sa taille ne lui sert qu'à lui faire cogner sa tête contre les branches lorsqu'il rôde dans la forêt. Il est fort, mais au physique seulement ; et l'on ne choisit pas les généraux à cause de la vigueur de leurs membres. Il court vite, mais moins qu'une balle de carabine, et sa fierté pourrait bien diminuer dans la mêlée... Vous avez beau dire le crâne de Hurry ne nous offre que des boucles de cheveux frisés recouvrant la cervelle d'un étourdi.

— Mon vieux prisonnier est très sage, roi du lac, grand guerrier, conseiller prudent.

— Eh bien, il y a des gens qui pourraient encore contester tout cela. Un homme très sage ne se serait pas fait prendre aussi ollement que maître Hutter, et s'il donne de bons conseils, il en a certainement suivi de mauvais dans toute cette affaire. Il n'y a qu'un roi de ce lac qui est loin d'ici et qui ne le verra probablement jamais. Tom-Flottant est roi de cette contrée à peu près comme le loup est roi de la forêt dans laquelle il rôde. Une bête à deux queues vaut bien deux pareilles têtes.

— Mais mon frère à une autre bête ? Il en donnera deux pour le vieux père, dit l'Indien en levant deux doigts.

— Tom-Flottant n'est pas mon père, mais je ne l'en protégerai pas moins ; quant à donner pour lui deux bêtes, dont chacune à deux queues, c'est complétement absurde.

Pendant ce colloque, le Chêne-Fendu avait repris son sang-froid et ses habitudes artificieuses. Il sera inutile de rapporter les détails qui suivirent, et dans lesquels le sauvage essaya de regagner le terrain qu'il avait perdu sous l'influence de la surprise : il nia que l'original de la pièce d'échecs existât, sans se douter qu'avant moins d'un siècle la civilisation introduirait des éléphants sur les bords même de ce lac, où avait lieu l'entrevue. La discussion s'échauffa ; car Nathaniel opposait à tous les arguments son impassible rectitude et son immuable amour de la vérité. Il ne savait guère mieux que le sauvage, ce que c'était qu'un éléphant ; mais il comprenait parfaitement que des morceaux d'ivoire sculptés avaient autant de valeur pour un Iroquois que des peaux de castor pour un commerçant. Aussi jugea-t-il prudent de ne pas céder.

Enfin le sauvage feignit de vouloir suspendre toute négociation, et il repoussa le radeau de la plate-forme, ses traits exprimaient le dépit, ses yeux étincelaient, quoiqu'il affectât de sourire amicalement. Il dit quelques mots à voix basse à son vieux compagnon et remua avec les pieds les branches de chêne vert, qui formaient à la fois le fond et les bancs de son radeau. Heureusement pour Nathaniel, Judith épiait par une meurtrière tous les mouvements des sauvages.

— Prenez garde à vous, s'écria-t-elle, j'aperçois des carabines sous les broussailles, et l'Iroquois les dégage avec ses pieds !

Il paraît que l'ennemi avait eu la précaution de prendre pour ambassadeur un homme sachant l'anglais. Il avait conféré dans sa propre langue avec Œil-de-Faucon ; mais la manière dont il s'interrompit dans son occupation perfide prouva qu'il avait compris les paroles de Judith. Il fit signe à son compagnon de cesser de ramer, et s'avança vers l'extrémité du radeau qui était la plus proche de la plate-forme.

— Pourquoi, dit-il, le Chêne-Fendu et son frère laisseraientils un nuage entre eux ? Ils sont tous deux sages, tous deux braves, tous deux généreux, et ils doivent se séparer bons amis. Une bête sera le prix du prisonnier.

— Soit, répondit Œil-de-Faucon enchanté de renouer l'entretien et déterminé à sceller le marché par une libéralité extraordinaire : vous verrez qu'un visage pâle ne marchande pas, lorsqu'il trafique à cœur ouvert. Gardez l'animal que vous avez oublié de me rendre en partant, et que j'ai oublié de vous redemander parce que j'étais triste. Montrez-le à vos chefs. Quand vous ramènerez vos amis, nous vous en donnerons deux de plus ; et même, ajouta-t-il après s'être consulté sur l'opportunité d'une si grande concession, nous pourrons en trouver un quatrième, si nous revoyons nos frères avant le coucher du soleil.

L'affaire fut ainsi réglée, et les deux Iroquois la conclurent avec joie. Le vieux compagnon du Chêne-Fendu avait pris la résolution de jeter la pièce d'échecs dans le lac, plutôt que de la restituer, dans l'espoir de la repêcher un jour. Toutefois, cet extrême expédient devenait inutile, et après avoir bien précisé les conditions du traité, les Iroquois se dirigèrent vers la terre.

— Pouvons-nous avoir confiance dans de tels misérables ? demanda Judith en revenant avec Hetty sur la plate-forme.

— Oui, dans le cas actuel ; la nature me répond d'eux. Cette bête à deux queues va faire dans la tribu un remue-ménage, comme un bâton jeté dans une ruche. Voilà le Serpent, dont les nerfs sont comme du caillou, et dont la prudence modère toujours la curiosité... Eh bien, il a été tellement ému de la vue de cet animal sculpté en os, que j'en ai eu honte pour lui ; il triomphera bientôt de sa faiblesse ; il se souviendra qu'il est chef, qu'il descend d'une race illustre, qu'il a un grand nom à soutenir ; mais quant à ces Hurons, ils n'auront pas de repos avant d'avoir entre les mains tous les os sculptés que peuvent contenir les magasins de Tom Hutter.

— Croyez-vous, demanda Hetty avec simplicité, que les Iroquois ne veuillent pas relâcher mon père et Hurry ? Leurs dispositions sont pourtant bien changées depuis que je leur ai lu des versets de la Bible.

Le chasseur écouta cette observation avec une affectueuse bonté qu'il témoignait toujours à Hetty ; puis il rêva en silence, et ses joues se colorèrent.

— Je ne sais, dit-il, si un homme blanc peut avouer qu'il ne sait pas lire, mais je me trouve dans ce cas. Vous êtes instruite, à ce qu'il paraît, tandis que je n'ai étudié que sur les collines et dans les vallées. On peut acquérir de la science au milieu des bois aussi bien que dans les livres, et pourtant il y a des moments où je pense que la lecture rentre dans les attributions de l'homme blanc. Lorsque j'entends les missionnaires citer les versets dont il s'agit, il me semble que j'aurais du plaisir à les déchiffrer moi-même; mais la chasse, les traditions, les leçons de guerre se sont toujours jetées à la traverse.

— Voulez-vous que je vous apprenne à lire ? demanda Hetty : je suis faible d'esprit, dit-on, mais je sais lire aussi bien que Judith. Il peut se présenter des circonstances où vous échapperez à un péril de mort en lisant la Bible aux sauvages, et, à coup sûr, cela sauvera votre âme, comme ma mère me l'a mainte fois répété.

— Merci, Hetty, merci de tout mon cœur. Nous n'aurons pas sans doute beaucoup de loisir; mais quand je reviendrai vous voir après la paix, je vous prendrai pour institutrice, j'y trouverai à la fois plaisir et profit. Quant à ces Iroquois, je crois qu'une bête à deux queues vaut pour eux tous les versets de la Bible, et, pour entretenir leurs dispositions amicales, je suis disposé à leur abandonner une demi douzaine de ces images d'archer dont le coffre est rempli.

Judith y consentit volontiers; elle aurait renoncé à sa robe de brocart à fleurs pour racheter son père et pour plaire au Tueur-de-Daims.

Les chances de succès devinrent dès lors assez apparentes pour ranimer le courage de tous les habitants du château, sans toutefois les faire départir de leur vigilance et d'une rigide surveillance des mouvements de l'ennemi. Les heures s'écoulèrent néanmoins et le soleil descendait de nouveau derrière le sommet des montagnes de l'ouest qu'aucun signe n'annonçait le retour du radeau. A force de scruter les bords du lac avec sa lunette, Nathaniel découvrit enfin un point dans la profondeur épaisse des bois où les Iroquois paraissaient réunis en grand nombre. C'était près du buisson d'où le radeau était sorti, et un petit ruisseau qui filtrait dans le lac annonçait le voisinage d'une source. Là, sans doute, les sauvages tenaient conseil et décidaient la question de vie ou de mort pour les prisonniers. Une espérance restait encore que Deerslayer ne manqua pas de communiquer à ses compagnons pour ranimer leur courage. Les Indiens devaient avoir laissé leurs prisonniers au camp, sous la garde des femmes et de quelques guerriers, car il n'était pas probable que pour une excursion temporaire ils s'en fussent embarrassés en les traînant à leur suite dans les bois. Cette supposition admise, il leur faudrait encore du temps pour envoyer à cette distance un messager porteur de l'ordre d'amener les prisonniers à l'endroit de l'embarquement. Encouragés par ces sages prévisions, ils reprirent donc courage et considérèrent l'approche de la nuit avec moins d'inquiétude.

Les résultats justifièrent pleinement les conjectures du chasseur. Les deux pièces flottantes qui composaient le radeau ne sortirent de nouveau du fourré que lorsque l'ombre épaisse commençait à obscurcir le lac, Judith déclarant qu'elle apercevait son père et Hurry attachés et couchés sur les branches du milieu. Les Indiens, contrairement à leurs habitudes d'indolence, paraissaient comprendre que l'heure avancée réclamait toutes leurs forces ; ils se courbaient sur les rames par des mouvements précipités et vigoureux, et en la moitié moins de temps qu'ils en avaient mis dans leur première visite le radeau fut amarré au pied du château.

Les Indiens n'étaient pas sans appréhension du danger qu'il y avait pour eux de laisser aller libres et sur parole deux hommes qui allaient donner au parti qui occupait le château une force supérieure qu'accroissaient encore la situation formidable du terrain et la possession de trois grandes pirogues et de l'Arche, et ils n'eussent jamais consenti à accepter un compromis sans la confiance que la physionomie ouverte et franche du chasseur avait inspirée au Chêne-Fendu, effet qu'elle produisait sur tous ceux qui l'abordaient.

— Mon frère sait que j'ai foi en lui, dit le chef indien s'avançant avec Hutter, dont les jambes avaient été dégagées pour lui permettre de gravir la plate-forme... Une chevelure encore pour un autre animal.

— Attendez, Mingo, interrompit le chasseur, gardez votre prisonnier jusqu'à ce que j'aie apporté sa rançon.

Cette raison, vraie dans un sens, n'était toutefois qu'un prétexte. Deerslayer quitta la terrasse, et, entrant dans la maison, il dit à Judith de rassembler les armes et de les cacher dans sa propre chambre. Il s'entretint ensuite quelques instants avec le Delaware, qui était toujours en observation à l'entrée des bâtiments ; puis, mettant dans sa poche les trois tours qui restaient, il revint auprès de l'Indien.

— Soyez le bienvenu, de retour à votre château, maître Hutter, dit-il à ce dernier en l'aidant à monter sur la terrasse pendant qu'il glissait adroitement dans la main du Chêne-Fendu une autre tour. Vos filles seront bien aises de vous voir, et voici Hetty qui vient d'elle-même vous en donner l'assurance.

Le chasseur cessa de parler pour se livrer à son rire intérieur et silencieux. Les jambes d'Hurry étaient, en ce moment, débarrassées de leurs liens et on le mettait sur ses pieds. Les cordes d'écorce d'arbre avaient tellement engourdi les membres du jeune géant qu'il fut quelque temps sans pouvoir en reprendre l'usage.

— Vous ressemblez à un pin ballotté par la tempête, mon pauvre Hurry-Harry, reprit Nathaniel comprimant un sourire ; je suis aise toutefois que les barbiers iroquois ne vous aient point coiffé à leur façon à votre dernière visite dans leur camp.

— Prenez garde, Deerslayer, répondit celui-ci d'un air bourru ; ménagez votre gaieté pour d'autres occasions que celle-ci. Agissez en chrétien et non comme une rieuse fille à l'école, lorsque le dos du maître est tourné, et dites-moi s'il y a encore des pieds au bout de mes jambes, car je ne les sens pas plus que si les sauvages les avaient laissés sur les bords de la Mohawk.

— Vous en êtes sorti tout entier, Hurry, et ce n'est pas peu dire, répondit Nathaniel poussant à l'Indien le complément de la rançon convenue et lui faisant signe d'opérer sa retraite. Vous êtes revenu sain et sauf, un peu engourdi seulement par les liens qui vous ont comprimé. La nature aura bien vite rétabli la circulation du sang, et alors vous pourrez vous mettre à danser pour célébrer ce que j'appelle une délivrance miraculeuse d'une tanière de loups.

Le chasseur débarrassa les bras de ses deux amis des liens qui les retenaient encore. Leur atonie dura assez de temps pour permettre aux sauvages de gagner le radeau, et ils étaient déjà à cent pas du rivage quand Hurry, qui, le premier avait recouvré ses forces, s'aperçut de leur fuite. Saisissant le fusil qu'Œil-de-Faucon portait sur son épaule, il l'arma pour tirer sur les fuyards ; mais le chasseur fut trop prompt pour lui : il s'empara de l'arme, qu'il lui arracha des mains, et le coup partit au dessus du but que visait le jeune imprudent. Il rentra dans la maison pour chercher une arme qui pût satisfaire sa soif de vengeance ; mais Judith l'avait prévenu en cachant dans la chambre, suivant les ordres qu'elle avait reçus du chasseur, toutes les armes disponibles. Désappointé dans ses projets, Hurry s'assit à côté d'Hutter, où, pendant une demi-heure, ils furent tous deux trop occupés à se remettre de leur commotion pour penser à former le moindre projet. Pendant ce temps le radeau avait complétement disparu, et la nuit enveloppait de son voile épais le paysage environnant. La soirée se termina par le récit que fit Œil-de-Faucon à son hôte des événements survenus dans le château pendant son absence et des moyens qu'il avait employés pour sauvegarder ses enfants et ses propriétés.

CHAPITRE XV

Le calme de la nuit contrastait avec les passions des hommes autant que l'obscurité sombre en était la profonde image. Les habitants du château étaient aussi silencieux et sombres que la nuit. Les deux prisonniers rançonnés se sentaient humiliés et déshonorés, et, à leur honte, se joignait le désir de la vengeance. Plus disposés à garder le souvenir du traitement qui leur avait été infligé pendant les heures de leur captivité qu'à se montrer reconnaissants de la liberté qui leur avait été rendue; ils se révoltaient contre leur conscience et rendaient l'ennemi responsable de leur tentative insensée et avortée. Le repas du soir vint faire quelque diversion et rompit le silence qui s'était prolongé depuis le départ des Indiens.

— Vieux Tom, s'écria enfin Hurry partant d'un grossier éclat de rire, vous aviez l'air, lorsque vous étiez étendu au fond du radeau, d'un gros ours muselé, et je m'étonne seulement que vous n'ayez pas grogné davantage. Enfin, nous en réchappons, et toutes nos récriminations ne changeront rien au passé. Ce coquin de Chêne-Fendu, qui nous a amenés ici, a une chevelure remarquable que je payerais aussi cher que le conseil de la colonie si on la lui apportait. Judith, ma chérie, m'avez-vous bien pleuré quand j'étais au pouvoir de ces Philistins?

— Nos larmes ont grossi les eaux du lac, Harry March; ne vous en êtes-vous pas aperçu, répliqua Judith avec une légèreté affectée qu'elle était loin de ressentir. On devait s'attendre à ce qu'Hetty et moi nous éprouvassions de la douleur pour la perte de notre père... mais, pour vous, nous avons répandu une pluie de larmes.

— Nous regrettions la perte d'Hurry autant que celle de mon père, Judith, interrompit l'innocente fille.

— C'est vrai, ma sœur, mais nous éprouvons du chagrin pour toutes les infortunes, vous le savez... Néanmoins, nous sommes bien aises de vous revoir, maître March, et hors des griffes des Philistins encore.

— C'est une vilaine race, ainsi que toutes celles qui descendent des grands lacs. Je m'étonne comme vous avez pu nous tirer de ce mauvais pas, Deerslayer, et, pour ce service, je vous pardonne de m'avoir empêché de faire justice de ce vagabond.

Dites-nous votre secret, afin que nous puissions en faire autant pour vous à l'occasion. Fut-ce par le mensonge ou la flatterie ?

— Ni l'un ni l'autre... mais par le rachat. Nous avons payé une rançon pour vous deux, et une rançon si élevée que vous ferez bien, à l'avenir, d'être plus prudents, dans la crainte que notre fonds de richesses ne soit épuisé.

— Une rançon ! Alors c'est le vieux Tom qui a payé les violons, car rien de ce que je possède n'eût suffi pour racheter ma chevelure ni ma peau. Je ne croyais pas que des êtres si rusés abandonnassent si facilement leur proie. Mais l'Indien, pas plus que l'homme blanc, ne sait résister à l'attrait de ce métal.

Hutter se leva précipitamment et fit signe à Nathaniel de le suivre dans une autre pièce, où il l'accabla de questions pour savoir le prix auquel sa vie avait été achetée, où et comment la clef avait été trouvée, et enfin jusqu'à quel point l'examen des objets contenus dans le coffre avait été poussé. Heureux des réponses franches du jeune chasseur et d'en être quitte à meilleur marché qu'il ne l'eût pensé, il revint reprendre sa place à la table.

— Après tout, nous ne savons pas encore si nous sommes en paix ou en guerre avec les sauvages, reprit Hurry au moment où Nathaniel, qui s'était arrêté un moment à la porte d'entrée pour écouter, disparaissait tout à coup de la salle à manger. Cette facilité à rendre les prisonniers me paraît de bon augure ; quand des hommes ont traité une affaire sur un bon pied, ils devraient se quitter bons amis, pour le moment, du moins. Revenez, Tueur-de-Daims, et donnez-nous votre avis là-dessus ; car je commence à avoir meilleure opinion de vos avis depuis ce que vous avez fait pour nous.

— Puisque vous êtes si pressé d'en venir aux prises de nouveau, voici la réponse à votre question, Hurry.

Parlant ainsi, Nathaniel jeta sur la table un paquet de flèches solidement liées ensemble au moyen d'une lanière de peau de daim. March s'en empara et la présentant au feu de la cheminée, il put se convaincre que les extrémités en avaient été trempées dans le sang.

— Si ceci n'est pas de l'anglais intelligible, dit l'étourdi jeune homme des frontières, c'est de l'indien facile à comprendre. C'est ce qu'on appelle une déclaration de guerre, Judith. Comment ce défi vous est-il parvenu, Nathaniel ?

— Il n'y a pas une minute que je l'ai trouvé dans la cour du vieux Tom.

— Il n'est pas tombé des nuages comme on voit quelquefois de petits crapauds qui proviennent de la pluie. Voyons, Deerslayer, tâchez de savoir d'où ces flèches nous viennent.

Ce dernier s'approcha d'une fenêtre et laissa errer un moment ses regards sur le lac; puis, se rapprochant d'Hurry, il prit le paquet de flèches et l'examina attentivement.

— En vérité, c'est une belle déclaration de guerre, dit-il, et si les sauvages vous ont laissé votre chevelure sur la tête, il semblerait qu'ils vous ont enlevé les oreilles, autrement vous auriez entendu le jeune Indien revenir de ce côté sur son radeau, tout exprès pour nous jeter ces baguettes, comme pour nous dire : Depuis l'exécution de notre marché, nous avons frappé le glas du combat, et la première chose que nous frapperons ensuite, ce sera vous.

— Les loups affamés! Passez-moi ce fusil, Judith, et je vais envoyer ma réponse aux brigands à travers leur messager.

— Non pas, tant que je serai là, maître March! répliqua froidement Nathaniel lui faisant signe de s'abstenir. Une parole est une parole, fût-e'le donnée à un Peau rouge ou à un chrétien. Le gars est venu une torche allumée à la main, loyalement éclairé pour nous avertir, et nul n'a le droit de lui faire du mal en ce moment.

— C'est ce que nous allons voir; répondit Hurry: pour le fusil, je ne dis pas; mais il y a moyen de le rattraper par le canot.

Il avait à peine achevé ces mots que, son fusil à la main, il partit à grandes enjambées, ajoutant :

— Nous verrons bien si quelqu'un m'empêchera de rapporter la chevelure de ce reptile ! Plus nous en écraserons de petits dans l'œuf moins nous en aurons à nos trousses dans les bois.

Judith trembla comme la feuille dans la crainte de voir surgir une scène de violence; car si Hurry était emporté et hargneux dans sa force colossale, Nathaniel possédait la froide détermination qui annonce la persévérance. Ce fut même le regard terne du dernier plutôt que la violence bruyante du premier qui excita ses appréhensions. Hurry atteignit bientôt l'endroit où le canot était amarré, mais pas avant que Deerslayer n'eût eu le temps de glisser quelques mots à l'oreille du Serpent en langue delaware. Ce dernier avait entendu le premier le bruit des pagaies et il avait surveillé sur la terrasse les mouvements du jeune Iroquois, se bornant à tenir son fusil en arrêt dans l'éventualité d'une surprise. Obéissant à l'injonction du chasseur, il s'élança dans le canot et en enleva les avirons. Hurry, furieux de ce nouvel empêchement à ses projets, s'avança sur l'Indien la menaca et l'injure à la bouche, et les spectateurs de la terrasse redoutèrent un moment les conséquences d'un conflit qui se fût terminé d'une façon sanglante, mais le regard froid et l'attitude calme de l'Indien glacèrent son courage. Il allait tourner sa fureur du côté de Deerslayer, lorsqu'une voix douce l'arrêta de nouveau :

— C'est très vilain de se mettre ainsi en colère, et Dieu ne le pardonnera pas. Les Iroquois vous ont bien traité et ils n'ont pas pris votre chevelure, quoique vous et mon père ayez eu l'intention de prendre les leurs.

L'influence de la douceur sur la colère est reconnue, et produisit en cette circonstance l'effet que la jeune Hetty en attendait, et Hurry se contenta de la prendre pour confidente de ses prétendus griefs.

— C'est mal, vous en conviendrez, Hetty, de voir une prise comme celle-là dans ses filets et ensuite de la voir vous échapper. Vous avez manqué à votre amitié, Deerslayer, en laissant une chance comme celle-là s'échapper de mes mains et des vôtres.

La réponse fut calme et ferme, comme on devait l'attendre d'un homme qui ne craignait pas le danger et que la droiture guidait dans tous ses actes.

— J'aurais manqué à la justice si j'eusse fait autrement, et ni vous ni personne n'avez le droit d'exiger cela de moi. Le garçon est venu accomplir une mission sacrée, et le dernier Peau rouge qui erre dans les bois aurait eu honte de ne pas respecter son caractère. Mais il est depuis longtemps hors de votre atteinte, maître March, et je ne vois pas ce qui pourrait nous revenir de parler comme deux femmes de ce que l'on ne peut empêcher.

Dès qu'il eut achevé de parler, Nathaniel se retira, jugeant inutile de perdre plus de paroles sur ce sujet. Hutter tira Hurry par la manche de son habit et le mena dans l'Arche, où ils demeurèrent longtemps en secrète conférence. L'Indien et son ami tinrent le conseil de leur côté, formant leur plan de défense d'après ce qu'ils connaissaient de la manière dont leurs ennemis faisaient la guerre. Judith céda aussi aux doux sentiments d'un entretien amical et confidentiel avec sa sœur, qui lui raconta en détail les péripéties de sa visite dans le camp, gardant une réserve discrète sur les amours de Chingachgook et de Wah-tah-Wah, et se bornant à parler de la bonté et de la gentillesse de cette dernière.

Enfin les conversations particulières se résumèrent en une conférence générale provoquée par le retour d'Hutter sur la terrasse. On adopta le plan de Nathaniel d'abandonner le château pendant la nuit et de se réfugier dans l'Arche, où la défense contre un ennemi si nombreux et les moyens de fuite étaient plus assurés. Le château fut barricadé comme d'habitude, les canots retirés du bassin et solidement attachés l'un contre l'autre aux flancs de l'Arche, les premiers objets de nécessité transportés à bord. On éteignit les feux, puis tous s'embarquèrent.

Le voisinage des montagnes avec leurs bordures de pins rendaient les nuits sombres plus obscures sur le lac qu'ailleurs. Le centre seul du lac était éclairé par une ligne argentée. Le départ de l'Arche était donc dissimulé par l'ombre qui couvrait les bords. La nuit était si sombre et les nuages rassemblés dans une telle masse compacte, qu'il était impossible de définir par leur marche de quel côté soufflait le vent. Chingachgook tremblait que l'absence de l'Etoile n'empêchât sa fiancée d'être exacte au rendez-vous. L'Arche, une fois dégagée de son ancrage, Hutter déploya la voile dans l'intention supposable de l'éloigner au plus tôt du voisinage du château. La direction du vent et celle des courants semblèrent diriger sa course du côté du camp.

Œil-de-Faucon épia les gestes et les manœuvres d'Hutter et d'Hurry avec une scrupuleuse attention. Il ne sut d'abord s'il devait attribuer aux éléments ou à un secret dessein la marche bizarre du lourd bâtiment; cette dernière opinion prévalut toutefois et il se tint sur ses gardes. Tout familiarisé que fût Hutter avec le lac, il était encore facile de tromper son inexpérience, et, quelles que fussent ses intentions, avant deux heures l'Arche aurait marché à deux ou trois cents vergues le long du bord et se trouverait alors directement en face du camp. Longtemps avant d'atteindre ce point, Hurry, qui avait quelque connaissance de la langue algonquine, avait entamé une conférence intime avec l'Indien, qui se rapprocha aussitôt auprès de Nathaniel pour lui rendre compte des intentions des deux amateurs de primes

— Mon vieux père et mon jeune frère, le Gros-Pin... veulent pendre à leur ceinture des chevelures de Hurons... Celle du Serpent n'est pas remplie et son peuple les comptera lorsqu'il rentrera dans sa tribu. Il ne faut pas que leurs yeux errent dans le vide, mais qu'ils trouvent ce qu'ils chercheront. Mon frère, je le sais, a la main blanche; il ne frappe pas même les morts. Que mon frère attende notre retour; quand nous reviendrons, il ne couvrira pas son visage de honte pour son ami. Le Grand-Serpent des Mohicans doit être digne de fouler le sentier de la guerre avec Œil-de-Faucon.

— Oui, oui, Serpent, je vois ce que c'est; le nom me restera, et par la suite il remplacera celui de Tueur-de-Daims. Si de tels honneurs doivent nous venir, le plus humble d'entre nous doit s'efforcer de les mériter. Quant à chercher vos chevelures, c'est un de vos dons, je n'y peux pas voir de mal.

Quoi qu'il en soit, soyez miséricordieux, Serpent, je vous en supplie, l'honneur d'un Peau-Rouge ne souffrira pas de montrer de la pitié. Pour ce qui est du vieillard, le père des deux jeunes filles, qui devrait entretenir dans son cœur de meilleurs sentiments, et Harry March, ici, qui, tout Gros-Pin qu'il est, devrait porter le fruit d'une greffe chrétienne : tous deux je les abandonne à leur conscience Sans les flèches sanglantes, personne ici ne chercherait cette nuit à leur faire du mal sans déshonorer sa parole et son caractère ; mais ceux qui cherchent le sang ne peuvent se plaindre qu'il soit versé à leur appel. Vous, Serpent, vous saurez être miséricordieux. Ne commencez pas votre carrière en chargeant votre conscience des cris des femmes et des gémissements des enfants. Comportez-vous de telle sorte que Wah-tah-Wah puisse sourire et non pleurer quand vous vous rejoindrez. Allez donc, et que le Manitou vous protège.

— Mon frère restera ici avec la toue. Wah sera bientôt sur le bord à attendre, et Chingachgook doit se hâter.

L'Indien rejoignit les deux coureurs d'aventures ; on cargua d'abord la voile, puis tous trois entrèrent dans un canot et quittèrent l'arche. Ni Hutter ni March ne parlèrent à Nathaniel de leurs projets ou de la durée probable de leur absence. Quelques coups d'aviron mirent bientôt le canot hors de vue, pendant que Nathaniel prenait les mesures nécessaires pour maintenir l'arche dans sa position stationnaire. Sa tâche accomplie, il alla s'asseoir à l'avant de l'arche, où nous le laisserons pour suivre nos trois aventuriers dans leur périlleuse expédition.

Hutter et Hurry, dans leur nouvelle tentative contre le camp, étaient mus par les mêmes idées de convoitise que la première fois, renforcées par le désir de se venger de leur défaite ; toutefois l'appât de l'or prédominait dans leur âme sordide et ils endormaient les scrupules de leur conscience en refusant aux créatures humaines qu'ils allaient combattre les plans et l'intelligence qui élèvent l'homme au dessus des brutes. Cette fois ils comptaient parmi les chances les plus probables de succès qu'une grande partie des guerriers étant campés pour la nuit en face le château, ils pourraient les surprendre au milieu de leur sommeil et faire un grand nombre de victimes. Hutter, nous l'avouons à sa honte, qui laissait derrière lui deux filles exposées aux mêmes dangers, espérait trouver de faciles victimes dans les femmes et les enfants qui devaient se trouver réunis en plus grand nombre que les guerriers.

Hutter dirigeait le canot ; Hurry était allé se poster à l'avant et Chingachgook occupait le centre ; tous trois allaient diriger la frêle embarcation avec assez d'adresse pour pouvoir rester debout au milieu l'obscurité. Ils abordèrent avec toute la prudence nécessaire et sans accident. Armant leurs fusils comme pour une chasse, ils s'avancèrent vers le camp en rampant comme trois tigres altérés de sang et qui flairent une proie.

L'Indien marchait en tête suivi de ses deux compagnons, habitués à amortir leurs pas dans ces sortes d'excursions. Parfois une branche sèche craquait sous la pesanteur gigantesque d'Hurry ou sous la précipitation lourde du vieillard, mais l'Indien glissait à travers les arbres comme si ses pieds n'eussent pas touché le sol. Le feu, qui devait être le point central du campement, était aussi le but de leurs recherches. Ce fut l'œil perçant de Chingachgook qui le découvrit le premier, brillant à quelque distance comme un ver luisant au dessus de quelques troncs d'arbres coupés.

L'approche des aventuriers devint alors plus rapide et plus directe. Ils atteignirent au bout de quelques minutes l'enceinte d'un groupe de huttes légères. Ils s'arrêtèrent pour examiner le sol et les vestiges autour d'eux. L'obscurité était si intense qu'on pouvait à peine distinguer autre chose que la faible étincelle du feu près de s'éteindre et les troncs d'arbres les plus rapprochés. Une hutte qui se trouvait à leur portée donna à Chingachgook l'occasion de pousser plus loin ses investigations.

Rampant comme le reptile qui déploie ses anneaux et dont il portait le nom, le Serpent s'approcha sans bruit de la hutte. Il s'arrêta un moment prêtant l'oreille pour s'assurer qu'aucun bruit ne se faisait entendre à l'intérieur ; puis, passant sa tête sous l'ouverture basse et étroite qui servait d'entrée, ses yeux fouillèrent tous les recoins sans pouvoir distinguer le moindre objet vivant ; il parcourut la hutte tâtant les parois et la terre avec ses pieds et ses mains : la hutte était vide.

Le Delaware parcourut et visita ainsi plusieurs wigwams qu'il trouva inhabités. Il revint annoncer à ses compagnons que les Hurons avaient abandonné leur camp, ce dont ceux-ci eurent bientôt acquis la conviction en parcourant eux-mêmes les huttes et les alentours du foyer éteint. Chacun d'eux supporta ce désappointement suivant les sentiments qui le guidaient dans ses recherches. Le chef, qui n'avait eu d'autre vue que d'acquérir de la gloire, légèrement surpris et mortifié s'appuyait contre un arbre conservant toute la dignité d'un chef et se promettant de prendre sa revanche dans les événements futurs de la nuit. Il ne pourrait pas offrir de trophées à sa fiancée mais au moins il la rejoindrait et l'occasion ne tarderait pas de lui donner un témoignage de sa valeur. Il attendait donc paisiblement que ses compagnons fussent prêts à regagner le canot. Hutter et Harry, dont le seul mobile était la soif du gain, avaient de la peine à contenir leur fureur. Ils erraient au milieu du camp furetant dans toutes les huttes dans l'espoir d'y trouver quelque enfant oublié ou quelque dormeur attardé, mettant en pièces celles qui trompaient leur attente. Ne trouvant pas d'objet sur lequel ils pussent assouvir leur colère, ils commençaient à se quereller et à en venir peut-être aux coups, si le Delaware ne fût intervenu pour les rappeler aux dangers de la situation et à la nécessité de regagner immédiatement l'arche. Ce sage avertissement mit fin à la dispute, et au bout de quelques instants ils ramaient de nouveau vers l'endroit où ils avaient laissé le bateau à la garde de Deerslayer.

Presque aussitôt après le départ des aventuriers Judith vint s'asseoir à côté du chasseur et, de sa voix sonore et vibrante, lui dit :

— Quelle terrible existence pour des femmes, Tueur-de-Daims! s'écria-t-elle ; plût au ciel que j'en visse la fin!

— La vie n'est pas si mauvaise ; elle l'est suivant qu'on en use ou qu'on en abuse. Que voudriez-vous avoir à la place ?

— Je serais mille fois plus heureuse de vivre plus près des êtres civilisés... au milieu des femmes, d'églises, de maisons construites par des mains chrétiennes, où mon sommeil la nuit serait doux et paisible. Une habitation voisine d'un des forts serait préférable à cet horrible endroit où nous demeurons.

— Je ne partage pas complétement vos idées Judith. Les fermes ont leur avantage, et il y a des gens qui y passent leur vie. Mais quel bien être un homme trouve-t-il là, qu'il ne rencontre au centuple dans les forêts? On y trouve l'air, l'espace, la lumière, mais où trouver des ombrages, des sources riantes, des bosquets fleuris, des arbres vénérables dont l'âge se perd dans la nuit des temps, comme ici dans nos forêts? Ceux qu'on trouve près des habitations humaines sont de pauvres troncs rabougris et secs comme les pierres qui marquent les tombes dans un cimetière. Il me semble que les hommes qui vivent dans de tels lieux ne doivent avoir d'autres pensées que de leur décadence et de la décadence universelle, non pas celle qu'amènent le temps et la nature, mais la décadence produite par la violence et la destruction. Quant aux églises, elles sont nécessaires et difficiles à remplacer, mais un cœur pur sait trouver Dieu partout sous la toiture d'une église comme sous les arceaux voûtés de nos forêts vierges. Il est si bon d'ailleurs qu'il ne nous demande pas l'impossible dans l'accomplissement de nos devoirs, et si nous ne pouvons aller à l'église il nous tient compte de notre bonne volonté et accueille encore nos prières.

— C'est vrai en ce qui concerne l'église, Nathaniel, mais avouez que la femme n'est pas faite pour des scènes comme celles-ci ; scènes qui dureront tant que durera la guerre.

— Pour ce qui vous regarde et les filles de votre couleur, je crois que vous avez raison, mais les femmes des Peaux rouges aiment et recherchent les dangers. Rien ne rendrait Wah-tah-Wah, la fiancée du Delaware, plus heureuse, que de le savoir dans ce moment errant autour du camp ennemi pour enlever des chevelures.

— Pourtant Nathaniel, elle ne peut pas être femme et ne pas éprouver de l'inquiétude lorsque l'homme qu'elle aime va exposer sa vie.

— Elle ne pense qu'à l'honneur et non au danger, et quand le cœur s'est empreint de tels sentiments, il ne reste plus de place pour la crainte.

Wah-tah-Wah est une douce, rieuse, agréable créature, mais elle aime l'honneur aussi bien que toute fille delaware. Dans une heure elle doit rejoindre le Serpent à l'endroit où Hetty est descendue, et sans doute ce n'est pas sans inquiétude ; mais elle serait heureuse d'apprendre qu'en ce moment son fiancé est aux prises avec un Mingo pour lui enlever sa chevelure.

— Une fille blanche penserait différemment ; elle serait malheureuse de savoir son époux exposé à perdre la vie.

— Ecoutez, s'écria tout-à-coup, Nathaniel, c'est la voix de votre père ; il parle comme s'il était en colère.

— Dieu nous garde de voir renouveler ces horribles scènes! s'écria Judith cachant sa tête dans ses genoux et mettant ses mains sur ses oreilles pour ne pas entendre ; je désire quelquefois ne pas avoir de père.

Ceci fut dit avec amertume et comme un souvenir des tourments passés. Elle allait continuer à donner cours à ses récriminations, lorsque la voix douce de sa sœur résonna à son oreille.

— J'aurais dû lire à mon père et à Hurry un passage de la Bible pour les empêcher de reprendre leur sinistre projet ; appelez-les, Nathaniel, et dites-leur que pour le bien de leurs âmes ils doivent écouter mes paroles.

— Hélas! pauvre Hetty, vous connaissez peu l'appât de l'or et de la vengeance, si vous croyez parvenir à les arrêter. Mais il se passe quelque chose d'extraordinaire : j'entends votre père et

Hurry grognant comme des ours, et la voix du jeune chef reste muette; le cri de victoire que l'écho des montagnes devrait répéter suivant l'usage ne s'est pas fait entendre.

— La justice est peut-être tombée sur lui, et sa mort aura sauvé la vie des innocents.

— Non, non, si justice était faite, ce n'est pas sur le Serpent qu'elle serait retombée. Ce que je crois, c'est qu'il n'y a pas eu de conflit; ils auront trouvé le camp désert, et c'est ce qui explique les boutades d'Hurry et le silence du Serpent.

Au même instant on entendit le bruit d'un aviron retomber dans le canot, et Nathaniel acquit la conviction que ses conjectures étaient justes. La voile ayant été carguée, l'Arche avait très peu dérivé. Il entendit Chingachgook qui indiquait à Hutter d'une voix basse et calme la manœuvre nécessaire pour aborder. Le canot toucha et les aventuriers montèrent sur le pont. Hutter et Hurry ne diront mot de ce qui s'était passé; le Delaware, s'approchant de son ami, lui donna l'explication de l'énigme en deux mots : *Feu éteint.*

Une courte délibération décida de la marche qu'il fallait de nouveau donner au bateau; puis Hutter et March déclarèrent leur intention de s'indemniser de la perte de sommeil qu'ils avaient éprouvée pendant leur captivité et descendirent sous le pont. Œil-de-Faucon et son ami restèrent seuls pour diriger la marche.

Le progrès était lent, d'environ deux milles à l'heure, promettant toutefois d'atteindre le but en temps utile. L'Indien paraissait calme, mais à l'inquiétude de son regard on pouvait deviner que ses craintes et ses espérances croissaient à mesure qu'ils approchaient du lieu et de l'heure du rendez-vous. Nathaniel maintenait la direction le long du bord qu'ombrageaient les arbres penchés sur le lac, dans le double but de rester à couvert et de découvrir les signes de campement indiquant l'endroit où les sauvages se fussent arrêtés. Ils avaient doublé une petite langue de terre et pénétré dans la baie située au bord du point qu'ils se proposaient d'atteindre, quand Chingachgook, s'approchant en silence de son ami, lui montra un feu couvert qui éclairait sourdement la partie intérieure de la baie, ne laissant aucun doute que les Indiens avaient tout à coup transporté leur camp sur le lieu même où Wah-tah-Wah et Chingachgook s'étaient donné rendez-vous.

CHAPITRE XVI

Le Delaware ne songeait plus à orner sa ceinture de chevelures, ses pensées étaient concentrées sur le moment solennel qui devait le rapprocher de sa fiancée. Il en était arrivé à redouter que les deux visages pâles se réveillassent et ne vinssent engager un conflit fatal pour ses amours. Les Indiens avaient établi leur feu vers la partie sud de la baie, afin d'en cacher la lumière à ceux qu'ils croyaient encore dans le château.

— Il y a un avantage, Judith, de ce qu'ils aient placé leur feu au bord de l'eau, cela nous prouve qu'ils nous croient encore chez votre père, et nous avons moins à craindre leur vigilance de ce côté. Mais il est heureux pour nous que Harry March et votre père soient endormis, car ils nous livreraient par leur soif inconsidérée d'or et de rapine. Ah! voici les ajoncs qui nous cachent la lueur du feu, c'est le moment d'aborder.

Deerslayer s'arrêta quelques instants pour s'assurer qu'il était bien à l'endroit convenu, puis il donna le signal, et Chingachgook jeta le grappin et cargua la voile.

Deerslayer donna à Judith les instructions nécessaires et lui indiqua la route à suivre dans le cas où une alarme la forcerait à fuir, lui recommandant de n'éveiller les dormeurs qu'à la dernière extrémité.

— Et maintenant, Judith, continua-t-il, le Serpent et moi nous allons descendre dans le canot. L'étoile n'est pas encore levée, mais elle ne peut tarder, et il serait possible que les nuages ne nous permissent pas de la voir. Or, Wah-tah-Wah ne l'attendra pas, et elle ne manquera pas au rendez-vous si les Mingos ne lui ont pas lié les pieds et les mains.

— Deerslayer, interrompit la jeune fille, c'est un dangereux service que vous allez rendre... pourquoi vous y hasarder?

— Pourquoi? pour délivrer la fiancée du Serpent, la fille qu'il veut épouser dès qu'il sera de retour dans la tribu.

— C'est très bien pour l'Indien... mais vous n'avez pas l'intention d'épouser Wah-tah-Wah; vous n'êtes pas son fiancé, et pourquoi risquer deux existences et deux libertés lorsqu'un seul suffit pour ramener l'Indienne?

— Ah! je vous comprends, Judith, vous pensez que c'est l'affaire du Serpent et qu'il peut y aller seul; mais vous oubliez que nous nous sommes promis de marcher ensemble. Le Delaware peut parfaitement seul diriger un canot, et peut-être préférait-il aller seul au rendez-vous, mais il y a une foule de circonvolutions qu'il ne saurait faire, des embûches à éviter : peut-être combattre des ennemis, sans un bras ami pour le défendre. Non, non ! Judith, vous n'abandonneriez pas ainsi dans un tel moment une personne qui compterait sur vous, et vous ne me croyez pas capable de le faire.

— Je crois que vous avez raison, et pourtant j'aimerais mieux vous voir rester. Promettez-moi au moins de ne pas vous aventurer parmi les sauvages et de vous borner à conduire ici l'Indienne : ce sera bien assez pour une fois, et vous devrez être satisfait.

— On croirait entendre parler la prudente Hetty et non l'esprit merveilleux et prompt de Judith Hutter. Je soutiendrai toujours que vous êtes bonne, Judith, et que vous avez d'excellents sentiments, quelles que soient les histoires qu'on raconte sur vous.

Nathaniel rit silencieusement, selon son habitude, et indiqua d'un geste à son impatient compagnon qu'il était prêt à le suivre. Lorsqu'il fut entré dans le canot, il leva la tête et aperçut la jeune fille immobile et comme pétrifiée de l'entretien qu'ils avaient eu ensemble.

Chingachgook et son ami le visage pâle partirent pour leur entreprise hasardeuse avec la précision et le sang-froid qui eussent fait honneur à des guerriers consommés. L'Indien prit place à l'avant du canot, tandis que Nathaniel tenait le gouvernail. Le lieu où Wah-tah-Wah avait promis de se rendre était sur la partie culminante du promontoire au pied duquel les sauvages avaient établi leur campement.

L'obscurité s'épaississait au lieu de diminuer, les nuages s'amoncelaient et roulaient vers l'occident, permettant à peine de distinguer la chaîne des montagnes qui se déroulait au-dessus de leur tête. Le Delaware cherchait en vain à découvrir l'étoile du rendez-vous, le rideau épais la cachait à ses yeux ; dans son impatience, il s'imaginait que l'heure du rendez-vous, était passée, et le chasseur eut de la peine à le convaincre qu'il manquait au contraire quelques minutes. A cent pas environ de la rive, Chingachgook quitta l'aviron pour prendre son fusil, et lorsqu'ils furent près du bord, il entra dans l'eau à mi-jambe pour explorer les environs de la baie, puis enfin il aborda ; mais Wah-tah-Wah n'y était pas. Il craignait un moment de s'être trompé sur le lieu du rendez-vous et revint consulter le chasseur. Celui-ci lui montra les nuages qui commençaient à s'éclaircir au sommet des montagnes situées à l'est, et l'étoile du soir que l'on apercevait briller à travers les branches d'un pin. C'était d'un favorable augure, et les deux jeunes gens s'appuyèrent sur le canon de leur fusil, écoutant attentivement pour saisir le bruit des pas. Ils entendaient des murmures de voix étouffées, ou quelques faibles plaintes d'enfant comprimées aussitôt. Comme les naturels de l'Amérique sont habituellement prudents et silencieux la nuit, et ne conversent qu'à voix basse, nos deux aventuriers jugèrent qu'ils étaient près du camp. A plusieurs reprises il leur sembla que des rôdeurs quittaient le feu pour s'approcher du lieu où ils étaient, mais le bruit cessait tout à coup et semblait n'être que le résultat de leur imagination. Un quart d'heure se passa ainsi dans l'attente et l'anxiété.

Enfin Nathaniel proposa de faire le tour du camp dans le canot, afin de reconnaître la position exacte des Indiens, et tâcher de découvrir la cause qui empêchait Wah-tah-Wah de se trouver au rendez-vous. Le Delaware refusa de quitter le point convenu, dans la crainte que la jeune fille ne le trouvant point ne se dirigeât du côté opposé à celui où il la chercherait. Deerslayer reconnut qu'il y avait quelque raison dans la persistance de son ami, et résolut d'aller seul à la découverte.

Il quitta le bord avec les mêmes précautions, laissant le Serpent à son poste caché derrière les buissons, et se dirigea vers l'endroit de la rive où le lac, formant une sorte d'anse, lui permettait d'approcher sans bruit à quelques pas du centre du foyer, et entièrement caché par les ombres que les arbres projetaient autour de lui.

Nous avons cherché à faire connaître à nos lecteurs le caractère de cet être extraordinaire, et nous aurions manqué notre but s'il nous fallait actuellement leur dire combien sa nature simple et inexpérimentée pour toutes les questions subtiles du goût conventionnel de la société était néanmoins forte et poétique. Il aimait les bois pour leur fraîcheur, leur sublime solitude, et l'empreinte qu'il rencontrait partout de la main divine du Créateur. Il s'arrêtait parfois devant un site pour en admirer les beautés sans pouvoir se rendre compte de l'attrait qui retenait ses pas. Ainsi constitué au moral et d'une fermeté d'âme que nul danger ne pouvait ébranler, on ne s'étonnera pas que dans ce moment critique il prît plaisir à contempler le tableau qu'il avait devant lui, oubliant dans son admiration l'objet de sa visite.

Le canot dominait une sorte de claire-voie fermée au fond par un cercle de pins majestueux et bordée de chaque côté par les lianes et les ajoncs qui inclinaient leur tige dans la glace transparente du lac. Par suite de leur changement de position, les Indiens veillaient encore et achevaient leur repas du soir. Le feu qui flambait encore avec intensité illuminait les arceaux verts de la voûte boisée. Les travaux avaient cessé, et la plupart ayant achevé leur repas demeuraient dans cet état d'indolence voisin du sommeil qui précède la digestion.

Nathaniel découvrit au premier coup d'œil que bon nombre de ces guerriers étaient absents. Sa connaissance le Chêne-Fendu était assis sur le premier plan de ce tableau qui eût fait honneur au pinceau de Salvator Rosa ; ses traits bronzés, éclairés par la lueur du feu, décelaient le plaisir que lui causait la vue des éléphants qu'il montrait à l'un de ses guerriers. Un petit garçon penché sur son épaule, les yeux brillants d'une curiosité naïve, complétait le groupe. Au fond du tableau huit ou dix guerriers à moitié couchés ou adossés contre les arbres, leurs armes à côté d'eux, appuyées contre les arbres ou posées nonchalamment sur leurs genoux. Le groupe qui attira davantage l'attention de Nathaniel était celui des femmes et des enfants tous rassemblés dans un même cercle. Les femmes causaient à voix basse et riaient doucement ; on devinait néanmoins que quelque cause extraordinaire tempérait l'élan de leur gaieté. Les jeunes femmes paraissaient gaies ; mais une sorte de vieille sorcière, aux traits ridés, à l'air revêche, au regard inquiet et soupçonneux, faisait ombre au tableau et semblait accomplir une tâche assignée par les chefs. Il cherchait en vain à découvrir Wah-tah-Wah, et plusieurs fois il avait cru entendre le son mélodieux de sa voix, lorsqu'une interpellation aigre et criarde de la vieille fit éloigner deux figures sombres postées comme des statues dans le fond du tableau, qui firent place à un jeune guerrier et à deux jeunes filles dont l'une était la fille delaware. Nathaniel comprit alors que Wah-tah-Wah était surveillée de près par le jeune homme, sans doute, qui paraissait être un amoureux, et bien certainement par la vieille. Le voisinage de ceux que l'on supposait ses amis, et l'arrivée d'un Peau-Rouge inconnu sur le lac avaient redoublé leur vigilance, et la pauvre fiancée avait été ainsi mise dans l'impossibilité de se rendre au rendez-vous. Son inquiétude se trahissait par quelques regards jetés à la dérobée à travers le feuillage, comme pour apercevoir l'étoile qui devait l'avertir que l'heure était sonnée. Elle fit le tour du cercle avec ses deux compagnes, cachant sous un air d'indifférence l'inquiétude qui l'agitait, puis revint s'asseoir au milieu des autres femmes. Alors la vieille sentinelle sembla se départir un peu de sa vigilance, et alla s'asseoir un peu à l'écart.

Cette situation rendait difficile de prendre un parti. Chingachgook ne consentirait jamais à retourner dans l'Arche sans tenter un effort désespéré pour sauver sa fiancée et les sentiments de générosité du chasseur le portaient à l'aider dans son entreprise quelle qu'elle fût. Les femmes paraissaient se disposer à se retirer pour la nuit, et en restant il pouvait découvrir la hutte où Wah-tah-Wah reposait, ce qui pourrait servir leurs desseins. D'un autre côté, en restant plus longtemps il avait à craindre que l'impatience du Delaware ne le poussât à commettre quelque imprudence. Il s'attendait à chaque instant à voir la forme sombre du Delaware apparaître dans l'ombre comme le tigre rôdant autour de sa proie. Cette considération le détermina à rejoindre son ami et à contre-balancer son impétuosité par son propre sang-froid et sa prudence : ce qu'il exécuta en moins de dix minutes dans le plus profond silence.

Contrairement à son attente, il trouva l'Indien à son poste, d'où il n'avait pas bougé, dans la crainte que sa fiancée n'arrivât pendant son absence. Le Delaware apprit ce qui se passait dans le camp, et qu'une surveillance incessante retenait Wah-tah-Wah parmi ses ennemis. Leur résolution fût bientôt prise. Disposant le canot de manière que Wah-tah-Wah, si elle se dirigeait de ce côté, pût l'apercevoir, ils saisirent leurs armes et s'engagèrent dans le bois. L'élévation de terre qui encaissait le lieu du camp favorisait la marche secrète des deux aventuriers en empêchant la lumière du feu de se répandre de leur côté. Ils s'avancèrent ainsi lentement vers l'enceinte, le chasseur marchant en avant pour prévenir tout mouvement impétueux de la part de son compagnon. Ils parvinrent ainsi derrière la bordure de hauts pins qui formait le fond du tableau que nous avons essayé de décrire précédemment, et, s'adossant aux arbres afin de dissimuler autant que possible l'épaisseur de leurs corps, ils déposèrent leurs fusils à leurs pieds, prêts à les saisir à la première alerte. La vue que présentait le camp était exactement le contraire de ce qu'ils avaient aperçu du côté de la rivière. Le feu brillait toujours, et treize guerriers étaient encore assis autour, conversant à voix basse et occupés encore à admirer les pièces du jeu d'échecs et se les passant de main en main.

Le premier élan de surprise était passé, mais ils discutaient actuellement de l'existence supposée de l'histoire d'un aussi curieux animal. Les femmes étaient encore groupées, telles à peu près que le chasseur les avait déjà vues, et tellement rapprochées du lieu où tous deux se tenaient cachés, que le moindre bruit de leur part eût infailliblement donné l'alarme.

Le chasseur sentit son ami trembler lorsque les sons doux et cadencés de la voix de Wah-tah-Wah parvinrent à ses oreilles. Il crut prudent de poser une main sur son épaule pour l'avertir par un geste muet de maîtriser ses impressions. La conversation engagée entre les femmes paraissait les intéresser beaucoup, et roulait sur le même sujet qui occupait les hommes.

— Les Hurons possèdent des animaux plus curieux que cela, dit l'une avec mépris; les Delawares trouveront cette créature merveilleuse, mais demain nulle langue huronne n'en parlera. Nos jeunes gens sauront prendre ces sortes de bêtes, si elles s'aventurent autour de nos wigwams.

Ceci paraissait adressé à Wah-tah-Wah, quoique celle qui parlait s'exprimât à demi-voix et sans regarder la jeune Delaware.

— Les Delawares ne permettent pas à de telles créatures de pénétrer dans leurs contrées, les jeunes gens en effrayeraient les images autant que les bêtes elles-mêmes.

— Les jeunes gens Delawares ? La nation est toute de femmes. Les chevreuils ne se dérangent pas quand leurs chasseurs viennent les courre ! Qui a jamais entendu le nom d'un jeune guerrier Delaware?

Quoique prononcées d'un ton de bonne humeur, ces paroles étaient empreintes d'amertume. La réponse de Wah-tah-Wah prouva qu'elle s'en était aperçue.

— Qui a jamais entendu le nom d'un jeune Delaware ? répéta-t-elle vivement. Tamenund lui-même, qui aujourd'hui est vieux comme les pins sur la montagne, ou comme les aigles dans l'air, fut jeune une fois, son nom était connu depuis le grand lac Salé, jusqu'aux eaux douces de l'Ouest. Qu'est-ce que la famille d'Uncas, où y en a-t-il une aussi grande, quoique les visages pâles aient labouré leurs tombes et foulé aux pieds leurs ossements? Les aigles volent-ils de plus haut, le chevreuil a-t-il le pied plus léger, ou la panthère est-elle plus hardie? N'y a-t-il pas dans toute la race un jeune guerrier? Que les filles huronnes ouvrent leurs yeux plus grands, elles en verront un qu'on appelle Chingachgook, qui est aussi droit qu'un jeune peuplier et aussi ferme que l'ivoire.

Pendant que l'indienne développait ces images vives de son langage poétique et disait à ses compagnes d'ouvrir les yeux pour voir le Delaware, Nathaniel poussait son ami du coude et riait de son rire silencieux. L'autre sourit et parut flatté de la bonne opinion qu'avait de lui sa fiancée. Le discours de Wah-tah-Wah provoqua une riposte et la dispute s'échauffa peu à peu et devint plus vive et plus bruyante. Au milieu de cette scène, le Delaware fit signe à son ami de se baisser jusqu'à ce qu'il fût entièrement caché sous le feuillage du buisson, puis il imita le cri d'un jeune écureuil, à un tel point que le chasseur, tout habitué qu'il était à de semblables ruses, leva la tête croyant en entendre un au-dessus de lui. Le son en est si familier dans les bois, que pas un des Hurons n'y fit attention. Néanmoins Wah-tah-Wah cessa tout à coup de parler, et demeura immobile, conservant juste assez de puissance sur elle-même pour ne pas tourner la tête. Elle avait parfaitement reconnu le signal au moyen duquel son fiancé avait coutume de l'appeler dans le wigwam pour leurs secrets entretiens, et il produisait en ce moment sur ses sens une ivresse semblable à celle que produit sur une jeune fille des villes la sérénade donnée par son chevalier.

De ce moment Chingachgook fut certain que sa présence était connue. Il pouvait donc compter sur une participation que n'eût pas permise autrement l'incertitude sur sa situation. Elle pourrait donc seconder tous ses efforts pour la secourir. Deerslayer se releva et convint lui-même, par une approbation muette, du changement qui s'était manifesté dans la manière d'être de la jeune Delaware. Elle continuait la discussion, mais avec moins d'ardeur et de tenacité, plutôt pour céder à ses antagonistes une facile victoire qu'avec l'intention de l'emporter sur elles. Enfin la discussion se ralentit, et peu après les femmes se levèrent toutes à la fois comme pour se séparer. Pour la première fois seulement, Wah-tah-Wah se hasarda à tourner la tête du côté où le signal s'était fait entendre, étendant les bras et bâillant afin de donner un air naturel à son mouvement. L'écureuil se fit entendre de nouveau, et la jeune fille acquit la certitude de l'endroit précis où était son fiancé, mais empêchée de le voir par l'obscurité de l'ombre et de la nuit.

Le moment approchait où il faudrait agir. Elle devait se retirer dans une petite hutte proche de l'endroit où elle se tenait debout, sous la garde de la vieille sorcière dont nous avons déjà parlé. Une fois à l'intérieur et cette vieille femme vigilante étendue en travers de l'entrée suivant son habitude de nuit, la fuite devenait impossible, et pourtant le moment approchait où il lui faudrait rentrer. Heureusement qu'au même instant l'un des guerriers appela la vieille par son nom et lui ordonna de lui apporter de l'eau pour boire. Il y avait une source délicieuse, située non loin du côté nord de la pointe; la vieille, ordonnant à Wah-tah-Wah de la suivre se dirigea de ce côté une gourde à la main. Les deux jeunes gens, qui avait entendu et compris, se retirèrent plus loin derrière les arbres pour laisser passer les deux femmes. La vieille tenait Wah-tah-Wah par la main. Comme elle passait près de l'arbre où Chingachgook et son ami étaient cachés, le premier mit la main sur son tamahawk, avec l'intention de fendre le crâne de la sorcière. Mais l'autre, comprenant le danger d'un tel moyen et qu'un seul cri leur attirerait sur le dos toute la horde des sauvages, et évitant, par un sentiment d'humanité, tous les moyens violents, retint le bras prêt à frapper. Alors, au moment où elles passaient toutes deux, le cri de l'écureuil se renouvela pour la troisième fois et fit arrêter la vieille Mingo, qui leva la tête vers le sommet des arbres derrière lesquels nos deux héros étaient cachés. Elle témoigna sa surprise qu'un écureuil fît encore du bruit à cette heure de la nuit, et ajouta que c'était un pronostic de malheur. Wah-tah-Wah répliqua qu'elle l'avait déjà entendu plusieurs fois dans l'espace de quelques instants, et que le petit animal attendait sans doute le moment de se repaître des miettes éparses sur la terre.

Cette explication parut satisfaisante et elles continuèrent leur route vers la source, ayant à leurs trousses les deux hommes qui les suivaient en silence. La gourde remplie, la vieille femme se hâtait de revenir dans le camp, tenant toujours par la main le poignet de la Delaware, lorsqu'elle se sentit saisie à la gorge avec une violence telle, que sa main laissa libre sa captive et qu'elle ne put articuler qu'un grognement étouffé. Le Serpent passa son bras autour de la taille de sa fiancée et s'élança avec elle à travers les ronces dans la direction nord du cap, où il retrouva le canot.

Nathaniel continua de comprimer la gorge de la vieille, faisant courir ses doigts comme sur les touches d'une clavier, la laissant souffler un moment, puis resserrant son étreinte pour l'empêcher de crier. Les intervalles qu'il lui accorda pour reprendre haleine ramenèrent toutefois peu à peu la respiration et avec elle la voix qu'elle recouvra suffisamment pour pousser un ou deux cris qui donnèrent l'alarme dans le camp. Les pas des guerriers qui quittaient vivement leur attitude près du feu se fit entendre, et deux ou trois d'entre eux parurent aussitôt au haut de la source semblables à des ombres fantasmagoriques. Il était temps de fuir. Enlevant sa captive et la jetant à terre après lui avoir fait sentir de nouveau l'empreinte de ses doigts autant par ressentiment des cris qu'elle avait poussés que pour avoir le temps de se soustraire aux poursuites, il la laissa étendue à terre et se dirigea rapidement du côté des ajoncs le fusil en arrêt et la tête au vent comme un lion aux abois.

CHAPITRE XVII

Le point central du feu formait avec la situation de la source et celle du canot un triangle rectangle à peu près régulier ; la distance du feu au canot était un peu moindre que celle qui conduisait à la source. La ligne droite qu'offraient ces deux moyens d'évasion était loin de favoriser les efforts des fugitifs.

La gravité de la situation le fit hésiter un moment avant de pénétrer dans les taillis qui longeaient le bord. Quatre figures sombres, courant le long de la partie élevée de la rampe éclairée par la lueur du feu, venaient de s'arrêter pour chercher où gisait la vieille femme. Il releva son fusil un instant braqué, prêt à faire feu, et disparut dans le fourré. Gagner l'anse, la tourner jusqu'à l'endroit où Chingachgook et Wah-tah-Wah l'attendaient impatiemment dans le canot pour fuir, fut l'affaire d'un clin d'œil. Posant son fusil au fond, il se baissait pour imprimer une secousse vigoureuse, lorsqu'un Indien, sautant à travers les branches du buisson, s'élança sur son dos comme une panthère. Le salut de tous ne tenait qu'à un fil.

Avec une générosité qui eût illustré un Romain, Nathaniel rassembla toutes ses forces et lança le canot avec tant de vigueur, qu'il fut éloigné par cette impulsion à cent pieds de la rive, tombant lui-même dans l'eau, et entraînant avec lui son antagoniste.

Toutefois, il y en avait assez pour engloutir le chasseur sous le poids de son singulier fardeau. Une lutte désespérée s'engagea, tous deux se redressant pour respirer et s'étreignant mutuellement les bras pour empêcher l'usage du couteau. Ici se fussent arrêtés sans doute les hauts faits de notre héros, si une demi-douzaine de sauvages, se jetant à l'eau, n'étaient accourus au secours de leur guerrier. Deerslayer se rendit prisonnier avec toute la dignité d'un grand chef.

En quelques minutes, le captif fut ramené devant le foyer. Lorsque le sauvage eut rappelé sa respiration, il raconta comment le jeune Delaware était parvenue à s'échapper. Il était trop tard pour espérer atteindre les fugitifs.

En pénétrant au centre du foyer, Nathaniel fut entouré par huit Mingos grimaçants, au milieu desquels se trouvait le vieux Chêne-Fendu. Dès que celui-ci l'eût reconnu, il dit quelques mots à part à l'oreille de ses compagnons, qui poussèrent une exclamation de surprise et de joie. Ils apprenaient que le vainqueur de leur frère, de l'autre côté du lac, était en leur pouvoir et à la merci de leur vengeance. Leurs yeux ardents, fixés sur le prisonnier, étaient empreints de férocité et en même temps d'admiration pour ses actions passées et pour son attitude calme et froide devant eux. Cette scène fut en effet l'origine de la

grande et terrible renommé du Tueur-de-Daims ou de l'Œil-de-Faucon, comme il fut appelé constamment plus tard.

On lui laissa le libre usage de ses bras; la seule précaution prise à cet égard fut de lui enlever son couteau, de passer une anière d'écorce autour de ses chevilles. Cette demi-liberté apparente était un hommage rendu à ses exploits, non seulement dans le premier combat, et dans l'habileté de ses négociations, mais surtout dans les derniers événements de la nuit.

Ignorant la descente de l'Arche et l'accident qui avait amené la découverte de leur feu, ils attribuaient leur surprise à sa vigilance et à son adresse. La disparition de Wah-tah-Wah et le dévouement qui l'avait fait s'exposer pour lancer le canot hors de leur atteinte, toutes ces causes réunies formaient autant d'anneaux qui se reliaient à la chaîne d'événements et d'actes sur lesquels se fondait sa haute réputation.

Au milieu de ces marques de respect et d'admiration, il n'échappait pas aux pénalités de la situation. Il eut la permission de s'asseoir près du foyer pour sécher ses habits, son adversaire assis en face de lui, tantôt étendant ses maigres vêtements, tantôt passant la main sur sa gorge qui portait l'empreinte des doigts de son ennemi. Le reste des guerriers tenait conseil; ceux qui étaient allés à la poursuite des fuyards rendaient compte de l'inutilité de leurs recherches. Cependant la vieille femme, que l'on appelait l'Ourse, s'approcha du chasseur les poings fermés et les yeux brûlants de rage. Jusque-là elle avait crié remplissant ce rôle en conscience; ayant réussi à répandre l'alarme dans toute la tribu; elle pensa à examiner les injures que sa personne avait subies. Elle n'avait rien de lésé, mais sa fureur était portée à son comble d'avoir été mise en défaut.

— Avorton des visages pâles, commença-t-elle avec exaspération mettant son poing décharné sous le nez du chasseur impassible, tes amis les Delawares ne sont que des femmes et toi leur mouton. Ton peuple te renie, et nulle tribu des Peaux-Rouges ne veut t'avoir dans un wigwam; tu erres parmi les guerriers en jupon. Tu as frappé notre brave ami qui nous a quittés, parce que sa grande âme a dédaigné de te combattre et a quitté son corps plutôt que de souiller son bras. Mais le sang que tu as versé pendant que l'esprit regardait d'un autre côté n'est pas tombé à terre. Il étouffera tes hurlements. Quelle est cette musique que j'entends ! Ce ne sont pas les plaintes d'un Peau-Rouge ! un guerrier rouge ne grogne pas ainsi comme un porc. Elles partent de la gorge d'un visage pâle... d'une poitrine yankee et résonnent aussi agréablement à l'oreille que le chant d'une jeune fille... Chien... charogne... crapaud... araignée... yankee...

La respiration manqua à l'horrible sorcière, qui fut contrainte de s'arrêter, mais ses poings continuaient à menacer le chasseur, et sa figure ridée grimaçait la fureur et la haine. Deerslayer regardait ses efforts impuissants à l'exaspérer, comme dans notre société l'homme bien élevé reçoit des injures grossières d'un ivrogne. L'intervention du Chêne-Fendu vint lui épargner un nouveau torrent d'injures. Il poussa de côté la sorcière, lui intimant d'un geste l'ordre de s'éloigner, et vint s'asseoir à côté du prisonnier. Au bout d'un moment de silence, il entama un dialogue que nous traduirons comme précédemment pour l'avantage de ceux de nos lecteurs qui n'ont pas étudié les langues de l'Amérique du nord.

— Mon ami le visage pâle est le bienvenu. Les Hurons ont un bon feu pour sécher les habits du visage pâle.

— Merci, Huron ou Mingo, comme on vous appelle, merci pour l'accueil et pour le feu. L'un et l'autre ont leurs avantages, le dernier surtout lorsqu'on sort de l'eau froide du lac. Le feu d'un Huron est, dans ce cas, aussi chaud que celui d'un Delaware.

— Le visage pâle... mais mon frère a un nom? un si grand guerrier n'a pas vécu sans acquérir un nom.

— Mingo, dit le chasseur trahissant un peu de la vanité inhérente à l'espèce humaine, Mingo, votre brave en mourant m'a appelé Œil-de-Faucon, lorsque, blessé à mort, sa tête reposait sur mes genoux au moment où son esprit allait partir pour les chasses éternelles; il reconnaissait ainsi la sûreté de mon coup d'œil.

— C'est un beau nom! Le faucon est sûr de sa proie. Œil-de-Faucon n'est pas une femme, pourquoi vit-il au milieu des Delawares?

— Je vous comprends, Mingo, ce sont des circonvolutions de votre esprit subtil. La Providence m'a placé jeune parmi les Delawares, et, à part les dons que les usages chrétiens exigent de ma couleur, j'espère vivre et mourir dans leur tribu. Je tâcherai toutefois de conserver mes droits naturels et de me conduire en visage pâle dans la société des Peaux-Rouges.

— Non; un Huron est un Peau-Rouge comme un Delaware. Œil-de-Faucon est plus un Huron qu'une femme.

— Vous avez vos intentions, Mingo, et vous vous comprenez sans doute, je ne fais pas de question. Mais, si vous voulez savoir de moi quelque chose, parlez plus clairement, les marchés ne peuvent se faire les yeux fermées ou la langue liée.

— Non! Œil-de-Faucon n'a pas la langue fourchue, il aime dire ce qu'il pense. Il connaît le Rat-Musqué. C'est ainsi que l'on désignait Hutter. Et il a vécu dans son wigwam... mais il n'est pas son ami. Il ne cherche pas les chevelures comme un misérable Indien, il combat bravement. Le Rat-Musqué n'est ni blanc ni rouge, ni bête ni poisson. C'est une couleuvre d'eau, tantôt dans le lac, tantôt sur la terre. Il cherche les chevelures comme un sauvage. Œil-de-Faucon peut retourner et lui dire comment il a trompé les Hurons, comment il s'est échappé. Lorsque ses yeux seront dans le brouillard, quand il ne verra plus de sa cabine dans les bois, alors Œil-de-Faucon emportera la plus grande part, et les Hurons prendront ce qu'il laissera derrière lui. Les chevelures iront au Canada, car un visage pâle n'en tire pas gloire.

— En vérité, Chêne-Fendu, car c'est ainsi qu'on vous appelle, c'est un langage assez clair pour de l'Iroquois. Je comprends tout ce que vous voulez et je puis dire que c'est dépasser en diablerie tout ce que l'esprit diabolique d'un Mingo peut inventer. Sans doute il serait facile de retourner dire au Rat-Musqué que je me suis sauvé de vos mains.

— Bon ; c'est ce que fera le visage pâle.

— Oui, c'est assez clair. Je comprends ce que vous voulez de moi. Une fois dans la maison du Rat-Musqué, mangeant son pain, riant et causant je devrais mettre ses yeux dans un si épais brouillard, qu'il ne pourra plus voir la porte... encore moins la terre.

— Bon ! Œil-de-Faucon est né Huron, son sang n'est qu'à moitié blanc.

— Vous n'y êtes plus du tout, Huron, vous vous trompez comme si vous preniez un loup pour un chat. Je suis blanc de sang, de cœur, de nature et de dons, avec seulement un peu du peau rouge dans les habitudes. Ainsi, quand les yeux d'Hutter seraient bien obscurcis, ses filles peut-être plongées dans un profond sommeil, et Hurry-Harry, le Grand-Pin, comme vous l'appelez, ne rêvant qu'à de nouveaux méfaits, tous comptant sur Œil-de-Faucon pour veiller et faire sentinelle, tout ce que j'aurais à faire serait de placer une torche en vue en guise de signal, d'ouvrir la porte est d'introduire les Hurons pour les frapper tous sur la tête.

— Bien sûr, mon frère se trompe, il ne peut être blanc ; il est digne d'être un grand chef parmi les Hurons.

— C'est assez juste, j'imagine, s'il pouvait faire tout cela. A présent écoutez, Huron, pour la première fois quelques paroles honnêtes sortir de la bouche d'un homme simple. Je suis un chrétien, et ceux qui sortent de cette souche et qui écoutent les conseils de leur père ne se prêteront jamais à tant de méchancetés. Les détours peuvent être et sont même loyaux en guerre, mais entre amis la traîtrise et la lâcheté n'appartiennent qu'à des démons. Je sais qu'il y en a malheureusement parmi les visages pâles qui vous donneront cette fausse opinion de notre caractère; mais ceux-là mentent à leur sang et aux dons des peaux blanches et ne sont que des vagabonds ou des proscrits. Nul homme droit et juste de ma couleur ne fera ce que vous demandez, et, pour être franc avec vous comme je dois l'être, je crois qu'un Delaware n'y consentirait pas davantage; avec un Mingo c'est peut-être différent.

Le Huron écouta ce refus avec un dépit évident, mais il avait ses vues et désirait ne pas laisser échapper une chance qui leur fût favorable en donnant trop vite cours à son ressentiment. Affectant de sourire, il sembla réfléchir sur ce qu'il venait d'entendre.

— Œil-de-Faucon aime-t-il le Rat-Musqué? demanda-t-il brusquement, ou est-il le promis de ses filles?

— Ni l'un, ni l'autre, Mingo. Le vieux Tom n'est pas un homme que je puisse aimer, et pour ce qui est de ses filles, elles sont assez avenantes; mais il y a des raisons contre l'une et contre l'autre; Hetty est une douce créature; mais la nature a mis un voile sur son esprit, la pauvre fille.

— Et la Rose-Sauvage? demanda le Huron, car la beauté de Judith avait pénétré jusque parmi les hordes errantes des sauvages, la Rose-Sauvage n'est-elle pas la fiancée de mon frère?

Deerslayer possédait instinctivement des sentiments trop élevés pour insinuer la moindre médisance contre la fille aînée du vieux trappeur, et, comme il ne voulait pas mentir, il préféra garder le silence. Le Huron se méprit sur ce témoignage de discrétion, qu'il attribua à une affection rebutée. Poursuivant son idée de corrompre son captif pour arriver à la possession des trésors qu'il croyait enfouis dans le château, il continua ses attaques.

— Œil-de-Faucon parle à un ami; il sait que le Chêne-Fendu est un homme de parole, car ils ont déjà fait ensemble des échanges, et le commerce ouvre l'âme. Mon ami est venu ici parce qu'une fille tenait une petite corde attachée au cœur du vigoureux guerrier?

— Vous êtes plus près de la vérité, Huron, que vous ne l'avez été depuis que nous avons commencé notre conversation; pourtant l'une des extrémités de cette corde ne tient pas mon cœur, et l'autre n'est pas dans la main de la Rose-Sauvage.

— C'est étonnant! Mon frère aimerait-il dans sa tête et non dans son cœur? Est-il possible que la faiblesse d'esprit tire si fort le cœur d'un grand guerrier.

— Nous y voici encore! quelquefois juste et souvent à côté; la corde dont vous parlez tient au cœur d'un des Delawares, d'un descendant des Mohicans, vivant par les Delawares depuis la disparition de son peuple et dans la famille d'Uncas ; Chingachgook de nom, ou le Grand-Serpent ; il est venu ici conduit par la corde, et j'ai suivi : ou plutôt je suis venu devant lui conduit simplement par l'amitié, sentiment assez fort et assez concluant pour ceux qui vivent autant pour leurs frères que pour eux-mêmes.

— Mais une corde possède deux bouts, l'un tient le Mohican, et l'autre?...

— L'autre était ici devant ce feu il y a une demi-heure, Wah-tah-Wah la tenait dans sa main, si elle n'était attachée à son cœur.

— Je comprends ce que dit mon frère, répondit gravement l'Indien découvrant pour la première fois la clef des événements de la nuit ; le Grand-Serpent, étant le plus fort, a tiré à lui, et Wah-tah-Wah l'a suivi.

— Il n'a pas fait grand effort, répondit Nathaniel riant intérieurement, avec autant de gaieté que s'il n'était pas captif et exposé à la torture ou à la mort ; Dieu vous aide, Huron, il est au dessus de toutes vos ruses de tenir éloignés l'un de l'autre deux jeunes gens qu'un même sentiment rapproche.

— Ainsi, Œil-de-Faucon et Chingachgook ne sont venus dans ce camp que pour ce seul objet?

— Pas davantage. Dans quel autre but serions-nous venus? Nous n'avons pas même pénétré dans votre camp, mais seulement jusqu'à ce pin, que vous voyez là-bas de l'autre côté de la source, où nous sommes restés à épier vos mouvements jusqu'au moment où le Serpent donna le signal ; les choses se passant comme elles le devaient, sans ce vagabond qui est venu me sauter sur le dos. Wah-tah-Wah est avec l'homme qui doit devenir son époux, et quoi qu'il advienne de moi c'est un fait heureusement accompli.

— Quel signal a indiqué à la jeune vierge que son fiancé était proche? demanda le vieillard avec plus de curiosité qu'il n'avait l'habitude d'en laisser voir. Œil-de-Faucon sourit de nouveau, et parut jouir du succès avec autant d'expansion que s'il n'en avait pas été la victime.

— Vos écureuils sont de grands rôdeurs ; lorsque les autres dorment paisiblement, ceux-ci sautent d'arbre en arbre et chantent de manière à faire comprendre leur musique à une fille Delaware. Il y a des écureuils à quatre pattes, et des écureuils à deux pieds.

Le Huron paraissait contrarié ; il garda néanmoins un masque d'impassibilité et quitta peu après le prisonnier pour rejoindre les autres guerriers, auxquels il communiqua la substance de ce qu'il venait d'apprendre. L'admiration se mêla à la colère chez ceux-ci comme chez leur chef en apprenant la hardiesse et le succès de l'entreprise de leurs ennemis. Trois ou quatre d'entre eux se dirigèrent du côté de la petite hutte, et contemplèrent l'arbre derrière lequel les hardis aventuriers s'étaient cachés, examinant les empreintes des pieds pour se convaincre que leur récit était exact. Lorsqu'ils revinrent prendre place autour du foyer, leurs physionomies exprimaient l'étonnement, l'admiration et le respect.

Le jeune Indien qui avait été vu se promenant avec Wah-tah-Wah et une autre femme s'était jusqu'alors tenu éloigné du chasseur. Excité par les chuchotements et les rires étouffés des jeunes filles, qui n'étaient pas fâchées de la déconfiture de l'homme de leur tribu et du départ de la Delaware, dont les avantages personnels avaient plus d'une fois excité leur jalousie, l'Indien désappointé s'approcha et vint se poser en face de Nathaniel.

— Voici le Chat-Sauvage, dit-il frappant sa poitrine avec fierté, de manière à montrer l'impression qu'il espérait produire sur l'esprit du prisonnier.

— Voici Œil-de-Faucon, répliqua tranquillement Nathaniel adoptant le nom par lequel il devait désormais être connu dans toutes les tribus des Iroquois; ma vue est perçante; mon frère peut-il sauter loin?

— D'ici au village des Delawares. Œil-de-Faucon a volé ma femme... il faut qu'il la ramène, sinon, sa chevelure sera accrochée sur un bâton et séchera dans mon wigwam.

— Œil-de-Faucon n'a rien volé, et il ne sort pas d'une race de brigands. Votre femme, comme vous appelez Wah-tah-Wah, ne sera jamais la femme d'un Peau-Rouge du Canada, son esprit est dans la hutte d'un des Delawares, et son corps est allé le retrouver. Le Chat-Sauvage est vif, je le sais, mais ses jambes ne seront jamais assez longues pour le suivre.

— Le Serpent des Delawares est un chien; il n'est qu'une outre remplie qui baigne dans l'eau; il a peur de marcher sur la terre ferme comme un brave Indien.

— Ceci est d'autant plus impudent qu'il n'y pas une heure que le Serpent était à cent pas de vous, et que lorsque je vous désignais à lui, il allait mesurer l'épaisseur de votre peau avec la balle de son fusil si je ne l'en avais empêché. Vous séduirez peut-être les filles de votre tribu par vos ruses de chat, mais les oreilles d'un homme savent distinguer la vérité du mensonge.

— Wah-tah-Wah se moque de lui; elle voit qu'il est boiteux, mauvais chasseur, et qu'il n'a jamais été sur le sentier de la guerre; elle prendra pour époux un homme et non un idiot.

— Qu'en savez-vous, Chat-Sauvage? répliqua Nathaniel en riant; elle n'a pas été dans le lac comme vous voyez, et pourtant elle paraît préférer une truite à un chat bâtard.

Quant à la guerre, ni le Serpent ni moi n'avons encore grande expérience sur ce sujet; nous sommes prêts à en convenir, mais nous sommes sur le grand sentier du mariage. Suivez donc mon conseil, Chat-Sauvage, et cherchez une femme parmi les jeunes filles huronnes, car jamais vous n'en obtiendrez une volontairement parmi les Delawares.

La main du Chat-Sauvage chercha un tomahawk, et ses doigts en pressèrent convulsivement le manche.

A ce moment, critique le Chêne-Fendu s'approcha de nouveau et, d'un geste d'autorité, faisant éloigner le jeune homme, il reprit sa première place à côté de Nathaniel, restant quelque temps silencieux pour observer la réserve grave d'un chef indien.

— Œil-de-Faucon a raison, commença-t-il enfin, il distingue la vérité à travers la nuit obscure... nos yeux étaient aveuglés.

— Je suis bien aise que vous pensiez ainsi, Mingo, car dans mon opinion un traître est pire qu'un lâche : je ne me soucie pas plus du Rat-Musqué que d'un autre visage pâle, mais je ne l'attirerai jamais dans un piége comme vous le désiriez.

— Mon frère pâle a raison; il n'oublie pas son Manitou ni sa couleur. Les Hurons savent qu'ils ont un grand guerrier dans leur prisonnier, et ils le traiteront comme tel... S'il doit être torturé ses tourments seront ceux qu'un homme ordinaire ne pourrait endurer; il doit être traité en ami; il aura l'amitié des grands chefs.

Cette assurance extraordinaire de considération fut accompagnée d'un regard furtif, dans le but de découvrir comment il accueillerait le compliment.

Œil-de-Faucon, qui n'ignorait pas comment les Indiens entendaient le respect eu égard au traitement de leurs captifs, sentit son sang se glacer dans ses veines; il garda toutefois extérieurement la dignité froide et ferme qui était le fond de son caractère, et qui ne permit pas à son ennemi de découvrir ce sentiment très naturel de la faiblesse humaine.

— Dieu m'a mis dans vos mains, Huron, et vous ferez de moi selon votre bon plaisir, je ne me vanterai pas de ma fermeté dans les tortures, car je n'ai pas encore été soumis à cette épreuve, et jusque-là nul homme ne connaît la mesure de son courage; mais je ferai en sorte de ne pas déshonorer le peuple chez lequel j'ai été élevé; néanmoins, s'il m'arrivait d'être vaincu par la douleur et de trahir un moment de faiblesse, vous vous rappellerez que je suis blanc, et vous n'en rendrez responsable ni les Delawares, ni leurs alliés et amis les Mohicans.

Nous sommes tous nés avec plus ou moins de faiblesse ; et, je le crains, un visage pâle succombe sous les grandes tortures du corps, tandis que le Peau-Rouge entonne ses chansons de guerre et se vante de ses exploits sous la dent même de ses ennemis.

— Nous verrons ; Œil-de-Faucon fait bonne contenance et il est fort.

— Mais pourquoi serait-il torturé, puisque les Hurons l'aiment ? Il n'est pas né leur ennemi, et la mort d'un guerrier ne mettra pas pour toujours un nuage entre eux et lui.

— Tant mieux, Huron, tant mieux ! Cependant je ne veux rien devoir à une méprise entre nous ; il est bien que vous ne me gardiez pas rancune pour la perte d'un guerrier tombé dans le combat, mais il n'est pas vrai qu'il n'y ait pas d'inimitié entre nous. Les sentiments indiens que je possède appartiennent aux Delawares, et je vous laisse à juger jusqu'à quel point ils sont favorables aux Mingos.

Nathaniel s'arrêta, car une sorte de fantôme lui apparut et lui fit douter un moment de la bonté de sa vue. Hetty Hutter était debout auprès du feu aussi paisiblement que si elle eût fait partie de la tribu.

Pendant que le chasseur et l'Indien épiaient les émotions que trahissait la contenance de chacun d'eux, la jeune fille s'était approchée inaperçue avec cette absence totale de crainte due à la simplicité de son esprit et justifiée par l'accueil qu'elle avait reçu précédemment des Indiens. Le chef indien la reconnut aussitôt, et appelant auprès de lui deux ou trois des plus jeunes guerriers, qu'il envoya en reconnaissance dans la crainte d'une surprise, il fit signe à Hetty d'approcher.

— J'espère que votre visite est un indice certain que le Serpent et Wah-tah-Wah sont en sûreté ? lui demanda vivement Deerslayer. Je ne pense pas que vous soyez revenue ici pour accomplir la mission qui vous y a amenée précédemment.

— Cette fois c'est Judith qui m'envoie ; elle m'a emmenée elle-même dans le canot dès que le Serpent lui eut appris son histoire et présenté sa fiancée. Comme Wah-tah-Wah a l'air plus heureuse que lorsqu'elle était ici avec les Hurons !

— C'est naturel ! elle est avec le fiancé de son choix et ne craint plus qu'on lui impose un Mingo pour époux ; elle doit être contente d'avoir échappé aux mains de ces mécréants. Ne m'avez-vous pas dit que votre sœur vous a priée de venir ici ?... Pourquoi cela ?

— Elle m'a ordonné de vous voir et d'offrir aux sauvages d'autres éléphants pour qu'ils vous rendent à la liberté; mais j'ai apporté la Bible avec moi, et cela produira beaucoup plus d'effet que tous les éléphants de l'échiquier de mon père.

— Et votre père, bonne petite Hetty, et Hurry connaissent-ils vos projets?

— Non ; tous deux sont endormis; Judith et le Serpent ont pensé qu'il ne fallait pas les réveiller, de peur qu'il ne leur prît fantaisie de revenir chercher des chevelures, car Wah-tah-Wah leur a dit qu'il y avait dans le camp peu de guerriers, et beaucoup de femmes et d'enfants. Judith ne m'a pas laissée en paix tant que je ne me suis pas mise en route pour aller voir ce qui était arrivé.

— En vérité, c'est étonnant !

Pourquoi éprouve-t-elle tant d'inquiétude à mon égard?... Mais que se passe-t-il là-bas? Le Chêne-Fendu cause avec ses jeunes guerriers ; quoique placé trop loin pour entendre, je vois quel est l'objet de leur entretien. Il leur ordonne de vous suivre, de découvrir le canot, de vous reconduire à l'Arche, et de s'en emparer.

Œil-de-Faucon, si aveugle sur un point dont les hommes s'aperçoivent ordinairement assez vite, avait sous d'autres rapports une rare perspicacité. Il avait deviné juste.

— Je ne crains point les sauvages, reprit la jeune fille; j'ai du bon sens, quoi qu'on en dise, et je saurai les tromper lorsque ma mission sera accomplie. Il en est une partie que j'allais oublier, et qui est peut-être la plus essentielle. Judith m'a chargée de vous demander quels seraient les moyens de vous servir si l'on ne pouvait réussir à vous racheter.

— Je n'en vois qu'un seul, Hetty : c'est de courir à la garnison voisine, et d'avertir les soldats, qui ne demanderont pas mieux que de courir à l'ennemi.

En attendant, dites à votre père et à Hurry de ne pas songer à la chasse aux chevelures et de maintenir une bonne ceinture d'eau entre eux et les sauvages.

— Mais que deviendrez-vous vous-même? voilà ce que Judith désire savoir, et elle me renverrait si je ne lui donnais pas de nouvelles exactes.

— Puisqu'il en est ainsi, dites-lui donc la vérité. Vous avez peu de tête, j'en conviens mais vous appréciez les Indiens à leur juste valeur. Ils ont essayé, par les promesses et par les menaces, de me déterminer à vous trahir.

Je suis prisonnier; après avoir tué un de leurs meilleurs guerriers, et probablement il me mettront à la torture, afin d'ébranler ma résolution. Dites bien à Judith que je ne céderai pas. Il n'est pas donné à un homme blanc de chanter au milieu des supplices, car il se laisse d'ordinaire abattre par la souffrance ; néanmoins on peut compter sur moi. Quand même je prouverais que je suis blanc par mes gémissements et par mes cris, je suis incapable de trahir mes amis. Si l'on m'enfonce des baguettes rougies dans la chair, si l'on me déchire le corps, la nature pourra prendre le dessus ; mais des plaintes seront tout ce que les mécréants obtiendront de moi : rien ne peut faire oublier à un honnête homme sa couleur et son devoir.

Hetty écouta avec une grande attention, et ses traits doux, mais expressifs, témoignaient du vif intérêt qu'elle portait à l'homme voué à la torture. Elle lui conseilla d'abord de prendre sa Bible, pour la méditer pendant ses supplices, et quand son compagnon lui eut rappelé qu'il ne savait pas lire, elle offrit de rester auprès de lui pour lui donner des consolations spirituelles.

Œil-de-Faucon refusa avec douceur et invita la jeune fille à s'éloigner.

Hetty s'approcha d'un groupe de femmes avec autant de confiance et de sang-froid que si elle eût fait partie de la tribu. En même temps le Chêne-Fendu vint reprendre sa place à côté du prisonnier, qu'il accabla de questions en déployant toute l'ingénieuse fourberie d'un chef indien. Nathaniel, pour le combattre, employa les moyens qui déjouent toujours le mieux la diplomatie la plus consommée, c'est-à-dire qu'il se renferma strictement dans les bornes de la vérité.

CHAPITRE XVIII

Les jeunes gens qu'on avait envoyés à la découverte revinrent sans rien annoncer de nouveau.

Suivant leur rapport Hetty était venue seule, guidée par les mêmes motifs que dans sa première visite. Ils ignoraient que l'Arche eût été détachée du château. Pleins de sécurité, les Iroquois se disposèrent tous à dormir à l'exception des sentinelles.

On prit des précautions pour surveiller le captif, sans lui infliger de souffrances inutiles. Quant à Hetty, on lui permit de s'installer au milieu des filles indiennes. Elle n'y rencontra pas les bons offices de Wah-tah-Wah, mais sa réputation d'idiotisme la mettait à l'abri de toute persécution et lui valait même des égards. On lui donna une peau, et elle fit son lit sur un monceau de feuillage un peu à l'écart des huttes. Elle fut bientôt profondément endormie.

La précision avec laquelle reposent ceux qui mènent une vie agitée n'est pas le moindre phénomène de notre être mystérieux. Ils perdent connaissance dès que leur tête est sur l'oreiller, et cependant, à l'heure où il faut se lever, l'esprit tire le corps de son engourdissement. Ce réveil se fait sans doute par l'influence de la pensée sur la matière ; mais il ne pourra être expliqué, s'il l'est jamais, que par la complète élucidation de tous les mystères psychologiques.

Ainsi, quoique Hetty Hutter n'eût pas les facultés très développées, ses préoccupations lui firent ouvrir les yeux à minuit. Quand elle fut debout, elle s'avança sans hésitation vers le feu à demi éteint pour réchauffer ses membres glacés par la fraîcheur des bois, sur un lit d'une simplicité primitive.

Les clartés du brasier ravivé tombèrent sur la face basanée d'une sentinelle, dont les yeux noirs étincelèrent comme ceux de la panthère poursuivie avec des torches jusqu'au fond de sa tanière. Hetty n'en fut pas alarmée ; elle s'approcha de l'Indien pour lui parler, mais il ne comprenait pas l'anglais.

Elle regarda pendant près d'une minute le captif endormi et s'éloigna lentement dans la direction de la pointe, où elle avait déjà débarqué ; ses mouvements étaient si naturels, si exempts de tout caractère de duplicité, que la sentinelle ne chercha point à l'arrêter. Hetty descendit sur le rivage et trouva un autre Huron chargé de surveiller le lac. C'était un jeune guerrier, et quand il entendit des pas légers sur la grève, il s'approcha rapidement, mais sans démonstration hostile, en reconnaissant Hetty, puis se retira lui laissant la place.

Hetty s'acheminait vers l'endroit où les canots avaient atterri ; et, grâce à la courbe de la terre et des buissons, elle aurait été complétement cachée, même en plein jour, aux regards de la sentinelle, si suivant les cours de ses pensées, elle n'avait parlé d'une voix argentine dont les sons se répandaient sur les eaux.

— Je suis ici, Judith, disait-elle, et personne n'est auprès de moi.

— Chut ! dit une voix qui partait du lac, et peu d'instants après un canot grattait de son avant les galets du rivage.

Dès que le poids d'Hetty se fit sentir dans la frêle embarcation, elle s'éloigna avec la prompte résolution d'un être vivant ; puis il tournoya sur lui-même et prit la route de l'Arche.

Lorsqu'on fut hors de la portée de la voix, Judith, qui était placée seule à l'arrière, commença un entretien qu'elle brûlait d'entamer.

— Eh bien, dit-elle, qu'avez-vous fait, répondez, mais parlez bas; car par une nuit tranquille tous les bruits résonnent sur l'eau? J'étais si près de la pointe, tout à l'heure, que j'ai entendu les guerriers causer entre eux et vos souliers craquer sur le sable.

— Je ne crois pas, Judith, que les Hurons sachent que je les ai quittés.

— Peut-être! mais, dites-moi, avez-vous vu le Tueur-de-Daims?

— Oui, sans doute, il était assis près du feu, les jambes liées, mais les bras libres.

— Que vous a-t-il dit, mon enfant? parlez vite, je meurs d'envie de savoir ce dont il vous a chargée pour moi.

— Le croiriez-vous, Judith ? il m'a dit qu'il ne savait pas lire ; est-il possible qu'un homme blanc soit incapable de lire la Bible? il n'a donc jamais eu de mère?

— Peu importe, Hetty! tous les hommes ne savent pas lire, et mon père lui-même peut à peine épeler... Lui avez-vous dit que vous étiez envoyée par moi et que je compatissais à son malheur?

— Je crois le lui avoir dit, Judith, mais vous savez que j'ai peu de cervelle, et je puis l'avoir oublié; je lui ai appris que c'était vous qui m'aviez conduite à terre, et les paroles qu'il m'a prié de vous transmettre m'ont glacé le cœur... si je m'en souviens bien...

— Achevez donc, Hetty, vous me mettez à la torture !

— Ce mot me rappelle tout ! il m'a dit qu'il pourrait être mis à la torture par les sauvages, mais qu'il supporterait les supplices en homme blanc et en chrétien...

— Etes-vous bien sûre de ce que vous avancez ? songez-y bien, Hetty, c'est une chose grave.

— Oui, j'en suis sûre; mais Nathaniel se soumettait tranquillement à son sort : il n'est pas aussi beau qu'Harry Hurry, mais il est plus calme.

— Il vaut cent mille Hurry! il vaut mieux à lui seul que tous les jeunes gens qui sont venus sur le lac! il est pur de tout mensonge. Vous, Hetty, nous ne savez pas apprécier le prix de la sincérité; mais quand vous viendrez à le connaître... Non, j'espère que vous ne le saurez jamais. Pourquoi recevriez-vous une leçon de haine et de méfiance ?

Judith prononça ces mots avec une vive et rapide émotion et se cacha la figure, quoiqu'elle ne pût être vue dans les ténèbres que par celui qui voit tout.

— Oui, reprit-elle d'une voix moins distincte, la droiture du

Tueur-de-Daims est une qualité rare et qui l'élève au dessus de moi.

— Au-dessus de vous ! s'écria Hetty avec fierté. Que me dites-vous là, Judith ? vous savez lire, et il ne le sait pas ; vous parlez correctement, et il emploie des expressions que ma mère nous aurait reprochées ; ces observations déplurent à Judith qui reprit avec un ton aigre, donnez-moi plutôt des détails sur votre entretien avec le Tueur-de-Daims. Vous retournerez encore à terre demain, et vous verrez ce qu'on peut faire pour lui ; il ne sera pas mis à la torture tant que Judith Hutter vivra pour l'empêcher.

Hetty recommença ses explications pendant que le canot se dirigeait du côté où sa sœur aînée avait laissé l'Arche. Tout à coup un éclair illumina la surface liquide, et une détonation roula d'échos en échos le long des montagnes. Presque au même instant, la voix perçante d'une femme retentit dans les airs.

— C'est un cri d'agonie, s'écria Judith, et l'Arche, que nous cherchons, a changé de place ! serait-il arrivé malheur à Wah-tah-Wah ?

— Allons voir, s'écria Hetty avec un sang-froid qu'on n'aurait pas attendu d'elle.

Sans hésitation, Judith se rapprocha du rivage, où le cri s'était fait entendre, et un spectacle étrange s'offrit à ses yeux. Tout le camp s'était rassemblé sur le versant d'un coteau, et les torches résineuses, que portaient quelques Indiens, répandaient une clarté funèbre sous les arceaux de la forêt. Le Huron, qui avait laissé échapper Hetty, soutenait dans ses bras une femme qui sans doute s'apercevant de l'absence de Hetty s'était mise à sa recherche pour la retenir dans le camp. Elle venait d'être frappée mortellement, et le sang ruisselait de son sein nu. L'air humide et lourd de la nuit était encore imprégné de l'odeur pénétrante de la poudre. Judith comprit ce qui s'était passé. Le coup, provoqué par quelque exclamation imprudente, avait dû partir de l'Arche ou d'une embarcation voisine de la terre. Bientôt la victime pencha la tête et s'affaissa sur elle-même ; toutes les torches s'éteignirent par mesure de prudence, et les vagues lueurs qui restaient encore permirent d'apercevoir le lugubre cortège qui emportait le cadavre dans le camp.

Judith s'éloigna en soupirant péniblement ; elle avait été frappée d'une circonstance plus triste encore pour elle que l'agonie de la jeune Indienne. Elle avait remarqué auprès de la mourante le Tueur-de-Daims, sur les traits duquel se peignaient la pitié et l'humiliation ; il ne semblait pas craindre pour lui-même, mais les regards que lui lançaient les guerriers révélaient les sinistres pensées dont ils étaient agités. Pendant tout le reste de la nuit, cette image fut présente à l'esprit de Judith. Cependant le silence et les ténèbres avaient repris leur empire sur le lac, et sur les bois et sur le ciel. Les deux sœurs, ne pouvant parvenir à retrouver la toue, ramèrent vers le centre du lac, et, se laissant dériver au nord, elles cherchèrent tout le repos compatible avec leur situation.

CHAPITRE XIX

Rien n'était plus exact que les conjectures de Judith Hutter sur la manière dont l'Indienne avait été tuée. Après avoir dormi quelques heures, son père et March s'étaient réveillés et avaient appris par Chingachgook ce qui venait de se passer. L'absence de ses deux filles avait vivement inquiété le vieux Tom; mais il n'avait pas semblé prendre beaucoup d'intérêt au Tueur-de-Daims, que séparait de lui la différence respective des principes et des opinions.

— Ce n'est qu'un enfant, avait-il dit à Hurry; il faut l'être pour se jeter au milieu des sauvages à cette heure et pour se laisser tomber entre leurs mains comme une biche dans une fosse. S'il expie sa stupidité aux dépens de sa chair, il ne peut en accuser que lui.

— Chacun doit payer ses dettes, vieux Tom, et répondre de ses propres fautes. Je suis pourtant surpris qu'un garçon aussi adroit et aussi vigilant que Nathaniel ait été paumé de la sorte. N'avait-il rien à faire de mieux que de rôder à minuit dans un camp de Hurons, sans autre lieu de retraite qu'un lac? Se croit-il un daim, capable de prendre l'eau pour échapper aux chiens? J'avais meilleure opinion de son jugement, mais il faut pardonner quelque chose à un novice... Ne pourriez-vous me dire ce que sont devenues vos filles?

Hutter avait expliqué brièvement, d'après le récit du Delaware, la manière dont les deux sœurs avaient pris le canot, le retour de Judith et son second départ.

— Voilà ce que c'est! s'était écrié Hurry en grinçant les dents de fureur; voilà les inclinations d'une sotte fille, et vous ferez bien d'y veiller. Nous avons été prisonniers, et Judith ne s'est pas dérangée pour nous, elle est ensorcelée par ce grand efflanqué de Nathaniel, mais je ne suis pas homme à le souffrir, que l'on y prenne garde ! Levons l'ancre, vieux Tom, et approchons de la pointe pour voir ce qui s'y passe.

On avait appareillé en faisant le moins de bruit possible. Le vent ayant passé au nord, la toue s'était avancée vers la terre autant que le permettait la profondeur de l'eau, le rivage était enveloppé dans une ombre impénétrable, mais le factionnaire indien placé sur la plage avait aperçu les contours de la voile et poussé un cri de surprise. C'était alors que March avait tiré dans la direction du son, et que la jeune femme était tombée.

Au moment où Hurry avait commis cet acte de barbarie inutile, le canot de Judith se trouvait à une centaine de pieds de l'endroit où l'Arche avait mouillé. Nous avons parlé des deux sœurs, et nous devons maintenant nous occuper de leur père et de ses compagnons.

Le cri de l'Indienne, en révélant le sexe de la victime, produisit dans le cœur de Hurry des émotions contradictoires. D'abord il se mit à rire avec l'indifférence d'un esprit grossier, puis il eut quelques remords. Mais la conscience, ce conseiller intime que Dieu a placé en nous, ne se développe qu'en raison de l'éducation première; c'est un arbre qui, pour grandir, a besoin d'être cultivé dans notre enfance. Mélange de civilisation et de barbarie, Hurry ne sut d'abord à quoi s'en tenir sur ce qu'il avait fait mais son entêtement et son orgueil reprirent bientôt leur ascendant habituel. Par une espèce de bravade, il fit retentir sur le fond de la toue la crosse de sa carabine, et fredonna un air en affectant l'indifférence. Ses compagnons ne furent pas aussi indulgents pour sa conduite, qui pouvait donner à la guerre un caractère d'irritation et de vengeance. Hutter exprima son mécontentement par des murmures, car les gens sans principes condamnent avec une extrême sévérité les mauvaises actions qui ne sont pas motivées. Toutefois, comme la captivité d'Œil-de-Faucon rendait précieuse l'alliance du coupable, Tom s'efforça de se contraindre. Chingachgook se leva, et sa sympathie pour sa couleur lui fit oublier un instant l'ancienne animosité des tribus; mais il recouvra son sang-froid, et ne donna pas suite au projet que lui avait certainement inspiré la colère. Pour Wah-tah-Wah, elle traversa rapidement la cabine, s'approcha de Hurry, presqu'au moment où il posait sa carabine à terre, et lui adressa des reproches avec une généreuse animation.

— Pourquoi avez-vous tiré? lui dit-elle : qu'a dit la jeune femme huronne pour la tuer. Que dira le Manitou? que feront les Iroquois ? Le sang suivra le sang ! Vous n'avez obtenu ni victoire, ni prisonnier, ni chevelure, ni honneur... Qu'éprouverez-vous si l'on tue votre femme ? Qui vous plaindra quand vous pleurerez une mère ou une sœur ? Vous êtes grand comme un pin, et la jeune Huronne était un frêle bouleau. Pourquoi l'avoir écrasée, en vous abattant sur elle ? Croyez-vous que le Huron l'oubliera ? Le Peau rouge n'oublie jamais, jamais il n'oublie un ami, jamais un ennemi. Le Manitou est Peau rouge en cela. Pourquoi êtes-vous si méchant, grand visage pâle ?

Jamais Hurry ne fut plus déconcerté que par cette apostrophe de la jeune Indienne, à laquelle, il est vrai, sa conscience troublée prêtait un puissant secours. Wah-tah-Wah lui parlait avec véhémence, d'une voix dont la douceur féminine ôtait à son interlocuteur tout prétexte d'emportement et donnait du poids aux reproches en leur prêtant un air de pureté et de franchise. Comme la plupart des hommes vulgaires, Henri n'avait jamais envisagé les Indiens que sous leur aspect de férocité. Il n'avait jamais songé que les principes les plus élevés peuvent exister dans l'état sauvage, modifiés par les habitudes et les préjugés, mais sans rien perdre de leur grandeur; en un mot, il s'était accoutumé à voir dans les Indiens des êtres inférieurs placés presque au niveau des bêtes fauves. Cependant, quoique étonné des reproches inattendus d'une fille des bois, on peut dire qu'il éprouva du repentir. Au lieu de répliquer, il s'éloigna comme s'il eût dédaigné d'entrer en discussion avec une femme.

Les heures suivantes s'écoulèrent dans un morne silence, que personne ne songea à rompre. C'était la saison des plus courtes nuits, et bientôt la profonde obscurité qui précède le jour fit place à la lumière renaissante. Si la terre peut offrir à l'homme un spectacle propre à calmer ses passions, c'est celui qui s'offrit aux yeux de Tom et de Hurry. Ils virent ces douces teintes ordinaires du ciel, où ne prédominent ni la noire couleur de la nuit, ni le vif éclat du soleil, mais qui donne aux objets un aspect céleste, et pour ainsi dire sacré. Le beau calme du soir a été chanté par des milliers de poëtes, et pourtant il n'excite pas les pensées sublimes qu'inspire le lever de l'aurore. Dans le premier cas, le panorama se dérobe insensiblement à la vue, dans le second, le tableau se déroule; les objets d'abord confus se dessinent. Ils se montrent dans le vague d'un crépuscule croissant, chose aussi différente que possible d'un crépuscule décroissant; puis, tout devient distinct à mesure que les rayons du grand centre de lumière se répandent dans l'atmosphère.

Les beautés de la nature furent perdues pour les deux navigateurs, dont le caractère n'avait rien de poétique, et dont les sentiments religieux avaient été émoussés par une vie d'étroit égoïsme. Toutefois le vieux Tom laissa échapper un cri de joie en reconnaissant à l'aide d'une longue-vue ses deux filles, dont le canot flottait au nord, dans la partie la plus large du lac. Judith était debout et regardait autour d'elle pour s'assurer de sa position, tandis que sa sœur agenouillée répétait les prières que lui avait apprises dans son enfance une mère égarée mais repentante.

Lorsque Hutter déposa sa lunette, encore mise à son point, le Serpent s'en empara et la dirigea vers le canot. C'était la première fois qu'il se servait de cet instrument d'optique, et tout son extérieur trahit la surprise, quoiqu'il partageât les idées communes à tous les Indiens d'Amérique, qui s'appliquent à conserver un stoïcisme imperturbable au milieu des merveilles de la civilisation. Wah-tah-Wah n'était pas soumise à cette loi d'impassibilité; aussi, lorsque son amant lui eut mis devant l'œil le plus petit bout de la longue-vue, elle témoigna son ravissement par un éclat de rire et des battements de mains. Quelques moments suffirent pour mettre l'intelligente jeune fille à même de manœuvrer l'instrument, qu'elle promena tour à tour sur les rivages, sur les collines et sur le château. Après avoir longtemps regardé ce dernier objet, elle détourna les yeux, et parla vivement à Chingachgook, qui observa à son tour pendant plusieurs minutes. Les deux fiancés se parlèrent ensuite confidentiellement, et le jeune guerrier sortit de la cabine pour aller rejoindre les deux hommes blancs à l'arrière de la toue. Ses manières étaient calmes, mais quiconque connaissait les habitudes des Indiens pouvait deviner qu'il avait quelque chose à communiquer. Hurry, qui prenait volontiers la parole, l'apostropha brusquement :

— Eh bien! Peau rouge, avez-vous découvert un écureuil sur un arbre ou une truite saumonée dans les eaux ? Vous voyez maintenant comment un visage pâle peut doubler ses yeux et comment nous apercevons de loin les terres des Indiens.

— Pas bon d'aller au château, les Hurons y sont.

— Diable! si cela est vrai, Tom Flottant, nous allions nous mettre dans un beau guêpier. Du reste, c'est possible. Cependant je ne vois autour de la vieille cabane que de l'écorce et des troncs d'arbres, avec deux ou trois fenêtres et une porte.

Hutter prit la longue-vue et s'en servit quelque temps avant de hasarder une opinion; puis il donna assez cavalièrement un démenti à l'Indien.

— Delaware, ajouta Hurry, vous êtes convaincu d'avoir pris cette lunette par le mauvais bout ; ni Tom, ni moi ne voyons de traces des Hurons.

— Il n'y a pas de traces sur l'eau, s'écria Wah-tah-Wah ; arrêtez l'embarcation, n'approchez pas, les Iroquois sont là...

— Oui, c'est cela, répétez la même histoire, et plus de gens vous croiront. J'espère, Serpent, que vous vous accorderez après le mariage aussi bien qu'aujourd'hui... Où avez-vous vu des Hurons ? Il n'y a pas de prison dans les colonies qui soit mieux cadenassée que le chenil du vieux Tom, et je connais les prisons par expérience.

— Vous ne voyez pas de moccassins, dit Wah-tah-Wah avec impatience. Pourquoi ne pas regarder ?

— Amenez la voile, interrompit Hutter, et donnez-moi la longue-vue. Il est rare qu'une Indienne intervienne à moins d'un motif extraordinaire. Il y a, en effet, un moccassin qui flotte contre un des piliers, et c'est peut-être un signe que nos ennemis ont visité le château pendant notre absence. Toutefois, les moccassins ne sont pas une rareté ; j'en porte, Tueur-de-Daims en porte, et vous en portez ; Hetty en a presque aussi souvent que des souliers, quoique je n'ai jamais vu Judith en chausser.

Hurry avait abaissé la voile, et l'Arche approchait lentement du château. Le moccassin était visible à l'œil nu ; il s'était accroché à la rude écorce de l'un des pilotis. Etait-il tombé d'une des fenêtres, avait-il été poussé par le vent depuis la côte ? a-ait-il été laissé là par un visiteur nocturne ?... telles furent les conjectures que Hutter et Hurry se communiquèrent. Wah-tah-Wah proposa de prendre un canot et d'aller chercher la chaussure dont les ornements canadiens ou autres feraient reconnaître l'origine. Le Grand-Serpent s'opposa à ce qu'elle courût un pareil danger, et il lui défendit de partir de ce ton calme et bref que les époux indiens emploient à l'égard de leurs femmes.

— Allez-y donc vous-même, Delaware, interrompit Hurry, puisque vous êtes si tendre pour votre Squaw. Il faut avoir ce moccassin, où Tom Flottant nous laissera nous morfondre ici dans l'inaction. Après tout, ce n'est qu'un morceau de peau de daim, et, de quelque manière qu'il soit taillé, il n'est pas de nature à empêcher trois bons chasseurs de poursuivre leur gibier. Qu'en dites-vous, Serpent ? Est-ce à vous ou à moi de partir ?

— Que l'homme rouge parte, il a de meilleurs yeux que le blanc ; il connaît mieux les tours des Hurons.

— C'est ce que je nierai jusqu'à la mort ? J'ai eu maintes fois la preuve que les yeux et le nez d'un blanc valaient mieux que deux des sauvages. Au surplus, un Iroquois lui-même pourrait aller jusqu'à cette cabane et revenir ici. Prenez donc votre rame, Serpent, et au revoir !

Chingachgook était déjà dans le canot. Wah-tah-Wah le vit s'éloigner avec la muette soumission d'une Indienne, mais avec les angoisses de son sexe. Elle suivit timidement des yeux l'embarcation, mais quoique Chingachgook lui eût témoigné précédemment la tendresse la plus délicate, il crut indigne d'un guerrier de détourner la tête, pour regarder sa fiancée.

Ce genre de flegme et de gravité n'était pas déplacé, vu l'idée que Chingachgook s'était formée de l'entreprise. Si les ennemis s'étaient réellement emparés du fort, il était obligé de se mettre sous le feu de leurs carabines, sans avoir aucun des abris que les Indiens regardent comme nécessaires. Pour tenter une aussi hasardeuse expédition, dont les avantages ne compensaient point les périls, il fallait que le chef delaware fut stimulé par la rivalité de couleur et par la présence de la femme à laquelle il refusait un regard.

Il rama sans hésitation vers les palissades, l'œil fixé sur les meurtrières, d'où il s'attendait à voir d'un moment à l'autre, sortir le canon d'une arme à feu. Cependant il parvint sans obstacle aux pieds des pilotis dont il fit le tour sans s'occuper de ramasser le moccassin. Rien n'était de nature à confirmer les soupçons qu'il avait conçus. Il eut un moment la pensée de monter sur la plate-forme et de regarder dans l'intérieur par les meurtrières ; mais les récits des anciens l'avaient si bien mis au fait des ruses de guerre, qu'il lui était impossible de commettre une aussi grande imprudence. Il était comme un écolier instruit avec soin et incapable de se tromper dans la solution d'un problème de mathématiques. Il continua donc à faire lentement le tour des palissades, et, quand il passa près du moccassin, il le jeta dans le canot par un mouvement de rames presque imperceptible. Il battit ensuite en retraite sans perdre de vue les meurtrières, et avec un air de confiance fait pour en imposer aux intrus, s'il s'en trouvait par hasard. A son retour, Wah-tah-Wah montra une exquise sensibilité, comparable à celle d'une Européenne dont l'époux revient du champ de bataille. Le sourire qui effleurait sa jolie bouche et les étincelles de ses yeux noirs parlaient un langage que son fiancé pouvait comprendre.

— Eh bien ! Serpent, s'écria Hurry, qui était toujours le premier à entamer la conversation, quelles nouvelles du château du Rat-Musqué ?

— Mauvaises ! dit sentencieusement le chef indien. Il est trop tranquille... si tranquille, si tranquille, qu'on peut voir le silence!

— Voilà bien des idées d'un sauvage, comme si quelque chose pouvait faire moins de bruit que rien ! Si vous ne justifiez pas mieux vos alarmes, le vieux Tom peut hisser sa voile et aller déjeuner chez lui... Où est le moccassin ?

— Le voici.

On examina la chaussure, que Wah-tah-Wah reconnut pour canadienne à la manière dont les dards de porc-épic étaient rangés sur le devant. Cet avis fut généralement partagé, mais Tom et March n'étaient pas hommes à s'inquiéter d'une circonstance aussi futile. Ils dirigèrent la toue du côté du château et la firent entrer dans l'espèce de bassin où elle était amarrée d'ordinaire. Les deux blancs en laissèrent le soin au Serpent et descendirent dans un canot, pour entrer au château par la trappe qui communiquait avec le couloir principal. On n'avait dérangé ni le cadenas ni les barres de cette porte secrète. Hurry l'ouvrit, la souleva, passa la tête dans l'ouverture, et peu d'instants après on entendit ses pas lourds retentir sur le plancher.

— Montez, vieux Tom ! cria l'insouciant chasseur. Votre demeure est aussi vide qu'une noix qui a passé une demi-heure entre les pattes d'un écureuil ! Le Delaware s'est vanté d'avoir vu le silence: qu'il vienne ici, et il le sentira.

— Le silence n'est guère où vous êtes, répondit Hutter en escaladant la trappe.

— Allons, mon vieux, grimpez ! et nous ouvrirons les portes et les fenêtres pour renouveler l'air. J'ai hâte de m'expliquer avec vous et de vous dire que je suis mécontent de Judith. L'intérêt que je vous porte est tellement affaibli par sa conduite, que pour un rien je vous laisserais vous débattre avec les Iroquois, vous, votre arche, vos trappes et vos enfants. Allez à la fenêtre, vieux Tom-Flottant, et je vais tâcher de trouver la porte pour l'ouvrir.

Il y eut un moment de silence ; puis on entendit du bruit qui semblait produit par la chute d'un corps pesant. Hurry poussa un juron énergique, et tout l'intérieur de l'édifice parut en mouvement. Le tumulte avait quelque chose d'analogue aux rugissements des tigres qui se battent dans leurs loges. Tantôt le cri de guerre des Indiens partait sourdement de gosiers comprimés par une cause inconnue; tantôt Hurry recommençait ses effroyables jurons. Le Gros-Serpent ne savait que faire ; il avait toutes les armes, mais il lui était impossible de s'en servir ou de les transmettre à ses alliés. N'ayant aucun moyen de leur être utile, il repoussa l'arche à une vingtaine de vergues de la plate-forme. Les deux sœurs, dont le canot s'approchait, devinèrent qu'il se passait quelque chose d'extraordinaire et s'arrêtèrent dans leur course.

Pendant ce temps, la lutte continuait dans l'intérieur du château. Un Huron réussit à ouvrir la porte, et trois ou quatre de ses compagnons s'élancèrent au dehors sur ses traces, comme pour échapper au combat. Un autre sauvage fut jeté sur la plate-forme avec une terrible violence, et presque aussitôt March parut, furieux comme un lion aux abois. Hutter était déjà prisonnier et garrotté. La nécessité de reprendre haleine suspendit un moment les hostilités, et nous profiterons de ce temps d'arrêt pour raconter comment les Indiens s'étaient emparés du château. Nous expliquerons aussi pourquoi cette lutte acharnée n'avait point fait couler de sang.

Le Chêne-Fendu et son compagnon avaient fait pendant leur visite les observations les plus complètes, et le jeune homme lui-même avait rapporté des renseignements minutieux. Les Hurons avaient donc pu se rendre un compte exact des fortifications et de la disposition du château. Dès qu'il avait fait nuit, ils s'étaient embarqués sur deux radeaux qu'ils avaient conduits sans encombre jusqu'à la plate-forme. Deux guerriers étaient parvenus à pénétrer dans la maison par le toit, en enlevant des morceaux d'écorce, et les hachettes avaient pratiqué dans la charpente du plafond une ouverture par laquelle étaient entrés des Indiens des plus athlétiques. On les laissa là, bien pourvus d'armes et de provisions pour soutenir un siège ou pour faire une sortie. Avant de s'éloigner, leurs camarades replacèrent avec soin les écorces de la toiture et firent disparaître tous les signes extérieurs de leurs visites. Ce fut l'un d'eux qui laissa tomber son moccassin et qui ne put le retrouver dans l'obscurité.

Suivant l'usage des Indiens qui sont en activité de service, les huit guerriers embusqués passèrent la nuit à dormir. En s'éveillant, ils suivirent les mouvements de l'arche par les meurtrières qui leur donnaient seules de l'air et du jour, puisque les croisées étaient fermées avec des planches. Dès qu'il fut certain que les deux blancs allaient entrer par la trappe, le chef qui dirigeait l'expédition, prit ses mesures en conséquence. Comme il se proposait de faire des prisonniers, il eût soin d'ôter à ses soldats toutes leurs armes, même leurs couteaux; il leur fit préparer des cordes d'écorce, et les distribua dans les trois chambres. Si la mort de l'Indienne eût été connue, il est probable que rien n'aurait pu sauver la vie de Tom et de Hurry ; mais cet événement s'était passé après l'établissement de l'embuscade.

CHAPITRE XX

Revenons maintenant aux combattants que nous avons laissés prendre un instant de repos. Dans une arène aussi étroite, la trêve ne pouvait être de longue durée. Hurry fut le premier à recommencer les hostilités ; il saisit un Huron par la ceinture, l'enleva de la plate-forme et le jeta à l'eau comme un enfant. Deux autres suivirent bientôt la même route, et le dernier se blessa grièvement dans sa chute. Il fallait encore faire face à quatre ennemis, et March s'en croyait capable, grâce à sa force prodigieuse et à son expérience dans les luttes gymnastiques, complétement inconnues aux sauvages.

— Hurrah, vieux Tom ! s'écria-t-il, les coquins se sauvent dans le lac, et je les verrai bientôt tous à la nage.

Hurry mit encore deux de ses adversaires hors de combat : frappés en pleine poitrine, ils roulèrent en se tordant, comme des vers sur lesquels on a marché. Des deux qui restaient, l'un était un jeune novice sans expérience, l'autre un guerrier redoutable, le plus fort de tous, qui avait maintes fois marché dans le sentier de la guerre. Voyant à qui il avait affaire, il avait sagement ménagé ses forces ; il était équipé de la manière la plus avantageuse pour un tel conflit, car il n'avait qu'une légère ceinture. Cependant Hurry n'hésita pas à l'attaquer ; il le saisit au bras et à la gorge, et essaya de lui donner un croc-en-jambe ; mais le Huron l'évita avec une étonnante agilité. Il s'ensuivit une espèce de mêlée, si l'on peut appliquer ce terme à une lutte entre deux hommes. Les évolutions des combattants étaient si rapides, leurs corps prenaient tant d'attitudes diverses, que l'œil ne pouvait les suivre. Furieux de voir ses efforts déjoués par la prestesse et la nudité de son ennemi, Hurry le poussa violemment contre les troncs d'arbres de la hutte. La secousse fut terrible et troubla un moment les facultés du Huron ; la douleur lui arracha un profond gémissement. Toutefois, sentant que son salut dépendait de sa résolution, il revint à la charge ; mais Hurry le saisit par la ceinture, le renversa et se laissa tomber sur lui de tout son poids. Sa victoire était désormais assurée. Le Huron, étourdi par ce dernier choc, avait la tête penchée en arrière, sur le bord de la plate-forme, et se trouvait complétement à la merci de son gigantesque adversaire. Celui-ci mit les mains autour de la gorge, qu'il serra comme dans un étau. Les yeux de la victime sortirent de leurs orbites ; ses narines se dilatèrent et sa langue pendit en dehors de ses lèvres frémissantes.

En ce moment, une corde terminée par un nœud coulant fut passée adroitement sur les bras de Hurry et lui ramena les coudes derrière le dos avec une puissance irrésistible. Il fut forcé de lâcher sa proie, bien à regret. Presque en même temps, on lui lia les jambes et on le roula au centre de la plate-forme, sans plus de cérémonies que si c'eût été une souche.

Hurry devait sa défaite à l'attention exclusive qu'il avait accordée au vaincu : deux des Indiens qu'il avait jetés à l'eau avaient pu rejoindre leur jeune compagnon sur la plate-forme ; pendant le combat ils avaient préparé les cordes, et le terrible vainqueur n'était plus qu'un pauvre captif sans défense.

Chingachgook et Wah-tah-Wah avaient été témoins de l'engagement. Le Delaware aurait pu abattre un Huron, mais sans le scalper, et cette considération le fit hésiter. Il craignait en outre d'attirer sur sa fiancée la colère de la tribu canadienne. Il ne pensa qu'à s'éloigner, mais, habitué à pagayer, et se jugeant incapable de manier deux rames, il se contenta de déployer la voile, et se renferma ensuite dans la cabine. La toue, abandonnée à elle-même, dériva, passa devant la plate-forme ; et, sans que le chef des Indiens pût l'empêcher, l'avant s'engagea entre les pieux des palissades qui faisaient saillie sur le lac. Chingachgook, au lieu de se déconcerter, braqua sa carabine par une meurtrière, et tint les Hurons en respect :

— Arrachez un des pieux, Serpent, cria Hurry toujours étendu à terre : la dérive nous entraînera plus loin, et quand vous vous serez sauvé de la sorte, faites-moi le plaisir d'achever le misérable que j'ai renversé.

La voix de Hurry attira sur lui l'attention de Wah-tah-Wah, qui, frappée d'une idée subite, appliqua la bouche à une meurtrière.

— Pourquoi ne pas vous rouler jusqu'ici ? vous tomberiez dans le bateau, et Chingachgook tirerait sur les Hurons, s'ils vous poursuivaient.

— Pardieu, jeune fille, votre avis est bon, je le suivrai si vous approchez un peu plus l'arrière de la toue. Mettez un matelas au fond pour me recevoir.

Wah-tah-Wah grâce aux détonations des Indiens, n'entendit qu'imparfaitement ces paroles, et Hurry saisissant le moment le plus opportun roula sur lui-même jusqu'au bord de la plate-forme ; malheureusement il tomba dans l'eau.

Chingachgook, qui était d'intelligence avec sa fiancée, venait de provoquer une nouvelle décharge des Hurons ; aucun d'eux ne s'aperçut de la disparition du prisonnier, qu'on savait être solidement enchaîné. Dès que le bruit des détonations eût cessé, Wah-tah-Wah courut à l'arrière, et ses pieds ayant rencontré l'une des écoutes de la voile, elle en jeta le bout sur la tête de Hurry, qui parvint à la saisir avec les mains et les dents, et fut ainsi remorqué par l'Arche.

Les Hurons, qui ne cessaient de faire feu sur le Delaware, n'aperçurent leur captif que lorsqu'il fut à quelque distance du château. Aussitôt ils poussèrent un cri effroyable et dirigèrent sur lui tous leurs coups. Une première balle frappa l'eau tout près de sa poitrine, ricocha et vint s'enfoncer dans le mur de la cabine. Plusieurs autres balles, tirées à angle aigu, éprouvèrent une égale résistance sur la surface de l'eau. Par bonheur, l'écoute à laquelle Hurry était cramponné se rattachait à la voile située en avant de l'embarcation, et n'était retenue à l'arrière que par un taquet. Le Delaware et sa fiancée parvinrent à la larguer; puis ils la halèrent, en prenant soin de se tenir à l'abri derrière la cabine.

Il était temps ; les Hurons avaient découvert ce qui rendait leurs coups incertains, et ils s'apprêtaient à renouveler leurs feux; mais déjà le corps du bateau se trouvait entre eux et le but qu'ils voulaient atteindre. Le Serpent amena Hurry près de la place qu'il occupait lui-même, saisit son couteau affilé, et, se penchant sur le plat-bord, il coupa aisément l'écorce qui liait les membres du géant. Il fut plus difficile de le hisser dans l'embarcation, mais on y réussit avec de la patience. Après sa délivrance il essaya de faire quelques pas, chancela et tomba épuisé au fond de la toue. Nous le laisserons rétablir ses forces et nous nous occuperons des Hurons. Dès qu'ils avaient perdu de vue le corps de Hurry, les trois plus valides avaient couru à la trappe, et s'étaient jetés dans le canot. Il leur fallut quelque temps pour embarquer leurs armes, pour trouver les rames et pour se mettre en mouvement. Quand ils furent en plein lac, leur ardeur se ralentit sensiblement. Rien ne pouvait les mettre à couvert des balles, tandis que leurs adversaires étaient solidement retranchés. Comme les Iroquois hésitaient, ils virent au loin les deux sœurs, qui dans l'ignorance de ce qui se passait, n'osaient approcher ni de l'Arche, ni du château. Par une résolution subite, ils donnèrent la chasse au canot.

Au moment où cette fantaisie leur prit, leur propre barque n'était pas très avantageusement disposée pour la course. Ils n'avaient que deux rames, et l'un d'eux ne faisait que charger inutilement le bateau. La différence de poids qui existait entre les sœurs et les deux autres hommes neutralisait la supériorité physique des Hurons et rendait la lutte presque égale. Judith ne se mit à fuir que lorsque l'approche de l'autre canot lui prouva les intentions de l'ennemi.

— Allons, Hetty, s'écria-t-elle, aidez-moi de toutes vos forces.

— Pourquoi? demanda l'innocente jeune fille. Les Indiens ne m'ont jamais fait de mal, et je ne crois pas qu'ils en aient envie.

— C'est vrai pour vous, Hetty, mais il n'en est pas de même pour moi. Agenouillez-vous, et faites votre prière, et quand vous vous relèverez, joignez vos efforts aux miens... Songez à moi dans vos prières, ma chère enfant.

Ces mots étaient inspirés à Judith par une double idée; elle savait que sa sœur recherchait toujours dans les tribulations l'appui du grand protecteur, et elle se sentait elle-même un abattement qui révoltait sa fierté. Toutefois, la prière fut bientôt dite, et le canot se dirigea rapidement vers la rive orientale du lac. Des deux côtés, les efforts ne furent pas d'abord considérables.

Comme deux vaisseaux de guerre qui se préparent à s'aborder, les deux barques semblaient vouloir évaluer d'abord leur vitesse respective, afin d'y proportionner le déploiement de leurs forces.

Quelques minutes suffirent pour prouver aux Hurons que les jeunes filles étaient habiles dans l'art de ramer, et qu'ils ne les atteindraient qu'en déployant la plus grande énergie. Judith avait conçu le projet de débarquer et de s'enfoncer dans les bois; mais elle y renonça, dans la crainte de rencontrer des maraudeurs ennemis. S'écartant de la bordure de feuillage sous lequel elle allait entrer, elle vira de bord pour se diriger vers le centre du lac. Elle suppléait à la vigueur qui lui manquait par son sang-froid et sa dextérité.

Pendant un demi-mille, les Indiens n'obtinrent aucun avantage marqué; mais au lieu de se fatiguer tous à la fois, il leur vint à l'idée de se relayer. Judith, qui tournait parfois la tête de leur côté, s'aperçut de leur nouvelle manœuvre et conçut un fâcheux pressentiment. Elle ne se croyait pas capable de résister à trois hommes qui travaillaient alternativement.

Néanmoins, ne voyant pas la nouvelle combinaison produire des résultats immédiats, elle persévéra dans ses efforts.

Jusqu'alors les Indiens n'avaient pu se rapprocher qu'à deux cents vergues environ, donnant la chasse en poupe et placés directement derrière le canot des deux sœurs. Leur position permit d'apprécier bientôt les progrès qu'ils faisaient depuis leur nouvel arrangement Judith n'était pas fille à se désespérer; il y eut pourtant un moment où elle songea à se rendre, afin d'être menée au camp, dans lequel le Tueur-de Daims était prisonnier; mais elle réfléchit qu'elle n'avait aucun moyen de le délivrer. Les pensées qui l'occupaient communiquèrent une nouvelle ardeur à son bras.

Pendant les cinq minutes suivantes la différence de vitesse entre les deux canots devint si sensible, que les Hurons commencèrent à croire qu'ils couraient risque d'être vaincus par des femmes. Mortifiés de cette perspective humiliante l'un d'eux rompit sa rame en l'arrachant des mains d'un camarade qu'il voulait relayer. L'affaire fut décidée. Un canot contenant trois hommes, mais n'ayant qu'un aviron, était incapable d'atteindre les filles de Tom Hutter.

Les deux sœurs suspendirent leur marche, et les sauvages renoncèrent à la poursuite aussi subitement qu'un vaisseau qui a perdu un mât important. Ils mirent le cap sur le château, et débarquèrent sur la plate-forme pour y reprendre leurs camarades. Lorsque leur canot chargé d'hommes se dirigea de nouveau du côté de la terre, les deux sœurs, qui étaient à jeun, se rapprochèrent à la hâte.

L'arche était à un mille au nord, et la régularité de ses mouvements convainquit Judith qu'un homme blanc en dirigeait les manœuvres. Complétement rassurée, elle fit le tour des pilotis et arriva sur la plate-forme.

— Entrez, Hetty, dit-elle, et voyez si les sauvages sont partis ; ils ne vous feront pas de mal, et vous pourrez me donner l'alarme, dans le cas où ils seraient encore là.

Hetty obéit, et Judith se tint prête à démarrer au premier signal ; mais cette précaution était inutile, car sa sœur revint une minute après annoncer que tout allait bien.

— Les chambres sont vides excepté celle de mon père, qui dort, mais pas aussi paisiblement qu'on pourrait le lui souhaiter.

— Lui est-il arrivé quelque chose? reprit Judith d'une voix tremblante.

— Vous savez ce qui arrive quelquefois à mon père, Judith, dit-elle, quand il est pris de vin il ne sait pas toujours ce qu'il dit, ni ce qu'il fait, et il semble en ce moment pris de vin.

— C'est étrange! les sauvages l'auraient-ils abandonné après avoir bu avec lui ?... Mais c'est un triste spectacle que de voir un père dans cet état, et nous attendrons son réveil.

Un profond gémissement parti de la chambre modifia cette première résolution, et les deux jeunes filles se hasardèrent à s'approcher. Le vieux Tom était assis dans un coin de l'étroite pièce, les épaules appuyées contre un angle et la tête penchée lourdement sur sa poitrine. Par une soudaine impulsion, Judith enleva un bonnet de toile qui lui cachait le visage : elle vit alors les chairs palpitantes, les muscles et les veines mises à nu, enfin la plaie hideuse d'un crâne écorché. Tom Hutter avait été scalpé, mais il respirait encore.

CHAPITRE XXI

Le lecteur doit se figurer l'horreur dont furent saisies des filles en voyant à l'improviste cet affreux spectacle. Glissons sur les premières émotions, sur les premiers actes de la pitié filiale, et cherchons moins à peindre les affreux détails de cette scène qu'à nous les imaginer. On entoura de bandages la tête mutilée du blessé ; on essuya le sang qui coulait sur son visage, puis il raconta ce qui lui était arrivé. Attaqué par le chef, qui avait eu la prudence d'ôter les armes de ses compagnons, mais qui avait gardé les siennes, il en avait reçu un coup de couteau au moment où Hurry s'élançait sur la plate-forme. Si le vieux chef était ensuite resté neutre, c'est qu'il ne voulait pas se montrer couvert de sang, après avoir tant recommandé à ses guerriers de prendre leurs prisonniers vivants. Lorsque les trois Hurons étaient revenus et avaient pris la résolution d'abandonner la place, ils avaient scalpé Hutter pour emporter leur trophée accoutumé. Ces féroces guerriers condamnaient le vieillard aux douleurs d'une lente agonie ; la blessure de sa tête aurait pu se guérir, mais le coup de couteau était mortel.

Judith et Hetty ne purent s'empêcher de voir les décrets d'une Providence équitable dans le genre de mort de leur père qui avait voulu récemment scalper les Iroquois : Hetty elle-même en fit l'observation.

— O Judith ! s'écria-t-elle, mon père était allé chercher des chevelures, et maintenant où est la sienne ?

— Silence ! ma pauvre sœur, silence ! il ouvre les yeux, il peut nous entendre et nous comprendre. Vous avez raison, mais laissons de côté ce triste sujet.

— De l'eau ! cria Hutter, en élevant la voix par un effort désespéré. De l'eau ! sottes filles... Voulez-vous me laisser mourir de soif ?

On lui apporta de l'eau ; pour la première fois depuis plusieurs heures, il en but à longs traits, ce qui lui débarrassa la gorge et le ranima un instant. Il ouvrit les yeux, et promena autour de lui le regard inquiet d'un homme surpris par la mort.

— Mon père, dit Judith d'autant plus désolée qu'elle ne connaissait point de remède, mon père! pouvons-nous faire quelque chose pour vous ? pouvons-nous soulager vos douleurs?

— Mon père... répéta lentement le vieillard. Non, Judith, non Hetty, je ne suis pas votre père. Elle était votre mère, mais je ne suis pas votre père. Regardez dans le coffre... tout est là... Donnez-moi encore de l'eau.

Les jeunes filles obéirent; et Judith, dont les premiers souvenirs remontaient jusqu'à son enfance, sentit un mouvement de joie insurmontable. Il n'y avait jamais eu beaucoup de sympathie entre elle et son père putatif, et certaine conversation que sa mère et Hutter avaient eue devant elle lui avait fait déjà soupçonner la vérité. Nous irions trop loin en disant qu'elle ne l'avait jamais aimé, mais il est certain qu'elle fut heureuse de n'avoir plus à l'aimer par devoir. Pour Hetty, incapable d'établir les mêmes distinctions, et naturellement affectueuse, elle avait eu pour Tom une tendresse sincère, quoique moindre que celle qu'elle portait à sa mère. Il lui fut pénible de l'entendre déclarer qu'il n'avait aucun droit légitime à cette tendresse. Elle éprouva un double chagrin, comme si elle eût été deux fois privée d'un père par la mort et par les paroles d'un vieillard. S'abandonnant à ses émotions, la pauvre fille se mit dans un coin pour pleurer. Les impressions diverses des deux jeunes filles les rendirent toutes deux silencieuses.

Judith donna de l'eau au patient à plusieurs reprises, mais elle évita de lui adresser des questions, soit par égard pour sa position, soit aussi dans la crainte étrange de perdre, par suite de quelque explication nouvelle, la certitude qu'elle n'était pas la fille de Thomas Hutter.

Enfin Hetty, séchant ses larmes, vint s'asseoir sur un tabouret auprès du mourant, qu'on avait étendu sur le parquet la tête soutenue par quelques vieilles hardes échappées au pillage.

— Mon père, dit-elle, vous me permettrez de vous donner ce nom, quoique vous prétendiez qu'il ne vous soit pas dû... mon père, voulez-vous que je vous lise la Bible! Ma mère m'a toujours dit que la Bible était bonne pour les âmes en peine. Elle était souvent dans la peine elle-même, et alors elle me faisait lui lire la Bible, que Judith n'aimait pas autant que moi, et cela lui faisait du bien. J'ai vu maintes fois ma mère avoir les yeux baignés de larmes quand elle commençait à m'écouter, et finir dans les sourires et dans la joie. O mon père, vous ignorez le bien que peut faire la Bible, car vous n'en avez jamais essayé... Je vais vous en lire un chapitre qui vous calmera comme il a calmé les sauvages.

Elle lut d'une voix ferme, mais douce et plaintive, le chapitre dans lequel Job excuse son désir de mort.

— Vous sentez-vous mieux maintenant, mon père ? demanda Hetty en fermant le volume. Ma mère était toujours mieux quand elle avait lu la Bible.

— De l'eau, répondit Hutter, donnez-moi de l'eau, Judith ; je m'étonne d'avoir la langue aussi chaude ! Hetty, n'est-il pas question dans l'Écriture d'un homme, qui brûlant au feu de l'enfer, demande qu'on lui rafraîchisse la langue ?

Judith détourna la tête; mais Hetty chercha avec empressement le passage auquel le pécheur faisait allusion, et lut à haute voix :

« Ayez pitié de moi, et envoyez-moi Lazare, afin qu'il trempe le bout de son doigt dans l'eau, pour me rafraîchir la langue, parce que je souffre d'extrêmes tourments dans cette flamme. »

— C'est cela, pauvre Hetty, oui c'est cela, ma langue a besoin d'être rafraîchie maintenant, que sera-ce donc par la suite ?

Ces mots empreints de désespoir réduisirent Hetty au silence; elle reconnut que ses efforts étaient inutiles, et se contenta de soulager matériellement son père, en s'interrompant pour répéter par intervalles l'oraison dominicale. La vie d'Hutter se prolongeait, mais sa voix s'affaissait par degrés et ses paroles étaient incohérentes. Judith entendit les mots de mari, mort, pirate, et autres susceptibles de confirmer les bruits qui avaient couru sur le passé de son père supposé.

Cependant l'arche s'approcha de la plate-forme, et Hurry entra dans la maison aussitôt qu'il se fût assuré du départ des ennemis. En entendant le bruit des rames, Judith s'était avancée audacieusement à la rencontre des nouveaux venus. Il suffit à Hurry de la voir pour deviner quel était le sort de son compagnon. Il l'aborda d'un air triste. Il avait encore présentes à l'esprit les terreurs de la mort. Sa défaite, sa captivité, les risques qu'il avait courus dans l'eau avaient produit sur lui l'impression salutaire que l'approche du supplice cause aux criminels ; car les hommes de son espèce sont plus remarquables par leurs facultés physiques que par leur énergie intellectuelle. En perdant une partie de sa force, Hurry avait perdu en même temps une partie de son courage, et quoiqu'il fût libre, il était abattu par les souvenirs de son infortune récente. Et puis il n'était pas accoutumé au silence solennel de la chambre d'un mourant; il ne lui était jamais arrivé de compter les battements d'un pouls qui devient à chaque instant de plus en plus faible.

— Eh bien, vieux Tom, dit-il, les vagabonds vous ont donc mis à terre, et probablement vous ne vous relèverez plus. Je vous croyais prisonnier, mais j'étais loin de m'attendre à vous voir si maltraité.

Hutter ouvrit ses yeux ternes et vitreux et les fixa avec égarement sur celui qui l'apostrophait. La mémoire lui revint, mais tous les objets se confondaient dans son cerveau, et il était hors d'état de distinguer la réalité de l'erreur

— Qui êtes-vous? demanda-t-il d'une voix étouffée. Vous rassemblez au second de *la Neige*... C'était aussi un géant, et il faillit l'emporter sur nous

— Je suis votre second et votre camarade, Tom Flottant; mais l' ne s'agit pas de neige. Nous sommes en été, et Henri March quitte toujours les montagnes à l'époque des gelées.

— Ah! c'est vous, Hurry?... Je vous reconnais... Voulez-vous m'acheter une chevelure?

— Pauvre Tom, c'est un commerce qui ne nous à guère profité, et j'ai bien envie de l'abandonner pour embrasser une profession moins cruelle.

— Avez-vous encore votre cuir chevelu? Le mien est parti... C'est une perte cruelle!... On sent des déchirements au cœur, des flammes autour du cerveau... Tuez d'abord, Hurry, et vous scalperez après.

— Que veut-il dire, Judith? Pourquoi lui avoir emmailloté la tête? A-t-il reçu sur le crâne un coup de tomahawk?

— Les Indiens lui ont fait ce que vous vouliez leur faire, Henri March! Ils l'ont scalpé pour obtenir une prime du gouverneur du Canada, comme vous aviez l'intention de scalper les Hurons pour recevoir une récompense du gouverneur de New-York

— En vérité, reprit March, voilà de singuliers reproches dans la bouche de la fille de Thomas Hutter!

— Dieu soit loué! je ne suis pas sa fille.

— Ne le désavouez par à ses derniers moments. Quel serait donc votre père, si ce n'était lui?

Cette question troubla Judith; car si elle s'estimait heureuse de pouvoir nier la paternité d'un homme qu'elle n'avait jamais aimé, d'un autre côté elle songea avec douleur qu'elle n'avait personne pour le remplacer.

— Je ne puis vous dire quel était mon père, répondit-elle avec plus de douceur. J'espère du moins que c'était un honnête homme.

12

— Telle n'était pas votre opinion sur Thomas Hutter. Au fait, la médisance s'exerçait aux dépens du vieillard ; la conversation eût continuée sur ce ton et peut-être en s'envenimant, si des signes irrécusables n'eussent annoncé la fin prochaine de Hutter autour de lui, il tendit la main, pour suppléer par le toucher à l'insuffisance de la vue.

Une minute après, sa respiration devint saccadée ; elle fut ensuite suspendue ; puis il rendit le dernier soupir.

Ce triste événement fit cesser toute discussion. Le reste de la journée fut employé à faire les préparatifs de l'inhumation.

Hetty exprima le désir que le corps reposât dans le lac près de celui de sa mère. Elle cita même plusieurs circonstances dans lesquelles il avait appelé le lac le Cimetière de famille. Quant à Judith, elle ne s'occupa point de ces arrangements.

L'heure choisie pour la cérémonie était le coucher du soleil. C'est le moment qui convient le mieux pour rendre les derniers devoirs à un homme, surtout quand son âme a été calme et pure.

Lorsque tout fut prêt, on appela Judith, qui se mit à la tête de l'humble convoi. Le corps était enveloppé d'un drap, et pour qu'il pût couler bas, on y avait ajouté des pierres enlevées du foyer. On le transporta à bord de l'Arche, et cette singulière habitation de Tom fut destinée à lui servir de char funèbre.

Hetty se chargea du rôle de pilote ; elle portait la Bible sous le bras.

March prit les rames et les fit mouvoir lentement et à coups mesurés. Le murmure de l'eau frappée régulièrement par les rames aurait pu se comparer au bruit des pas de ceux qui suivent un convoi. Le paysage, par son imposante tranquillité, était en rapport avec une cérémonie qui ramène toujours les idées vers Dieu. La surface lustrée du lac n'avait pas une seule ride, et le vaste panorama des bois avait un aspect plus calme et plus mélancolique qu'à l'ordinaire. Judith était touchée jusqu'aux larmes, Hetty conservait extérieurement son sang-froid ; mais sa douleur intérieure surpassait celle de sa sœur, puisque sa tendresse résultait de l'habitude plutôt que d'une affinité élective.

Wah-tah-Wah, sérieuse et attentive, assistait avec intérêt à une scène qui lui offrait des particularités nouvelles, quoiqu'elle eût vu plusieurs fois enterrer des visages pâles. Le Delaware avait une attitude grave et stoïque.

C'était à l'extrémité septentrionale du bas-fond sur lequel était construit le château, que Tom-Flottant avait déposé la dépouille mortelle de sa femme. Judith n'avait point revu ce site depuis les funérailles; mais Hetty s'y était souvent rendue à la chute du jour. Souvent, amarrant son canot à peu de distance du cadavre, elle avait entamé avec la défunte des conversations imaginaires, car les bizarres croyances des Indiens se mêlaient dans cette intelligence naïve aux instructions chrétiennes qu'elle avait reçues. Elle reconnut aisément la place qu'elle appelait le tombeau de sa mère : c'était un monticule de terre que Tom avait apportée du rivage et dont il avait recouvert le cadavre ; néanmoins on voyait encore sortir de cette fosse imparfaite le coin du drap blanc qui avait servi de linceuil.

— C'est ici, dit-elle à March qui cessa aussitôt de ramer, et qui soulevant le corps de son ancien ami, le transporta sur le bord de la toue. Il lui plaça des cordes sous les jambes et sous les épaules, comme si c'eût été un cercueil; il s'apprêtait à le descendre au fond, lorsque Judith s'écria:

— Pas ici ! pas ici ! ne le mettez pas aussi près de ma mère.

— Pourquoi pas ? demanda Hetty ; ils ont vécu ensemble et doivent reposer côte à côte après la mort.

— Non ! non ! plus loin, Henri March, plus loin !... Pauvre Hetty, vous ne savez ce que vous dites... laissez-moi donner des ordres.

Le ton résolu de Judith décida Henri March à placer le corps à quelque distance de l'autre; tandis que Hetty récitait toutes les prières qu'elle savait et que sa sœur se signait; puis il retira les cordes, et les obsèques furent terminées.

— Telle est la fin de Tom-Flottant, s'écria Hurry en regardant le défunt à travers l'eau transparente : c'était un brave dans une embuscade, et un chasseur habile à tendre des pièges. Ne pleurez pas, Judith; ne vous désespérez pas, Hetty; les plus justes doivent mourir, et quand leur moment est venu, ils ne sont pas rachetés par les larmes de ceux qui leur survivent. La perte de votre père est cruelle pour vous sans doute, d'autant plus que vous n'êtes pas encore pourvues; mais vous n'attendrez pas longtemps. Quand il vous plaira, Judith, d'écouter les propositions d'un honnête homme, je vous dirai quelques mots en particulier.

Judith avait accordé peu d'attention à la tentative maladroite que March avait faite pour la consoler. Elle pensait à la tendresse de sa mère, et des conseils qu'elle avait trop négligés lui revenaient en foule à la mémoire. Toutefois les dernières paroles de Hurry la frappèrent malgré leur inopportunité, et séchant brusquement ses larmes, elle lui fit signe de la suivre à l'autre extrémité de l'Arche.

— Vous désirez me parler de mariage, lui dit-elle; et c'est sur la tombe de mes parents, ou plutôt de ma pauvre mère, que je suis prête à vous entendre.

— Je n'étais guère préparé à m'expliquer ici, répondit March tout déconcerté; mais la vérité doit se faire jour, quelle qu'en soit la conséquence.

Vous n'avez plus ni père ni mère, Judith, et il est impossible que vous viviez seule avec Hetty. Même en admettant que les Iroquois vous laissent tranquilles dans les circonstances actuelles, vous seriez mortes de faim, prisonnières ou scalpées avant une semaine. Il faut prendre un mari, et si vous voulez m'accepter donnez-moi la main et que ce soit une affaire conclue.

— C'est assez, Hurry, lui dit-elle en levant la main pour lui imposer silence, je vous comprends aussi bien que si vous parliez pendant un mois. Vous me préférez aux autres jeunes filles, et vous désirez devenir mon époux.

— C'est ce que je voulais dire, Judith, et je voudrais m'être exprimé de la manière la plus agréable pour vous.

— Tout est éclairci, vous avez parlé comme vous le deviez. Maintenant écoutez ma réponse, qui sera aussi sincère sous tous les rapports que votre proposition : il y a des raisons pour que je ne puisse me décider.

— Je vous comprends, Judith; vous ne pouvez vous décider si vite et puis votre deuil.

— Ce n'est pas cela, répondit Judith avec animation; mais, je le répète, il y a une raison qui m'empêche d'être votre femme et que je dois vous faire connaître. Je ne vous aime pas, et je suis certaine que je ne vous aimerai jamais assez pour vous épouser. Aucun homme ne peut avoir envie de s'unir à une femme qui ne le préfère par à tous, et je suppose que vous me saurez gré de ma franchise.

— Je vous en remercie; pourtant, prenez le temps de réfléchir.

— C'est inutile : ma résolution est arrêtée depuis longtemps; seulement j'avais besoin de connaître toutes vos pensées pour vous révéler les miennes. Nous nous entendons à présent, et nous n'avons rien de plus à ajouter.

Hurry resta frappé de stupeur; il avait toujours pris la froideur de Judith à son égard pour un calcul de coquetterie féminine. Il avait lutté avec lui même avant de se déclarer, mais fait vain il était loin de présumer que Judith refuserait d'épouser le plus bel homme de la frontière. Après l'échec décisif qu'il venait de subir, il se sentit tellement humilié qu'il ne pensa pas à insister.

— Le Glimmerglass n'a plus de charme pour moi, s'écria-t-il après un moment de silence, le vieux Tom n'est plus, les Hurons sont aussi nombreux sur le rivage que les pigeons dans les bois; en somme, la place n'est plus tenable.

— Quittez-la donc! vous ne pouvez nous être d'aucune utilité : pourquoi d'ailleurs exposeriez-vous votre vie pour les autres ? Partez ce soir même; nous ne vous reprocherons pas de nous abandonner.

— Si je m'en vais, Judith, ce sera le cœur serré. J'aurais voulu vous emmener avec moi.

— Vous auriez tort d'y songer plus longtemps. Dès qu'il fera nuit, je vous embarquerai dans un canot.

— Le Delaware ou moi vous mettrons à terre, et vous tâcherez de gagner les bords de la Mohawk, pour nous envoyer du secours. Nous sommes amis, n'est ce pas, et je puis compter sur vous ?

— Certainement, Judith, mais notre amitié eût été plus vive si vous aviez partagé ma manière de voir.

Judith allait l'arrêter pour protester de nouveau que toute insistance serait inutile.

— C'est bien, je vous comprends Judith et je ne parlerai plus d'un projet qui ne peut vous agréer. Je ferai donc ce que vous me dites, je partirai ce soir, dès que la nuit sera close et si je puis atteindre le fort, les soldats se mettront à la poursuite des sauvages et je reviendrai moi-même avec le détachement; car je tiens à vous voir en sureté avant de m'éloigner de vous pour jamais.

Judith émue d'une résignation qui la surprenait dans un homme si enclin à la violence, lui tendit affectueusement la main et se leva en lui faisant signe qu'elle n'avait plus rien à lui communiquer.

CHAPITRE XXII

Pendant ce temps, Hetty était restée assise sur l'avant, les yeux fixés sur l'eau qui couvrait le corps de sa mère et celui de l'homme qu'elle avait considéré comme son père. Wah-tah-Wah se tenait auprès d'elle, observant la réserve habituelle à sa nation, et en attendant patiemment qu'elle pût manifester sa sympathie par des actions plutôt que par des paroles, Chingachgook, placé un peu à l'écart, cachait les émotions d'un homme sous les dehors austères d'un guerrier. Tous deux se retirèrent par réserve lorsque Judith se rapprocha de sa sœur.

— Hetty, lui dit-elle affectueusement, nous avons à causer ensemble. Entrons dans ce canot, et ramons à quelque distance. Tout le monde ne doit pas entendre les secrets de deux orphelines ; voulez-vous préparer le canot, et dire notre désir à Hurry et aux Indiens.

Ceci fut bientôt fait, l'Arche s'éloigna, laissant les jeunes filles dans un léger canot d'écorce, au-dessus des deux tombeaux.

— La mort de Thomas Hutter commença Judith va déranger toute notre existence ; mais, s'il n'était pas notre père, nous sommes sœurs, et destinées à vivre ensemble.

— Que sais-je ? Judith ; vous auriez peut-être été contente d'apprendre que je n'étais pas votre sœur, comme de savoir que vous n'étiez pas la fille de Thomas Hutter. Mon intelligence est bornée, et l'on n'aime guère à avoir des parents sans intelligence.

— Non, Hetty ; vous seule êtes ma sœur, mon cœur et mon amour me le disent. Nous avons eu la même mère, et nous pouvons en être fières avec juste raison. Mais le vieux Tom n'était pas notre père. Maintenant leurs corps reposent dans le lac, et nous devons espérer que leurs âmes sont près de Dieu ; mais nous restons sur la terre, et il faut songer à ce que nous allons devenir.

— Quoique nous ne soyons pas les enfants de Thomas Hutter, personne ne peut nier nos droits à ses propriétés ; nous avons le château, l'Arche et les canots, les bois et les lacs, comme lorsqu'il vivait ; qui nous empêche de rester ici et de vivre comme nous l'avons toujours fait.

— Non, pauvre sœur, c'est impossible, nous devons quitter cet endroit où nous ne serions pas en sûreté, et aller nous établir dans les colonies.

— Je suis fâchée que vous pensiez ainsi, répondit-elle ; j'aurais voulu rester ici ! j'aime les arbres, les montagnes, tout ce que la Providence nous a accordé, et il me serait pénible d'y renoncer.

— Mais qui donc veillerait sur nous ?

— Henry March ; vous pourriez l'épouser ma sœur, reprit Hetty en arrachant machinalement l'écorce du canot.

— Je me suis expliquée avec lui, ne m'en parlez plus. Il nous est impossible de vivre seules dans cette demeure, et nous n'aurons pas occasion d'y vivre autrement, mais ce n'est pas de cela qu'il s'agit. Le vieux coffre nous appartient; il contient des papiers qui doivent nous fournir des renseignements sur notre famille et qu'il importe de consulter.

— Fort bien, Judith. Cependant, à présent que mon père et ma mère sont morts, je ne tiens pas à avoir d'autres parents que vous, et je ne me crois pas capable d'aimer comme je le devrais des gens que je n'ai jamais vus; et avec une audace que peuvent seuls avoir les simples d'esprit Hetty reprit : mais si vous ne voulez pas épouser Hurry, qui prendrez-vous pour mari ?

— Que penseriez-vous du Tueur-de-Daims ?..... demanda Judith avec embarras.

— Le Tueur-de-Daims !... Il n'a rien d'agréable et ne vous convient nullement.

— Il n'est pas mal, Hetty : et d'ailleurs la beauté est de peu d'importance dans un homme.

— Vous croyez ?... Je sais que la beauté est de peu d'importance aux yeux de Dieu, car ma mère me l'a répété souvent. Pourtant, elle sied à tous les sexes.

— Vous vous abusez, ma pauvre enfant; Hurry, par exemple, est d'une taille avantageuse, mais il n'est pas bon. Il a de la force et de l'activité, mais on rencontre ces qualités chez d'autres. Il est brave, mais je pourrais citer un jeune homme qui est encore plus brave que lui.

— Pour moi, Judith, je trouve qu'il n'a point d'égal, et j'espérais qu'il serait un jour mon beau-frère.

— Il ne le sera jamais ! Qu'il parte dès ce soir, et tout ce que je regretterai, c'est qu'il ait perdu son temps auprès de nous. Laissons-le s'éloigner, et je tâcherai ensuite de voir Nathaniel pour décider de notre avenir. Allons, Hetty, prenons nos rames et retournons à l'Arche.

— Attendez ! reprit Hetty.

Et elle s'agenouilla pour prier une dernière fois. Ensuite les jeunes filles se disposèrent à s'éloigner, mais tout à coup elles aperçurent un canot qui se dirigeait vers le tombeau de leur mère et qui venait du camp des Indiens; il était monté par un seul homme, et Judith reconnut le Tueur-de-Daims.

— Est-il possible ? s'écria-t-elle; il est prisonnier et je m'occupe des moyens de le délivrer.

L'embarcation se rapprocha et les derniers feux du soir tombèrent en effet sur la figure basanée du Tueur-de-Daims.

— Soyez le bienvenu, Tueur-de-Daims! s'écria la jeune fille lorsque les canots flottèrent côte à côte. Nous avons passé une triste journée, mais nous avons un malheur de moins à déplorer. Les Hurons se sont-ils attendris, ou êtes-vous parvenu à leur échapper?

— Ni l'un ni l'autre; les Mingos seront toujours des Mingos, et je ne les crois pas capables de s'amender.

— Mais comment avez-vous échappé aux sauvages?

— C'est une question toute naturelle, Judith, ou l'Eglantine-des-Bois, pour vous appeler comme le Serpent. Je vous le conterai. Quant aux sauvages, ils ne changent point, et ils ont toujours soif de sang.

— Ils ont tué mon père, s'écria Hetty : leur vengeance devrait être assouvie.

— Je le sais, mon enfant, tant par ce que j'ai vu du rivage, que par ce que l'on m'a raconté; mais si vous avez perdu un ami dévoué, comme je n'en doute pas, la Providence vous en réserve un autre, pourvu que je puisse me tirer des mains des Iroquois, qui m'ont permis de les quitter sur ma parole.

— Quoi! s'écria Judith, vous avez l'intention de tenir votre promesse et de retourner auprès d'eux!

Œil-de-Faucon regarda d'un air sévère la jeune fille qui l'interrogeait, et bientôt il reprit son expression de bonne humeur et se mit à rire silencieusement, comme il en avait l'habitude.

— Si je vous comprends bien, dit-il, vous croyez que Chingachgook et Harry-Hurry chercheront à me retenir; mais vous vous trompez. Le Delaware serait le dernier homme du monde à m'empêcher de faire mon devoir; et quant à March, il ne s'inquiète pas assez des autres pour se préoccuper de leurs promesses. Rassurez-vous donc : personne ne m'empêchera de partir à l'expiration du délai qui m'est accordé; et s'il survenait des obstacles, j'ai trop longtemps vécu dans les bois pour ne pas savoir comment m'y soustraire.

Judith ne fit aucune réponse. Le sort cruel auquel Œil-de-Faucon semblait se condamner était de nature à lui laisser tout à craindre de la cruauté des Hurons.

Après un moment de silence, elle demanda de nouvelles explications afin de régler sa conduite sur les circonstances.

— Quand finit votre congé?... demanda-t-elle.

— Demain à midi, et croyez bien que je ne quitterai pas une minute plus tôt ce que j'appelle une compagnie chrétienne pour rejoindre ces misérables. Ils commencent à craindre une visite des forts, et ils n'ont pas voulu m'accorder un plus long délai. Il est bien entendu entre nous que si j'échoue dans ma mission, ils me mettront à la torture au coucher du soleil afin de pouvoir partir le soir même.

— Sont-ils déterminés à se venger? demanda Judith d'une voix affaiblie.

— Complétement : ils s'imaginent que je ne connais pas leurs projets; mais un homme qui a vécu si longtemps parmi les Peaux-Rouges les connaît comme un chasseur connaît les bois. Je n'ai donc rien à espérer d'eux. Les femmes sont enragées de l'enlèvement de Wah-tah-Wah, dont je ne devrais peut-être point parler, y ayant contribué moi-même. Ensuite un meurtre cruel a été commis hier dans leur camp, et autant vaudrait que la balle eût été dirigée sur ma poitrine. Quoi qu'il en soit, le Serpent et sa femme se sauveront, et c'est une consolation.

— O Nathaniel! ils réfléchiront, puisqu'ils vous ont donné jusqu'à demain.

— Ne nous en flattons pas, Judith; quand un Indien est sur une piste, il la suit jusqu'au bout. La tribu des Delawares est à moitié christianisée; mais à moitié seulement puisque la vengeance s'accroche à leur cœur comme la liane du chêne? D'ailleurs, j'ai tué, à ce qu'il paraît, un guerrier des plus distingués... Mais je vous parle de moi et de mes affaires, quand vous auriez besoin de consulter un ami sur les vôtres. Le vieillard a-t-il été déposé dans le lac, où je crois qu'il désirait être enseveli?

— Oui, répondit Judith, ce devoir a été accompli. Vous avez raison de croire que je veux consulter un ami, et cet ami c'est vous. Hurry-Harry est sur le point de nous quitter. Lorsqu'il sera parti et que les impressions de ce triste jour seront un peu effacées, j'espère que vous m'accorderez une heure d'entretien. Hetty et moi nous ne savons que faire.

— C'est tout naturel, après un choc si terrible et si imprévu.

CHAPITRE XXIII

En ce moment, le canot arrivait à l'Arche. Œil-de-Faucon y fut reçu gravement, avec inquiétude. Les deux Indiens devinèrent à son air qu'il ne revenait pas en fugitif, et il leur expliqua en peu de mots la nature de ce qu'il appelait son congé. Chingachgook devint aussitôt pensif, tandis que Wah-tah-Wah exprimait sa sympathie par de petites attentions féminines.

Un plan de conduite fut adopté pour la nuit, et l'on décida qu'il fallait retourner au château, car il était peu probable qu'on dût y être inquiété par les Hurons, ceux-ci ayant chargé Tueur-de-Daims de propositions, qui, si elles étaient acceptées, devaient mettre fin à la guerre.

Dès qu'on fut de nouveau installé au château, les femmes s'occupèrent de préparer un repas, tandis qu'Hurry réparait ses moccassins, que Chingachgook restait assis, absorbé dans ses pensées, et que Tueur-de-Daims examinait la fameuse carabine de Tom Hutter que le vieillard avait l'habitude d'appeler Tue-Daims.

— Voilà une belle arme, Hurry, s'écria-t-il, c'est dommage qu'elle soit tombée entre les mains des femmes; les chasseurs m'ont vanté ses exploits, et, d'après ce que j'ai entendu dire, ses coups sont certains quand ils sont bien dirigés.

— Oui, répondit March en continuant son métier de savetier, le vieux Tom attachait du prix à cette carabine, quoiqu'il ne fût pas bon tireur. J'ai eu l'idée que Judith pourrait bien me la donner.

— Ce serait possible, Hurry, car on ne saurait dire ce que feront les jeunes filles; cependant quand une chose est près de la perfection, c'est dommage qu'elle ne l'atteigne pas complétement.

— Que voulez-vous dire?... Cette arme ne serait-elle pas aussi bien placée sur mes épaules que sur celles de tout autre?

— Oui, par rapport aux apparences, mais non pas en réalité. Manœuvrée par certaines gens, elle tuerait plus de daims en un jour que vous n'en abattriez en une semaine, Hurry! Je vous ai vu à l'épreuve... vous vous rappelez le daim de l'autre jour?

— Il était trop jeune, et j'ai voulu simplement l'effrayer; aussi avez-vous vu comme il s'est sauvé!

— Ne discutons pas là-dessus; mais convenons que cette carabine est superbe, et qu'avec elle, pour peu qu'on eût l'œil sûr et la main ferme, on deviendrait le roi des bois.

— Gardez-la donc, et obtenez ce titre, dit Judith, qui avait entendu la conversation.

— Parlez-vous sérieusement? s'écria Nathaniel tellement surpris qu'il laissa voir son émotion; il serait digne d'un roi de faire ou de recevoir un pareil présent.

— Je vous donne cette arme d'une manière positive, et je souhaite que vous vous en serviez pendant plus de cinquante ans.

— En ce cas, jeune fille, nous en reparlerons. Ne vous fâchez pas, Hurry; Judith a du bon sens, elle sait que l'arme de son père sera mieux dans mes mains que dans les vôtres, et voilà pourquoi vous ne devez pas être mécontent. En des circonstances plus importantes, vous verrez qu'elle vous donnera la préférence.

Hurry exprima sa mauvaise humeur par de sourds murmures, mais il était trop occupé de ses préparatifs de départ pour prolonger la conversation. Bientôt après, on soupa dans un morne silence ; puis on se réunit sur la plate-forme pour entendre les communications que le Tueur-de-Daims avait à faire de la part des sauvages, et qu'il avait jusqu'alors différées. On apporta des tabourets, et tous les convives se placèrent en cercle auprès de la porte pour entendre Tueur-de-Daims expliquer le message dont l'avaient chargé les Hurons :

— Voici le fait, dit le jeune chasseur, les sauvages, qui sont des observateurs judicieux, ont eu confiance en moi et n'ont pas hésité à me révéler toutes leurs pensées ; ils consentent à vous laisser en paix ; ils sont plein d'estime pour le Grand-Serpent auquel ils permettront de retourner dans sa tribu sans être inquiété ; mais ils veulent ravoir Wah-tah-Wah qui, à ce qu'ils prétendent, a emporté le cœur d'un jeune Huron ; ils disent en outre que le Rat-Musqué étant mort, ses filles n'ont pas de wigwams ; que, malgré leur couleur blanche, elles ont dû oublier le chemin des établissements ; que l'Églantine-des-Bois peut devenir la femme d'un grand guerrier, et que l'esprit faible sera toujours honoré parmi eux.

— Et c'est à moi que vous proposez de semblables conditions ! s'écria Judith avec plus de douleur que d'indignation, suis-je faite pour devenir l'esclave d'un Indien ? Wah-tah-Wah peut-elle oublier une affection véritable pour répondre aux caprices d'un Huron.

— Telle n'est pas ma pensée, répondit Œil-de-Faucon ; mais, chargé d'un message, il était de mon devoir de m'en acquitter. Si vous voulez connaître mon opinion, je vous dirai que ces propositions sont inacceptables. Les coquins qui les ont faites vous croient à leur merci, et vous avez Henri March pour vous protéger. Sa couleur ne lui permet pas d'abandonner des femmes blanches dans leur détresse ; et je pense que vous pouvez compter sur lui.

Henri March fut assez embarrassé de cette insinuation. Si Judith l'eût encouragé, il n'aurait pas hésité à rester au château pour défendre les deux sœurs ; mais il n'était pas assez chevaleresque pour exposer sa vie sans aucun intérêt personnel.

— Il ne vous appartient pas de me dicter ma conduite, dit-il d'un ton presque menaçant. Henri March sait ce qu'il a à faire, et n'est pas assez fou pour entreprendre de lutter contre une tribu tout entière. On n'a pas à lui reprocher d'abandonner des femmes de sa couleur, puisque ce sont ces femmes elles-mêmes qui l'abandonnent. Que Judith change d'avis, qu'elle me suive, et je prendrai soin d'elle et de sa sœur ; autrement je partirai aussitôt que je croirai les espions de l'ennemi endormis dans les broussailles.

— Judith ne changera pas d'avis et ne recherche pas votre société, répondit la sœur aînée avec animation.

— Voilà un point réglé, dit Nathaniel sans rien perdre de son sang-froid : passons maintenant à Wah-tah-Wah.

— Qu'en dites-vous, ma fille? avez-vous envie de retourner chez les Mingos et de prendre un mari huron pour éviter d'être scalpée?

L'Indienne se leva et s'expliqua avec dignité, dans le langage de sa tribu :

— Dites aux Hurons qu'ils sont aveugles comme des taupes s'ils ne distinguent pas le loup du chien. Parmi mon peuple, la rose meurt sur la tige où elle a fleuri; le blé croît où la graine a été plantée; les larmes de l'enfant coulent sur la tombe de ses pères. Les filles Delawares ne passent pas de tribu en tribu comme des ceintures de Wampum; le rouge-gorge et l'hirondelle retournent tous les ans à leurs anciens nids.

Pourquoi la femme serait-elle moins fidèle qu'un oiseau? qu'on mette le sapin dans l'argile, et il jaunit; qu'on mette le saule sur la colline, et il se dessèche. Qu'est-ce qu'un jeune Huron pour une fille des Lennislenaps? S'il court, mes yeux ne le suivront pas; ils sont tournés vers les huttes des Delawares. S'il chante des chansons agréables pour une Canadienne, elles sont sans harmonie pour moi. Quand même le Huron appartiendrait à la tribu qui errait autrefois sur les bords du grand Lac-Salé, je le repousserais, à moins qu'il ne fût de la famille d'Uncas. Le jeune pin s'élèvera aussi haut que ses ancêtres. Wah-tah-Wah n'a qu'un cœur, et ne peut aimer qu'un époux.

Cette éloquente harangue causa à Nathaniel une satisfaction qu'il témoigna par un éclat de rire silencieux; puis, se retournant vers Judith, il lui dit :

— J'ai entendu la réponse d'une Indienne; donnez-moi maintenant celle d'un visage pâle. Quoique les Hurons ont été mieux inspirés en vous appelant l'Eglantine-des-Bois.

— Ce compliment, répartit Judith, n'aurait aucune valeur pour moi venant de tout autre; de votre part, il doit être sincère. Toutefois, avant de m'entendre, je désire que vous vous adressiez au Serpent.

— Le Serpent va parler, dit Chingachgook en se levant, comme sa compagne, pour donner plus de dignité à son discours. Ecoutez ce qu'il va dire des prétendus loups qui viennent hurler dans nos bois. Ce ne sont point des loups; ce sont des chiens, dont les Delawares couperont la queue et les oreilles. Ils sont bons pour voler les jeunes femmes ; ils ne valent rien pour les garder. Chingachgook prend son bien où il le trouve, sans demander la permission à ces coquins du Canada. S'il a un tendre sentiment dans le cœur, cela ne les regarde pas. Il le révèle à celle qui aime à l'entendre ; il ne le crie point tout haut dans les forêts. Ce qui se passe dans son wigwam doit rester caché, même aux chefs de son peuple, et à plus forte raison aux Mingos. Dites-leur qu'ils aboient plus haut s'ils désirent que le Delaware les trouve dans les bois où ils se terrent comme des renards. Quand ils avaient dans leur camp une vierge de notre tribu, j'avais un motif pour les aller chercher ; à présent je les oublie. Je ne me donnerai pas la peine d'aller chercher du renfort dans mon village s'il faut encore les combattre. Je suffirai seul à les chasser de ce pays, et je garderai Wah-tah-Wah pour faire cuire mon gibier.

— Bravo ! s'écria Œil-de-Faucon : voilà une harangue qui fera monter le sang au visage des Iroquois comme la sève dans un tilleul. Maintenant, Judith, c'est à votre tour, car ces mécréants attendent une réponse de tout le monde, excepté peut-être de la pauvre Hetty.

— Et pourquoi cette exception, Nathaniel ? Ma sœur dit parfois des choses très sensées, et ses paroles ne sont pas sans influence sur les Indiens.

— Vous avez raison, Judith ; ainsi, dans le cas où Hetty voudrait s'expliquer, je transmettrai son message aux Hurons avec une fidélité scrupuleuse.

La sœur cadette hésita un moment, et répondit avec douceur mais avec autant d'énergie que ceux qui l'avaient précédée.

— Les sauvages, dit-elle, ne comprennent pas la différence qui existe entre eux et les blancs ; autrement ils ne nous proposeraient pas d'aller habiter leurs villages. Dieu a voulu que nous vivions séparément, et ma mère a toujours dit que nous ne devions demeurer qu'avec des chrétiens : voilà pourquoi nous ne pouvons quitter ce lac. Il nous appartient ; c'est le tombeau de nos parents, et les plus méchants Indiens tiennent à rester près des ossements de leurs pères. J'irai leur rendre visite s'ils le désirent, et je leur lirai encore la Bible ; mais je ne puis quitter la tombe de mes parents.

— Je répèterai votre message aux sauvages, reprit le chasseur, mais il faut que j'y ajoute celui de Judith.

La sœur aînée hésitait à répondre ; sa fierté bien connue faisait présumer qu'elle resterait, comme Hetty, fidèle aux vrais principes. Au commencement de l'entrevue, elle avait déjà prononcé quelques mots qui présageaient sa résolution ; cependant elle montrait de l'embarras, et elle n'ouvrit les lèvres que lorsqu'un profond silence l'eut avertie qu'on attendait sa décision avec impatience.

— Dites-moi, d'abord, Nathaniel, dites-nous quel effet nos réponses auront sur votre sort. S'il faut vous sacrifier, si vous portez la peine de notre orgueil, il vaut mieux peut-être que notre langage soit plus modéré. Quelles seront pour vous les conséquences de nos réponses ?

— Mon Dieu, Judith, vous pourriez tout aussi bien me demander de quel côté le vent soufflera la semaine prochaine, ou quel sera l'âge du premier daim que l'on tuera. Tout ce que je puis vous dire, c'est que les Mingos me lancent des regards farouches; mais un nuage n'annonce pas toujours le tonnerre. C'est une question facile à poser et difficile à résoudre.

— Il en est de même du message des Iroquois, répondit Judith, en se levant comme si elle eût pris son parti. Je ne leur répondrai qu'après avoir conféré seule avec vous, quand les autres se seront retirés.

La jeune fille avait un ton résolu qui décida Nathaniel à l'obéissance. On leva la séance, et Hurry reprit ses préparatifs pendant que le jeune chasseur recommençait l'examen de la fameuse carabine. A neuf heures, le voyageur fit ses adieux, non pas avec cordialité, mais d'un air sombre et bourru. Il était mécontent des aventures qui lui étaient arrivées sur le lac et de ce qu'il appelait l'entêtement de Judith ; et selon l'habitude des esprits étroits, il aimait mieux reprocher ses malheurs aux autres que de s'en accuser lui-même. Judith lui donna la main avec plus de joie que de tristesse, et les deux Delawares n'étaient pas fâchés de le voir partir; mais Hetty témoigna une véritable sensibilité. Retenue à l'écart par la pudeur et la timidité de son sexe elle n'avança qu'au moment où Hurry rejoignait Œil-de-Faucon qui l'attendait dans le canot. Alors elle monta sur l'Arche, et le sentiment triompha de sa réserve.

— Adieu Hurry, dit-elle de sa plus douce voix, adieu, mon cher Hurry. Prenez soin de vous dans les bois, et ne vous arrêtez pas avant d'avoir atteint la garnison. Les feuilles des arbres sont à peine plus nombreuses que les Hurons autour du lac, et ils ne traiteraient pas un homme vigoureux comme vous aussi amicalement qu'ils me traitent.

March avait reçu si peu de témoignages de sympathie que les doux accents d'Hetty le consolèrent. Il arrêta le canot qui s'éloignait, et le ramena auprès de l'Arche d'un coup de son bras vigoureux. C'était plus que n'attendait la jeune fille, à laquelle le départ du coureur des bois avait donné du courage, et qui recula timidement à ce retour inattendu.

— Vous êtes une bonne fille, lui dit March affectueusement, et je ne puis vous quitter sans vous serrer la main. En définitive, Judith ne vous vaut pas. Sous le rapport du bon sens, si l'on en juge à la manière honnête et franche dont une femme se comporte avec un jeune homme, vous valez une douzaine de Judith.

— Ne dites rien contre elle, répliqua Hetty d'un ton suppliant. Il n'est pas convenable que des sœurs entendent parler mal l'une de l'autre, surtout quand elles sont orphelines. Mon père et ma mère sont dans le lac, et nous devons tous craindre Dieu, car nous ne savons pas quand nous y serons aussi.

— C'est raisonnable, mon enfant, comme presque tout ce que vous dites. Eh bien, si jamais nous nous revoyons, vous trouverez en moi un ami. Je n'avais pas grande sympathie pour votre mère, j'en conviens, car nous ne nous accordions pas sur beaucoup de points, mais votre père m'allait comme un habit de peau de daim. Malgré tout ce qu'on a débité sur son compte, j'ai toujours soutenu que Thomas Hutter, dit Flottant, était un brave homme.

— Adieu, Hurry ! dit Hetty, qui, sans bien s'en rendre compte et comme instinctivement, voulait hâter le départ du jeune homme, comme elle avait voulu le retarder tout à l'heure. Adieu, Hurry, prenez soin de vous dans les bois, ne vous arrêtez qu'au fort.

Il avait été résolu de mettre Hurry à terre à l'endroit où nous l'avons vu s'embarquer au commencement de son récit. Les deux aventuriers y arrivèrent de la rive.

— Vous ferez bien, dit Œil-de-Faucon, de conseiller aux officiers de nous envoyer un détachement et de lui servir de guide vous-même. Vous connaissez les sentiers, la configuration du lac et la nature du terrain, et vous serez plus utile qu'un batteur d'estrade ordinaire. Allez droit au camp des Hurons, on vous contentant de jeter un coup d'œil sur l'Arche et sur le château. Donnez à ces bandits une bonne leçon : cependant je n'en vaudrai pas mieux, puisque mon affaire peut être décidée demain avant le coucher du soleil ; mais les deux sœurs peuvent s'en trouver bien.

— Et vous, Nathaniel? demanda Hurry avec une certaine sollicitude.

— Dieu décidera de mon sort ; je m'y soumets d'avance.

— Avez-vous réellement l'intention de vous remettre entre les mains des sauvages ? Ce serait une véritable folie !

— Je ne crois pas que ce soit jamais une folie de tenir sa promesse, répartit tranquillement Œil-de-Faucon. Je ne veux point mettre les Mingos à même de dire que les blancs sont moins fidèles qu'eux-mêmes à leur parole. Si j'ai pris un engagement, je n'en suis pas dispensé parce qu'il a été pris devant des hommes rouges, au milieu de la forêt. J'ai eu pour témoin le Tout-Puissant, dont l'air est l'haleine, et la lumière le regard. Adieu, Hurry. Nous pouvons ne nous revoir jamais ; je désire que vous ne méprisiez jamais une promesse que vous aurez faite en invoquant le Dieu des chrétiens.

March ne sut que répondre ; il murmura un adieu laconique, prit ses bagages et s'éloigna rapidement à travers les broussailles. Avant de se mettre lui-même en route, Nathaniel écouta le bruit des pas et regarda les cieux étoilés. Il se trouvait à la place, d'où il avait contemplé pour la première fois le lac ; Judith sur la plate-forme, attendait impatiemment le retour de Tueur-de-Daims ; tout le monde dormait dans l'Arche, et la jeune fille, en l'aidant à amarrer le canot, exprima le désir de profiter le plus tôt possible de cet instant de liberté pour lui parler de choses graves.

CHAPITRE XXIV

— Vous voyez, lui dit-elle, j'ai allumé la lampe et je l'ai placée dans la cabine. Cela ne se fait jamais que dans les grandes occasions, et je considère cette nuit comme la plus importante de ma vie. Veuillez me suivre, voir ce que j'ai à vous montrer et entendre ce que j'ai à vous dire.

Le jeune chasseur fut un peu surpris, mais il ne fit aucune objection. Tous deux furent bientôt dans la toue. Deux tabourets étaient placés auprès du coffre ; la lampe avait été déposée sur un autre siège, et une table destinée à recevoir les différents objets qu'on pourrait tirer du mystérieux trésor. Les cadenas étaient ôtés ; il ne restait plus qu'à soulever le couvercle massif. Tous ces arrangements étaient l'œuvre de la jeune fille, dont la fiévreuse impatience avait prévu tous les obstacles.

— Je comprends, dit Œil-de-Faucon ; mais pourquoi Hetty n'est-elle pas présente en sa qualité d'héritière ?

— Elle dort, répondit Judith ; d'ailleurs, elle m'a donné sa part de tout ce que le coffre peut contenir pour en disposer comme je l'entendrais.

— A-t-elle l'esprit assez libre pour faire une pareille donation ? demanda l'équitable jeune homme. En principe, on ne doit rien accepter de ceux qui ne savent pas la valeur de leurs présents.

— Hetty n'éprouvera aucun préjudice, reprit Judith avec douceur, elle sait non seulement ce que je vais faire, mais encore pourquoi je le fais. Ainsi donc, levez le couvercle du coffre et examinons-le jusqu'au fond. Je serais bien désappointée si nous n'y trouvons pas des renseignements sur Thomas Hutter.

— D'où vient, Judith, que vous ne l'appelez pas votre père ? On doit aux morts les mêmes égards qu'aux vivants.

— J'ai longtemps soupçonné que Thomas Hutter n'était pas mon père, et il a avoué à ses derniers moments qu'il n'était pas même celui d'Hetty. Au surplus, nos recherches nous en apprendront davantage. Nathaniel comprit l'impatience de la jeune fille, et se mit à explorer le coffre. Les objets déjà connus excitèrent moins d'intérêt que la première fois, et Judith jeta même avec indifférence la magnifique robe de brocart.

— Nous avons vu tout cela, dit-elle ; mais déroulez le paquet que vous tenez à la main. Nous ne l'avons pas encore ouvert.

— C'est une espèce de drapeau, dit Œil-de-Faucon, et je ne sais à quelle nation il appartient. Je plains l'enseigne qui a été chargé de le porter, car il est assez grand pour faire une douzaine d'étendards comme ceux des régiments du roi.

— C'est sans doute un pavillon de bord. N'avez-vous jamais entendu parler des relations de Thomas Hutter avec des gens appelés boucaniers ?

— Boucaniers ! répéta Nathaniel : j'ignore ce que c'est. Hurry m'a dit qu'on supposait que le vieux Tom avait été autrefois en rapport avec des pirates ; mais il ne saurait vous être agréable d'en acquérir la preuve.

S'il n'est pas votre père, il est du moins l'époux de votre mère.

— C'est vrai répondit Judith elle l'aura probablement épousée en secondes noces après la mort de notre véritable père : il y avait pourtant une si grande différence entre eux !... Continuons ; que contient ce paquet de forme carrée ?

Œil-de-Faucon ôta l'enveloppe de toile du paquet en question, et y trouva une boîte d'un travail précieux. N'en ayant pas la clef, il se décida à forcer la serrure au moyen d'un morceau de fer.

L'intérieur était rempli de lettres, de manuscrits, de notes et autres papiers analogues. Avec la vivacité du faucon qui fond sur sa proie, Judith s'empara de ces documents, et les parcourut avidement les uns après les autres. Elle lut d'abord une tendre correspondance d'une mère avec sa fille ; c'étaient de sages consoils, de doux témoignages d'affection. Les réponses ne s'y trouvaient pas, mais il était facile de les deviner.

C'étaient les lettres que sa mère avait reçu de sa grand-mère.

Ce qu'il y avait de singulier, c'était le soin avec lequel on avait raturé toutes les signatures.

Au-dessous de ce paquet en était un autre contenant la correspondance du père de Judith, dont le nom était raturé.

Tous ces papiers formaient un récit suivi, et une assez triste histoire.

L'époque de la naissance de Judith y était indiquée ; son nom de baptême lui avait été donné par son père, dont elle se souvenait encore vaguement. Hetty avait reçu son prénom de sa mère.

Les lettres qui venaient après faisaient l'histoire du couple mal assorti dont Judith s'était crue longtemps issue. Les réponses de Thomas Howey, dit Hutter, étaient conçues grossièrement. Dans les manuscrits suivants, il n'était question que d'affaires.

Parmi les pièces détachées se trouvait un vieux journal, contenant une proclamation dans laquelle on offrait une récompense à quiconque livrerait certains flibustiers. Le nom de Thomas Howy y était souligné. Rien dans cette volumineuse correspondance ne pouvait indiquer à Judith comment s'appelaient ses parents. Se renversant sur son siège, elle pria son compagnon d'achever d'inventorier ce qui restait dans le coffre.

— Volontiers, répondit le patient Nathaniel ; mais voici deux heures que vous regardez ces chiffons de papier.

— Ils me parlent de mes parents, Nathaniel, et déterminent ma conduite future, mais je suis fâchée de vous retenir.

— Peu importe, mon enfant. Je ne m'inquiète pas de dormir ou de veiller ; mais je dois avouer qu'il ne m'est pas agréable, de rester auprès de vous tandis que vous pleurez.

Ce propos fut récompensé par un sourire gracieux mais empreint de mélancolie. Elle laissa au jeune homme le soin de visiter le fond de la caisse. On n'y découvrit rien de très précieux.

Judith et Nathaniel furent frappés de l'idée que quelques-uns de ces objets pouvaient servir à la rançon du captif.

— Maintenant, dit Judith, nous pouvons aviser au moyen de vous racheter.

— C'est généreux de votre part, Judith. Je vous en remercie d'avance, Hetty et vous ; il y a pourtant une raison pour que vos espérances ne soient point réalisées.

— Je n'en vois point, puisque nous consentons à donner tout ce que nous possédons.

— Fort bien ! les Mingos ne manqueront pas de le prendre, mais il douteux qu'ils le payent. Que diriez-vous si l'on venait vous proposer d'acheter, moyennant tel ou tel prix, le coffre et son contenu ?

— Je dirais qu'il est absurde de vouloir nous vendre notre propriété.

— C'est là précisément ce que pensent les Mingos. Ils regardent tous vos biens comme leur appartenant, et ils n'ont pas besoin d'être autorisés à les prendre.

— Vous avez raison ; mais nous sommes encore en possession

du lac, et nous pouvons le garder jusqu'à ce qu'il nous vienne du renfort, surtout si vous restez avec nous.

— Malheureusement ça m'est impossible, ma chère enfant; j'ai donné ma parole et il faut la tenir. Quel désappointement éprouveraient le vieux Tamenund et Uncas, le père du Grand-Serpent, et tous mes autres amis de la tribu si je me déshonorais quand je marche pour la première fois sur le sentier de la guerre!

— Je ne chercherai point à vous détourner de vos devoirs, repartit la jeune fille après quelques instants de réflexion. Si je vous donnais un mauvais conseil, j'en aurais plus de regret que vous-même, et il ne sera pas dit que Judith... je ne sais plus de quel nom m'appeler à présent!

— Et pourquoi ne continuez-vous pas à porter celui de feu Thomas Hutter?

— Il ne m'appartient pas, reprit Judith d'un ton ferme; il n'était pas mon père et je m'en félicite, car vous savez...

— Oui, je sais que dans sa jeunesse Hutter avait vécu aux dépens des autres, du moins si je dois m'en rapporter au compte de Henri March; mais il y a deux sortes de réputations dans le monde, celle qu'on acquiert par ses propres actions et celle que les autres vous donnent. J'aime donc mieux juger par moi-même que de me laisser endoctriner par les bavardages du premier venu.

— Parcourez donc ces papiers, dit Judith avec vivacité, vous verrez que le véritable nom de mon prétendu père était Howey, et qu'il s'était rendu coupable de piraterie.

— Mon Dieu! répondit le jeune homme en riant, vous pourriez tout aussi bien me demander d'écrire ou d'imprimer ces lettres. J'ai fait mon éducation dans les bois. Le seul livre que je sois capable de lire, c'est celui que Dieu a ouvert pour toutes ses créatures dans les grandes forêts, dans les lacs argentés, dans les cieux d'azur, dans les vents, dans les tempêtes, dans le coucher du soleil, dans les autres merveilles de la terre.

— Pardon d'avoir pu vous offenser, reprit Judith avec empressement.

— M'offenser! et pourquoi? Je suis chasseur, apprenti guerrier, et non un savant, les livres ne me regardent pas, je ne les recherche pas même pour faire des bourres, ne me servant jamais que de cuir convenablement préparé. Si, comme on le dit, tout ce qui est imprimé est vrai, les ignorants doivent se trouver parfois en défaut; n'ont-ils pas cependant pour s'instruire ce que Dieu a imprimé de sa propre main dans les bois, dans les sources et dans les cieux?

— Je suis charmée que vous ne preniez pas en mauvaise part

mon inadvertance ; puisque vous ne pouvez parcourir ces papiers, sachez qu'ils m'ont donné le droit de ne plus porter le nom du pirate Hutter.

— En ce cas, prenez le nom de votre mère.

— Je ne le connais pas.

— En vérité, reprit Œil-de-Faucon, voilà qui est invraisemblable. Les parents sont tenus de donner un nom à leur postérité, quand même ils ne leur laisseraient pas autre chose. Moi, qui suis, quoique blanc, d'une humble origine, je m'appelle Nathaniel Bumppo, et j'ai entendu dire autrefois que ma famille occupait un certain rang dans le monde.

— Elle n'est pas déchue, Tueur-de-Daims, et votre nom est honorable. Ma sœur et moi nous aimerions cent fois mieux nous appeler Hetty ou Judith Bumppo que Hetty ou Judith Hutter.

— C'est de toute impossibilité, répondit gaiement le chasseur, à moins que l'une de vous ne s'abaisse à m'épouser.

Judith ne put s'empêcher de sourire en voyant la conversation tomber naturellement sur le sujet qu'elle désirait aborder. Quoiqu'elle ne fût pas disposée à faire des avances inconvenantes, elle était excitée par un sentiment nouveau pour elle et par les inquiétudes qu'elle concevait sur son avenir : elle profita donc de l'occasion avec une adresse bien excusable.

— Je crois, dit-elle, que Hetty ne se mariera jamais ; et si votre nom devait être porté par l'une de nous, il ne pourrait l'être que par moi.

— Il est entré des femmes de haute condition dans la famille Bumppo, et on ne serait pas surpris de vous y voir.

— Ce langage ne nous sied pas, Tueur-de-Daims ; toutes les fois qu'un homme et une femme traitent un pareil sujet, ils doivent parler sérieusement et dans la sincérité de leur cœur. J'oublierai donc la réserve qui devrait m'imposer silence, pour m'expliquer avec la franchise dont vous êtes digne. Croyez-vous… que vous seriez heureux avec une femme telle que moi ?

— Une femme telle que vous, Judith ! à quoi bon plaisanter ? Vous êtes assez belle, assez bien élevée, autant que j'en puis juger, pour être l'épouse d'un capitaine ; comment songeriez-vous à devenir la mienne ? Je suppose que les jeunes filles qui ont la conscience de leur bonne mine et de leur esprit trouvent un certain plaisir à s'amuser aux dépens des gens qui ne sont ni beaux, ni spirituels, comme un pauvre chasseur Delaware.

— Vous êtes injuste envers moi, s'écria Judith ; je n'ai jamais parlé plus sérieusement. Pourquoi croyez-vous que je méprise ceux qui n'ont pas de qualités extérieures ? J'ai été maintes fois demandée en mariage par des jeunes gens d'une beauté incontestable, comme votre ami Henri March; mais qu'est-ce que la beauté dans un homme, pourvu qu'il ne soit pas contrefait ? Pour la physionomie, un air de probité qui répond du cœur vaut mieux que l'éclat des yeux, du teint ou des dents. Je ne suis pas du nombre des femmes qui se laissent prendre aux apparences. Des géants comme Harry peuvent figurer avec avantage dans un régiment de grenadiers, mais les jeunes filles sensées ne s'attachent pas à eux; elles veulent qu'un mari soit courageux, modeste, d'une honnêteté inflexible, prêt à mourir pour la cause de la justice. Elles mourraient pour un pareil homme; mais le jeune homme vantard et perfide devient bientôt aussi odieux à leurs yeux qu'à leur cœur!

Judith s'était énoncée avec sa véhémence ordinaire, mais son auditeur était frappé de trop de sensations nouvelles pour remarquer le ton de ses paroles. Il fut d'abord tout entier à l'orgueil dont nous sommes tous pétris d'avoir attiré l'attention de la plus aimable femme qu'il eût jamais vue; puis, il lui vint à l'esprit pour la première fois qu'elle pouvait être la compagne de sa vie. C'était une pensée si neuve pour lui qu'il s'y livra pendant quelques minutes, mais habitué aux choses positives, peu disposé à céder au pouvoir de l'imagination tout en ayant un sentiment poétique, il recouvra bientôt sa raison et sourit de sa faiblesse, tandis que les tableaux fantastiques s'évanouissaient.

— Tout cela est un rêve, mais c'est un beau rêve, et je ne suis pas étonné que Harry Harry s'en soit allé triste aussi bien que désappointé.

— Est-ce que vous auriez voulu que je donnasse ma main à un tel homme?

— Il a des qualités et des défauts; il ne ferait certainement pas le meilleur des époux, mais je crois pourtant qu'il serait vu d'un œil plus favorable par la plupart des femmes.

— Non, non, Judith sans nom ne consentira jamais à s'appeler Judith March!

— Judith Bumppo ne résonnerait pas aussi bien, et il y a beaucoup de noms qui sont moins agréables à l'oreille que celui de March.

— Ah! Nathaniel, la mélodie, en pareil cas, s'adresse au cœur plutôt qu'à l'oreille. Si vous vous nommiez Henri March, ce nom me semblerait peut-être plus agréable; et si Henri s'appelait Bumppo, ce dernier nom me paraîtrait affreux.

— C'est juste, et j'en puis juger par moi-même. J'ai une aversion naturelle pour les serpents, leur nom même m'inspire une antipathie que les missionnaires expliquent en racontant que c'est un serpent qui a trompé la première femme. Pourtant, depuis que Chingachgook a gagné le titre qu'il porte, son nom me charme autant que le ramage de l'oiseau moqueur. Le sentiment modifie ce qu'on entend et ce qu'on voit.

— Voilà pourquoi je m'étonne que vous ne compreniez pas qu'une jeune fille ayant quelque beauté ne tienne pas à ce que son époux possède le même avantage. La beauté n'est rien sans un cœur honnête.

— Vous dites vrai, Judith, quoique beaucoup de gens préfèrent des biens visibles et immédiats à des qualités que le temps seul révèle. Je suis enchanté de vous voir dans ces dispositions d'esprit.

— Je les aurai toujours, répondit la jeune fille en accentuant ses paroles, mais en s'abstenant d'offrir directement sa main; je puis dire du fond de mon cœur que je confierais mon bonheur à un homme simple et sincère plutôt qu'à un misérable fourbe qui m'offrirait de l'or et des domaines.

— Quoi! si vous aviez d'un côté un officier au bel uniforme, à la tête poudrée, aux mains blanches, si de l'autre côté, se présentait un rude chasseur, dont le hâle aurait rougi la figure, dont les broussailles auraient déchiré les mains, et qui n'aurait d'autres parfums que ceux du grand air et des forêts: auquel des deux donneriez-vous la préférence?

Judith rougit d'abord, puis répondit:

— Aussi vrai que Dieu est mon juge, répondit-elle d'un ton solennel, si ces deux hommes étaient devant moi, comme l'un d'eux s'y trouve, mon choix s'arrêterait sur le dernier.

— Cela est doux à entendre, Judith, et l'on serait tenté, en vous écoutant, d'oublier son indignité; mais vous ne pensez guère ce que vous dites. Un homme tel que moi ne saurait convenir à une jeune fille comme vous; nous formerions un couple disproportionné, et le projet d'union que j'ai entrevu un instant ne saurait être qu'une rêverie. Laissons-le donc de côté, et allons prendre un peu de repos pour nous préparer à la journée de de demain, qui peut être dure à passer.

En disant ces mots, Œil-de-Faucon se leva, et Judith fut forcée de l'imiter. En fixant ses yeux bleus sur son interlocuteur, elle avait dû reconnaître qu'il exprimait réellement toutes ses pensées et qu'il était aveuglé par trop de modestie. Loin de se décourager, elle conçut pour arriver à ses fins, de nouveaux plans dont elle ajourna l'exécution.

Le coffre fut fermé et l'on se sépara en silence. Œil-de-Faucon ne tarda pas à tomber dans un profond sommeil, quoiqu'il n'eût d'autre couche qu'une couverture étendue sur le sol de la cabine ; mais la jeune fille demeura quelque temps éveillée. Elle se demandait si elle devait s'applaudir ou se désoler de n'avoir pas été comprise. D'un côté, sa délicatesse féminine avait été ménagée ; de l'autre, ses espérances avaient été déçues, ou du moins leur réalisation était différée. Elle combina dans sa tête la nouvelle résolution qu'elle avait formée ; et lorsque ses yeux se fermèrent, elle entrevoyait le succès et le bonheur.

CHAPITRE XXV

Au lever du soleil, Hetty et Wah-tah-Wah se levèrent, laissant Judith profondément endormie. La toilette de l'Indienne fut bientôt faite. Ses longs cheveux noirs furent réunis en un simple nœud ; une robe de calicot serra sa taille svelte, et ses petits pieds se cachèrent dans d'élégants moccassins. Quand elle fut habillée, elle alla sur la plate-forme respirer l'air pur du matin, et elle y trouva Chingachgook qui admirait avec la gravité d'un sauvage le premier lac qu'il eût jamais vu.

— Hugh ! s'écria le chef, voilà le pays du Manitou ! il est trop beau pour les Mingos, et cependant les meutes de cette tribu osent aboyer à travers les bois. Ils s'imaginent que les Delawares sommeillent.

— Ils dorment tous, à l'exception d'un seul, qui est de la race d'Uncas.

— Que peut faire un guerrier contre une tribu tout entière ? Le chemin de nos villages est long est sinueux ; nous voyagerons sous un ciel couvert, et je crains, Chèvrefeuille-des-Montagnes, que nous ne soyons obligés de partir seuls.

Wah-tah-Wah comprit l'allusion, et elle devint triste, quoiqu'il lui fût agréable d'être comparée par son fiancé à la plus odorante de toutes les fleurs indigènes.

— Quand le soleil sera là, poursuivit le Delaware en montrant le zénith, le grand chasseur de notre tribu retournera chez les Hurons pour être traité comme un ours qu'ils écorchent et qu'ils font rôtir, même quand leur estomac est plein.

— Le Grand-Esprit peut adoucir leur cœur et ne pas souffrir qu'ils soient aussi altérés de sang. J'ai vécu parmi eux, et je sais qu'ils ont des cœurs. Ils n'oublieront pas que leurs propres enfants peuvent tomber au pouvoir des Delawares.

— Le porc est insatiable, et le loup ne cesse de hurler. Les Mingos ont perdu leurs guerriers; leurs femmes mêmes crient vengeance. Le visage pâle a les yeux d'un aigle, et il peut lire dans leur cœur. Il n'attend d'eux aucune pitié; il y a un nuage sur son esprit, quoiqu'on ne le voie pas sur son visage.

Un long silence suivit cette conversation, puis Wah-tah-Wah passa la main sous le bras du chef, et lui demanda timidement ce qu'il comptait faire pour sauver son ami. Il est inutile de rapporter la réponse de Chingachgook, nous saurons plus tard quelle fut la résolution du jeune couple, qui s'entretenait encore lorsque le soleil parut au dessus de la cime des pins. Au même instant Œil-de-Faucon sortit de la cabine de l'Arche. Ses premiers regards furent pour le ciel sans nuages, et il ne fit un signe de tête aux deux Indiens qu'après avoir contemplé tout le paysage.

— Eh bien ! dit-il avec son calme habituel, celui qui assiste au coucher et au lever du soleil est sûr de le voir disparaître à l'ouest et revenir à l'est, comme un daim qui rôde autour de son bouge. Vous le savez, Wah-tah-Wah, et je suis cependant convaincu que vous n'en avez jamais cherché la raison.

Chingachgook et sa fiancée levèrent les yeux vers l'astre étincelant, puis il se regardèrent l'un l'autre comme pour se demander la solution du problème. L'habitude émousse la faculté de sentir, même quand il s'agit des plus grands phénomènes de la nature, et jamais ces êtres innocents n'avaient cherché à comprendre une révolution dont ils étaient chaque jour témoin. La proposition si brusquement émise par Œil-de-Faucon les frappa comme si elle eût eu un caractère complet de nouveauté.

— Les visages pâles savent tout, dit Chingachgook ; ils peuvent nous apprendre pourquoi le soleil se couche quand il retourne sur ses pas durant la nuit.

— Voilà bien la science des Peaux-Rouges ! reprit Œil-de-Faucon, qui n'était pas fâché de prouver la supériorité de sa race. Les Indiens se trompent, Serpent ; le soleil, qui semble voyager dans les cieux, ne bouge pas, mais c'est la terre qui tourne autour comme la roue d'un moulin.

— Comment mon frère le sait-il ? demanda l'Indien. Quand une roue est en mouvement nous la voyons, et nous ne voyons pas tourner la terre.

— Votre objection est embarrassante. Delaware ; il est vrai que j'ai souvent essayé de voir tourner la terre et que je n'ai jamais pu y parvenir. J'ai cru parfois que j'y arriverais, mais j'ai été toujours forcé d'avouer mon impuissance. Néanmoins ce n'est pas douteux, à ce que disent mes compatriotes, et vous devez les croire, puisqu'ils annoncent les éclipses et autres prodiges qui remplissent vos tribus de terreur. Vous croyez bien au Grand-Esprit sans pouvoir dire où vous l'avez vu.

— Chingachgook le voit partout, partout dans les bonnes choses; le mauvais esprit et dans les mauvaises. Le bon esprit est dans les eaux du lac, dans la forêt, dans les nuées, dans Wah-tah-Wah, dans le vieux Tamenund, dans le Tueur-de-Daims; le mauvais esprit et dans les Iroquois ! Que feront-ils de mon frère ? où sera-t-il lorsque le soleil éclairera demain la cime des arbres ?

Le chasseur tressaillit et regarda son ami fixement mais sans trouble. Ensuite il lui fit signe de le suivre, et le conduisit dans l'Arche, où il pouvait continuer l'entretien sans être entendu par des femmes dont la sensibilité dominait la raison.

— Vous avez eu tort, Serpent, dit-il; vous n'avez pas fait preuve de votre bon sens ordinaire en traitant un pareil sujet devant Wah-tah-Wah, quand une jeune femme de ma couleur pouvait vous entendre. Heureusement votre fiancée n'a point compris, et Judith n'a rien entendu. Il n'est pas facile de répondre à votre question : aucun mortel ne peut dire où il sera le lendemain au lever du soleil; je vous le demande à vous-même, et je serais bien aise d'avoir une réponse positive ?

— Chingachgook sera avec son ami le Tueur-de-Daim : s'il est dans la terre des esprits, le Grand-Serpent y rampera à son côté; s'il est encore de ce monde, les rayons du soleil les réchaufferont tous deux.

— Je vous entends, Delaware, répliqua le chasseur, touché du naïf dévouement de son ami, un pareil langage est clair dans toutes les langues; il vient du cœur, et il va au cœur. Il est bon de le penser ainsi, et il peut être bien aussi de le dire; mais il ne serait pas bien de le faire. Vous n'êtes plus seul dans la vie; quoique vous ayez à changer de cabane et à passer par diverses cérémonies avant d'être mariés légitimement, vous êtes déjà unis dans la joie ou dans la tristesse.

— Dieu vous protège, chef; c'est une véritable folie ?

— Non, tueur de Daims, reprit l'Indien avec l'énergie de la résolution; si Chingachgook était entre les mains des Hurons, que ferait mon frère le visage pâle ! se glisserait-il jusqu'aux villages Delawares, pour aller dire aux chefs, aux vieillards et aux jeunes guerriers: — Voici Wah-tah-Wah, elle est en sûreté, quoique fatiguée ; et voici le fils d'Uncas moins las que Chèvrefeuille, parce qu'il est plus fort, mais également en sûreté ?

— Je ne tiendrais pas un pareil discours Serpent ; je n'aurais rien à dire de Wah-tah-Wah, puisqu'elle ne serait pas avec moi ; et elle ne serait pas fatiguée, puisqu'elle ne partirait pas.

Mon frère n'est pas lui-même ; il oublie qu'il parle à un homme qui s'est assis au feu du conseil de sa nation. Quand les hommes parlent, ils ne doivent pas dire des choses qui entrent d'un côté de la tête pour sortir par l'autre ; leurs paroles ne doivent pas être des plumes assez légères pour être emportées par le vent, même quand il ne ride pas la surface de l'eau. Mon frère n'a pas répondu à ma question ; et quand un chef adresse une question à son ami, celui-ci ne doit pas parler d'autre chose.

— Ne vous fâchez pas, Delaware, j'entends bien ce que vous me demandez, mais je ne sais que répondre : je n'ai pas comme vous de fiancée ; mais d'après ce que j'ai entendu dire, je suis tenté de croire que, si nous sommes attirés par un ami, nous le sommes plus encore par une femme.

— Très vrai, reprit l'Indien avec impassibilité ; mais la fiancée de Chingachgook ne l'attire pas vers les huttes des Delawares, elle le pousse vers le camp des Hurons.

— Noble fille ! avec ses petits pieds et ses mains d'enfant, c'est une femme digne de la souche de ses pères !

— Oui, reprit Chingachgook, Wah-tah-Wah a de petites mains, mais ils peuvent la conduire au secours d'un ami. Mon frère verra ce que nous pouvons faire plutôt que de le laisser mourir dans les tortures.

— Pas d'imprudence, Delaware, dit Nathaniel d'un ton suppliant : il faut vous laisser agir ; et dans le fait, vous ne seriez jamais tranquilles si vous ne tentiez quelque chose pour me délivrer ; mais ne vous exposez pas témérairement, les Mingos peuvent m'injurier, me rôtir, m'arracher les ongles ; mais leur barbarie ingénieuse ne m'infligerait pas de plus grand supplice que celui de vous voir tomber en leur pouvoir en essayant de me sauver.

— Les Delawares sont prudents, ils ne se jettent pas les yeux fermés dans un camp étranger.

Là se termina le dialogue. Hetty annonça que le déjeuner était prêt, et tout le monde se mit à table. Judith y parut la dernière, et sa pâleur indiquait qu'elle avait passé une nuit d'insomnie. Les trois femmes n'avaient pas d'appétit, mais les hommes mangèrent comme à leur ordinaire ; et quand Nathaniel prit la parole, ce fut d'un ton naturel et enjoué, quoiqu'il évitât de faire allusion au grand événement de la journée. Lorsqu'il vit approcher le terme de son congé, il invita Judith à entrer dans l'Arche ; et prenant dans un coin la carabine de Thomas Hutter, il la plaça entre ses genoux.

— Vous m'avez fait présent de cette arme, dit-il à Judith, et j'* consenti à l'accepter parce qu'elle ne pouvait vous être utile. Il est possible que je ne la garde pas longtemps.

Ces mots remplirent la jeune fille d'une angoisse déchirante ; mais elle eut la force de répondre avec une apparence de calme :

— Que voudriez-vous que je fisse de cette arme, s'il vous arrivait malheur ?

— Je vais vous le dire : Chingachgook tire mieux que la plupart de ses compatriotes ; il est mon ami, et je désirerais lui léguer la carabine, dans le cas où je me trouverais hors d'état de profiter d'un don si précieux.

— Comme il vous plaira, Nathaniel ; l'arme vous appartient, et vous pouvez en disposer.

— Hetty consent-elle ? L'héritage d'un père appartient à tous ses enfants ; et si votre sœur a moins d'esprit et de beauté que vous, c'est une raison de plus pour respecter ses droits.

Judith ne répondit pas ; mais, se mettant à une fenêtre, elle fit signe à sa sœur d'approcher. Celle-ci n'hésita pas à faire à Nathaniel une donation absolue de l'arme précieuse, ce qui le transporta de plaisir. Il exprima l'intention d'en faire l'épreuve avant son départ avec l'empressement qu'aurait pu témoigner un enfant pour essayer une trompette ou une arbalète. Retournant à la plate-forme, il annonça d'abord au Grand-Serpent qu'en cas de malheur la carabine lui appartiendrait.

— Ayez-en bien soin, Delaware, ajouta-t-il ; elle vous assurera la victoire et fera mourir les Mingos de jalousie. Je brûle de l'essayer, de vous en montrer les vertus secrètes. Prenez la vôtre, et mettons-nous à la besogne.

Comme cette épreuve était une distraction, les deux sœurs s'empressèrent d'apporter les armes, dont on renouvela immédiatement les amorces.

— Allons, Chingachgook, commencez, dit Œil-de-Faucon, en désignant un grand canard noir qui semblait dormir sur les eaux.

Le Serpent ajusta sans se départir de sa taciturnité. Il fit feu et cassa l'aile de l'oiseau, qui s'enfuit tant bien que mal en poussant des cris.

— Il faut finir ses souffrances ! s'écria le Tueur-de-Daims, et c'est moi qui m'en charge.

Le canard continuait à voleter au dessus du lac, lorsqu'il eut la tête tranchée par une balle aussi nettement que d'un coup de hache. L'exploit de l'Indien avait arraché à Wah-tah-Wah un murmure de satisfaction ; mais elle parut mécontente de l'adresse supérieure de son ami. Le chef au contraire, poussa son exclamation habituelle, et prouva par un sourire qu'il avait plus d'admiration que d'envie.

— Ne faites pas attention à la mauvaise humeur de Wah-tah-Wah, reprit Nathaniel en riant. Il est naturel que la femme partage les succès et les revers de son mari, et l'on peut déjà vous regarder comme époux. Mais voici sur vos têtes un oiseau qui nous offre l'occasion d'une épreuve définitive ; il faut pour l'atteindre de bonnes armes et de bons yeux.

Un aigle, de l'espèce de ceux qui vivent de poissons, planait à une hauteur considérable en attendant le moment de fondre sur sa proie. Chingachgook rechargea sa carabine, tira, et l'oiseau décrivit un cercle plus grand que de coutume, ce qui prouvait que la balle avait passé à peu de distance de lui.

— Maintenant, Judith, s'écria OEil-de-Faucon, nous allons voir si je tue les aigles aussi bien que les daims. Faites-moi place, Serpent, et regardez-moi ; je vais vous démontrer le tir mathématique.

Nathaniel visa longtemps, l'éclair brilla, la détonation retentit et l'énorme oiseau descendit en se soutenant alternativement sur l'une et l'autre de ses ailes ; puis, après avoir tournoyé autour de l'Arche, il tomba lourdement sur l'avant. La balle lui avait traversé le corps entre l'un des ailerons et la poitrine.

CHAPITRE XXVI

— Qu'avons-nous fait ! s'écria Nathaniel en regardant l'aigle que le Delaware tenait suspendu par les ailes et dont les yeux mourants étaient fixés sur ses ennemis. Cette fantaisie meurtrière convenait mieux à deux enfants qu'à deux guerriers qui marchent pour la première fois dans le sentier des combats. Pour m'en punir, je vais vous quitter, et lorsque je serai seul au milieu des féroces Mingos, j'aurai sujet de me rappeler que la vie est douce, même pour les oiseaux de l'air et pour les bêtes des forêts. Il faut que je vous quitte, mes amis !

Les auditeurs oublièrent l'admiration que leur avait causée

l'adresse du jeune chasseur pour ne songer qu'à la douleur de la séparation.

— Déjà ! s'écria Judith.

— Oui, mon congé est expiré, et il ne me reste plus qu'à vous adresser mes derniers conseils. J'ai souvent pensé qu'il y avait des circonstances qui donnaient à nos paroles une valeur toute particulière ; et, comme nous pouvons être longtemps sans nous revoir, je ne suis pas fâché de vous laisser quelques avis en signe de souvenir.

— Vous pourrez en donner à Hetty chemin faisant, mon intention est qu'elle vous accompagne.

— Est-ce raisonnable, Judith ? Il est vrai que dans les circonstances ordinaires la faiblesse d'esprit est une garantie chez les Peaux-Rouges, mais quand ces coquins sont portés à la vengeance on ne peut pas répondre d'eux ; d'ailleurs...

— Qu'alliez-vous dire ? demanda Judith presque les larmes aux yeux malgré tous les efforts qu'elle faisait pour dompter son émotion.

— D'ailleurs, il peut se passer des choses dont les yeux d'une jeune fille timide ne doivent pas être témoins.

Ne craignez rien pour moi, dit Hetty, qui avait saisi le sens de la conversation, on me laisse rôder partout où je veux, et j'ai en outre pour sauvegarde la Bible, pour laquelle les Iroquois eux-mêmes ont un singulier respect.

— Je suis persuadée que vous n'avez rien à craindre, répondit la sœur aînée ; j'insiste donc pour que vous accompagniez notre ami dans le camp huron. Vous ne pouvez vous en trouver mal, et vous lui serez peut-être d'une grande utilité.

— Ce n'est pas le moment de discuter avec vous, reprit Œil-de-Faucon ; agissez comme vous l'entendrez.

— Préparez-vous, Hetty, et allez avec le Serpent disposer notre canot.

Les deux Indiens s'écartèrent avec Hetty, et Nathaniel poursuivit en ces termes :

— C'est peut-être la dernière fois que je vous parle, Judith ; aussi m'exprimerai-je avec la sincérité d'un frère, puisque je ne suis pas assez vieux pour vous tenir lieu de père. Mettez-vous en garde contre vos ennemis : le plus dangereux et une rare beauté dont il faut vous défier plus que d'une tribu de Mingos. Rappelez-vous qu'elle fond comme la neige et qu'elle ne revient plus lorsqu'elle s'en est allée. Les saisons passent et repassent ; si nous avons l'hiver avec ses gelées et le printemps avec sa frêle verdure, nous avons aussi les splendeurs de l'été et l'automne productif qui donne au feuillage des teintes éclatantes. La terre décrit un cercle éternel et la bonté divine nous ramène ce qui est agréable quand nous sommes las de ce qui nous déplaît. Mais il n'en est pas de même de la beauté. Elle passe vite; la Providence la prête pour quelques temps à certains êtres, mais c'est peut-être à titre d'épreuve, prenez donc garde.

En tout autre moment et surtout à aucune autre époque de sa vie Judith n'aurait pu supporter des avertissements aussi sévères. Mais dans cet instant, il eut été difficile à Nathaniel de l'offenser. Ne semblait-il pas n'avoir que quelques heures à vivre? et n'est-il pas permis à un mourant de tout dire? Elle l'écoutait donc avec une patience dont l'idée seule aurait excité son indignation si on la lui avait prédite une semaine auparavant.

— Je vous comprends, dit-elle avec une humilité qui surprit un peu son interlocuteur, et j'espère que je profiterai de vos conseils.

En ce moment Judith, qui avait lutté toute la journée contre ses émotions, se mit tout à coup à fondre en larmes. D'abord ses sanglots furent si violents que Nathaniel, repentant de l'effet qu'avaient produit ses paroles, se leva comme si un serpent l'eût mordu. Les accents d'une mère qui apaise son enfant ne sont pas plus doux et plus insinuants que le ton avec lequel il exprima ses regrets.

— J'ai été trop loin, dit-il; je ne voulais pas vous faire de la peine et je vous demande pardon. L'amitié est vraiment terrible! Elle nous reproche tantôt de ne pas avoir assez fait, et tantôt d'avoir trop fait. Quoiqu'il en soit, je reconnais que j'ai été trop loin; et comme j'ai une forte et véritable affection pour vous, j'avoue ma faute avec joie.

Judith ôta ses mains de dessus son visage; ses larmes avaient cessé et tendant la main à son interlocuteur.

— N'en dites pas davantage, Tuour-de-Daims, reprit-elle avec précipitation; les reproches que vous m'adressez m'affligent. Je vois mieux mon côté faible depuis que vous l'avez découvert; l'amère leçon que vous m'avez donnée ne sera point oubliée; mais n'y revenons plus car je ne me sens pas assez brave pour supporter cette conversation et je ne voudrais pas que le Delaware, Wah-tah-Wah ou même Hetty s'aperçussent de ma faiblesse. Adieu, Nathaniel, que Dieu vous bénisse et vous accorde la protection que mérite votre honnêteté !

Judith avait reconquis la supériorité qui appartenait réellement à son éducation et à ses avantages personnels. Nathaniel ne chercha point à poursuivre l'entretien. Elle lui serra les deux mains, sorte d'honneur qu'il reçut avec la dignité d'un souverain, et rentra dans sa maison pour ne plus reparaître.

— Adieu, Wah-tah-Wah, dit Œil-de-Faucon en se rapprochant des deux Indiens, les femmes rouges ont plus de tribulations que les nôtres, portez votre fardeau avec résignation. Le chef mohican ne sera jamais tyrannique, mais il peut y avoir des jours de nuages dans votre cabane. En tenant les fenêtres du cœur ouvertes, on trouve toujours moyen d'y laisser entrer un rayon de soleil.

— Mon frère pâle est très sage ; Wah gardera dans sa mémoire ce que lui dit sa sagesse.

— Et vous, Serpent, reprit Œil-de-Faucon, ne traitez pas Wah comme une Squaw ordinaire, ne lui placez jamais une houe entre les mains. Vous savez que je ne suis pas tout à fait un mondain ; je donne à votre fiancée tout ce que je possède, en munitions, en fourrures ou en étoffes, pourvu qu'elle ne vienne pas les réclamer avant la fin de la saison. Si mes affaires vont mal, il ne restera guère de moi que des cendres. Je n'aurai donc pas besoin de tombeau et je n'y tiens pas ; cependant il serait bon de visiter les restes du bûcher, d'y chercher mes os et de les recueillir, pour les enterrer, afin que les loups ne les dévorent pas. C'est peu important, en définitive, mais les blancs aiment naturellement les tombeaux.

— Cela sera exécuté, répondit le Delaware avec sa gravité ordinaire. Les paroles de mon frère ont pénétré si avant dans mes oreilles qu'elles ne peuvent plus en sortir ; que mon frère poursuive. La chanson du roitelet et la voix d'un ami ne fatiguent jamais. Si son esprit est plein, qu'il le vide dans le sein d'un ami.

— Je vous remercie, Serpent, mon esprit est à l'aise ; oui, il est passablement à l'aise. Il me vient des idées que je n'ai pas habituellement ; mais je laisse les unes s'en aller seules, et je me débarrasse des autres. Il y a pourtant une chose qui me console, si les Indiens me scalpent, me mettent en pièces ou me brûlent, s'ils jettent mes cendres aux quatre coins du ciel, mon corps me sera rendu aussi intact qu'auparavant quand sonnera la trompette divine !

— Les missionnaires sont de braves gens, reprit Chingachgook, ils ont de bonnes intentions, mais ils ne sont pas grands sorciers. Ils pensent tout ce qu'ils disent, mais ce n'est pas une raison pour que les guerriers soient tous oreilles. Le père de Tamenund a été scalpé et brûlé ; quand je le reverrai avec sa chevelure et sa peinture de guerre je croirai aux missionnaires.

— En effet, voir, c'est croire ; mais il faut que vous sachiez, Serpent, que le grand principe du christianisme est de croire sans voir. Cela peut vous paraître étrange ; mais réfléchissez que nous ne comprenons pas la moitié des choses qui nous frappent les yeux, et qu'il ne saurait nous en coûter de croire une merveille de plus ou de moins. C'est dans les courses de ma jeunesse, sur le flanc des montagnes d'où l'on découvre la terre et les cieux, que j'ai pu comparer la puissance du Manitou avec ma propre infimité, et que j'ai appris à humilier mon intelligence. Vous serez converti un jour, Serpent, et vous réfléchirez sur ces choses, il faut sentir plus encore que raisonner. Adieu, que Dieu vous garde, et j'espère que les blancs et les hommes rouges, se rencontreront ensemble dans le paradis, afin que nous nous retrouvions tous deux !

A ces mots, Œil-de-Faucon serra la main de son ami et s'élança dans le canot où Hetty l'attendait.

Chingachgook lui fit un geste d'adieu ; puis, tirant sur sa tête la légère couverture qu'il portait, comme un Romain qui aurait caché sa douleur dans les pans de sa robe, il entra dans l'Arche pour s'y livrer à ses rêveries.

CHAPITRE XXVII

Le soleil allait atteindre son zénith dans quelques minutes, lorsque Œil-de-Faucon débarqua sur la pointe où les Hurons avaient transporté leur camp. Le sol était moins accidenté et moins encombré d'arbres que celui de leur premier établissement. Çà et là les sauvages et les chasseurs avaient allumé du feu, et sur l'emplacement de ses foyers avaient poussé de verts gazons, si rares dans les forêts vierges.

Lorsque les Indiens virent leur prisonnier s'avancer d'un pas ferme, ils poussèrent un cri général de surprise et d'admiration. Le plus âgé des guerriers, assis avec ses compagnons sur un arbre abattu, leva les yeux et fit remarquer à ses compagnons la position du soleil, qui marquait exactement le milieu du jour. Les farouches guerriers se regardèrent, les uns remplis d'envie et de dépit, les autres étonnés de l'exactitude de leur victime, et quelques-uns pénétrés d'une généreuse compassion.

Les Indiens-Américains s'étaient fait comme les Européens des points d'honneur imaginaires pour remplacer les déductions de la justice et de la raison. Ce n'était rien pour eux de tuer un ennemi si on ne lui enlevait la chevelure, et ce trophée même avait beaucoup moins de prix que les gémissements et les plaintes qu'on pouvait arracher à un captif en le torturant. En permettant à leur prisonnier de s'éloigner, la plupart des Iroquois avaient espéré qu'il manquerait à sa parole, et ils comptaient sur une victoire morale, plus importante pour eux que tout autre succès; mais les vieux chefs n'avaient pas douté du retour d'un homme qui avait montré tant de sang-froid, de droiture et de bravoure.

La réunion de la tribu offrit au Tueur-de-Daims un spectacle imposant. A la droite des chefs, assis sur le trone d'arbre, se tenaient les jeunes gens armés; à la gauche, les femmes et les enfants. Devant eux s'étendait un vaste espace, toujours couvert d'un dais de feuilles, mais dont on avait enlevé avec soin le bois mort et les broussailles. Les arceaux de la forêt y jetaient leurs ombres, dont l'épaisseur était tempérée par les brillants rayons du soleil qui pénétraient à travers les massifs de verdure.

C'était un paysage pareil à celui qui a dû inspirer à l'homme l'idée de l'architecture gothique, car le jeu des ombres et de la lumière produisait dans ce temple naturel le même effet que dans une église du moyen âge.

Suivant un usage assez général parmi les tribus errantes des Aborigènes, deux chefs se partageaient l'autorité: l'un, le Chêne-Fendu, était connu par son éloquence dans la discussion, par sa sagesse au conseil, par sa prudence dans les résolutions; son rival, qu'on appelait la Panthère, avait une réputation méritée de courage, de perfidie et de férocité. Ni l'un ni l'autre ne prononcèrent une parole lorsque l'homme blanc parut au milieu du cercle, et ce fut lui qui les apostropha avec la fermeté et la simplicité qui le caractérisaient.

— Me voici, Mingos, dit-il dans le dialecte des Delawares que la plupart des assistants comprenaient, me voici, et voilà le soleil! Il n'est pas plus fidèle aux lois de la nature que je ne le suis à mon serment. Je suis votre prisonnier, faites de moi ce qu'il vous plaira. Mes affaires avec le monde sont réglées; il ne me reste plus qu'à aller trouver le Dieu des chrétiens, comme il convient à ma nature et à mon éducation.

A ces mots, un murmure d'approbation échappa même aux femmes, et la tribu éprouva le désir presque unanime d'adopter un aussi intrépide guerrier.

Cependant cet avis trouva des contradicteurs, entre autres la Panthère et sa sœur la Suma, veuve du Loup-Cervier que le captif avait tué. Le frère cédait à l'entraînement de sa cruauté instinctive, et la sœur à la soif de la vengeance.

Le Chêne-Fendu ne partageait point ces mauvaises passions. Il se leva, et, arrondissant le bras avec une courtoisie princière, il s'exprima en ces termes :

— Visage pâle, vous êtes honnête ; mon peuple est heureux d'avoir pris un homme, et non un timide renard. Nous vous connaissons maintenant, et nous vous traiterons comme un brave. Si vous avez tué un de nos guerriers et aidé à en tuer d'autres, vous êtes prêt à donner votre vie en échange de la leur. Quelques-uns de mes guerriers pensaient qu'un visage pâle avait trop peu de sang et refuserait de le laisser couler sous le couteau des Hurons. Vous nous prouvez qu'il n'en est rien ; vous avez l'âme aussi solide que le corps. Si mes guerriers disent qu'il ne faut pas oublier la mort du Loup-Cervier, et qu'il ne peut s'en aller seul dans la terre des esprits, ils se rappelleront qu'il est tombé sous les coups d'un brave, et ils vous enverront à lui avec de tels témoignages d'estime, qu'il ne rougira pas de vous avoir pour compagnon de voyage. J'ai parlé : vous savez ce que je vous ai dit.

— Oui, Mingo, je le sais, reprit le chasseur, et ce qu'il y a de plus important, je devine ce que vous avez voulu dire. Je crois que votre Loup-Cervier était un homme de cœur ; mais je ne me sens pas indigne de lui tenir compagnie, même quand vous ne me donneriez point de passe-port. Au surplus, les discours sont de vaines fanfaronnades. J'arrive : traitez-moi comme vous voudrez.

Le Chêne-Fendu fit un signe d'assentiment, et les chefs tinrent entre eux une courte conférence, à la suite de laquelle le prisonnier obtint la liberté de se promener sur la pointe en attendant qu'on eût décidé de son sort. Cette marque de confiance était assez illusoire, car les jeunes guerriers formaient déjà sur la rive un long cordon de sentinelles. On avait eu aussi la précaution d'amarrer en lieu sûr le canot sur lequel était venu Œil-de-Faucon. Comme il avait rempli tous ses engagements et qu'il n'en avait pas contracté d'autres, ces mesures étaient nécessaires. Ses ennemis auraient été charmés qu'il cherchât à s'évader, et ils l'en auraient estimé davantage. Dans des occasions semblables, les sauvages offrent souvent à leurs victimes des facilités pour s'enfuir ; ils pensent augmenter leur gloire en ressaisissant un fugitif, dont les facultés sont excitées par l'imminence du danger et qui a su se dérober à un excès de vigilance.

Œil-de-Faucon n'ignorait pas ses droits ; mais il chercha vainement des moyens de salut, et, après une heure entière d'observation, il fut obligé de revenir auprès du conseil, qui venait de terminer ses délibérations.

— Tueur-de-Daims, dit le Chêne-Fendu, les hommes âgés ont écouté de sages discours ; ils sont prêts à parler. Vos pères sont venus d'un pays au delà du soleil levant. Nous sommes les enfants du soleil couchant ; nous tournons le visage vers les grands lacs d'eau douce, quand nous songeons à nos villages. La contrée qui s'étend du côté du matin peut être belle et abondante en richesse ; mais celle du côté du soir est agréable, et c'est avec plaisir que nous la regardons. Quand nous tournons les yeux vers l'orient, nous avons peur ; car de grands canots nous amènent un nombre toujours croissant de vos compatriotes, comme si leur pays débordait. Les hommes rouges sont décimés ; ils ont besoin de renfort. Une de nos meilleures cabanes est restée vide par la mort de son maître, et de longtemps son fils ne sera assez grand pour remplir sa place. Voici sa veuve ; elle vent du gibier pour la nourrir elle et ses enfants, qui sont comme les petits du rouge-gorge avant de quitter leur nid. C'est par votre main que ce malheur lui est arrivé. Elle a deux devoirs à remplir : l'un envers le Loup-Cervier, l'autre envers ses enfants. Chevelure pour chevelure, sang pour sang, tel est le premier ; nourrir la faiblesse, tel est le second. Nous vous connaissons, Tueur-de-Daims, vous êtes probe ; quand vous dites une chose, ça est. Vous n'avez qu'une langue, et elle n'est pas fourchue comme celle d'un serpent. Vous ne vous cachez jamais la tête dans le gazon, tout le monde peut la voir. Vous êtes juste : puisque vous avez fait du mal, votre désir doit être de faire du bien le plus tôt possible. Voici la Sumac ; elle est seule dans son wigwam avec ses enfants, qui pleurent autour d'elle en lui demandant du pain... Voilà une carabine chargée : prenez-la, allez tuer un daim et venez le déposer devant la veuve du Loup-Cervier. Nourrissez ses enfants, appelez-vous son mari. Après quoi votre cœur cessera d'être Delaware pour devenir huron. La Sumac n'entendra plus de plaintes, et ma tribu retrouvera le nombre de ses guerriers.

— Je craignais cette proposition, répondit Œil-de-Faucon, mais je m'en vais dissiper vite vos illusions. Mingo, je suis blanc et chrétien ; il me conviendrait mal d'aller prendre une femme parmi les païens, suivant les rites des Peaux rouges. Ce que je ne ferais pas en temps de paix, à la face du soleil, je le ferais encore moins derrière les nuages, pour sauver ma vie. Je ne me marierai jamais. La Providence, en me lançant dans les bois, m'a sans doute destiné à y vivre seul : mais si je cessais de l'être, une femme de ma couleur prendrait place dans mon wigwam.

Quant à nourrir les enfants du défunt, j'y consentirais volontiers, si je pouvais le faire sans me compromettre; mais je ne le puis, car je ne saurais me résoudre à vivre dans un village huron. Que vos jeunes gens trouvent du gibier pour la Sumac! J'ai combattu loyalement son mari et il a succombé, c'est à quoi un guerrier doit s'attendre. Moi devenir Mingo!... Vous verriez plutôt des cheveux gris à un enfant et des mûres sur un sapin.

Ces mots excitèrent un mécontentement universel, les vieilles femmes surtout éclatèrent en murmures, et la Sumac, qui comptait assez d'années pour être mère de notre héros, donna le signal des imprécations. Mais l'injure dont elle était l'objet exaspéra surtout la Panthère. Ce chef barbare avait regardé comme une honte qu'on permît à sa sœur d'épouser un Anglais, et avait seul refusé de consentir à un arrangement qui n'était cependant pas sans exemple parmi les Indiens. Il n'avait cédé qu'aux pressantes sollicitations de la veuve affligée. Furieux de la voir dédaignée, il s'écria :

— Chien des visages pâles, va hurler dans tes mauvais territoires de chasse!

Aussitôt il lança son tomahawk à la tête du prisonnier. Heureusement celui-ci qui se tenait en garde, avait étendu le bras en avant, et il saisit le manche de l'arme meurtrière avec une promptitude et une dextérité remarquables. La force d'impulsion était si grande, qu'elle entraîna le bras d'Œil-de-Faucon derrière sa tête, et le plaça dans l'attitude nécessaire pour riposter à l'attaque. Soit qu'il fût tenté par cette circonstance imprévue, soit qu'une colère subite s'emparât de lui, le jeune homme oublia sa réserve. Ses yeux étincelèrent, une petite tache rouge parut sur chacune de ses joues, et il lança de toutes ses forces le tomahawk à l'agresseur. Ce coup réussit d'autant plus qu'il était inattendu. La Panthère n'eut pas le temps de lever le bras ou de courber la tête. Atteint entre les deux yeux par la petite hache acérée, il fit un bond pour se jeter sur son ennemi, et tomba au milieu du cercle dans les convulsions de l'agonie. Son état désespéré attira toute l'attention de la tribu, et Œil-de-Faucon profita de cet instant rapide pour s'enfuir avec la rapidité d'un daim. Il avait passé une heure entière à calculer les chances d'une évasion, de sorte qu'au premier élan son corps était sous la direction absolue de son intelligence et qu'il n'éprouva pas la moindre hésitation.

Tous les Iroquois, jeunes et vieux, femmes et enfants, quittèrent le cadavre de la Panthère pour se mettre à la poursuite du fuyard.

La bordure de buissons qui longeait les rives du lac était interrompue à la pointe, endroit fréquenté par les chasseurs et les pêcheurs qui coupaient les arbustes pour faire du feu; mais elle ne tardait pas à reprendre, et régnait dans toute son épaisseur le long de la plage adjacente.

Œil-de-Faucon franchit rapidement la ligne des sentinelles, entra dans l'eau jusqu'aux genoux, et courut le long de la berge, à l'abri des buissons qui la couvraient. Plusieurs balles sifflèrent à ses oreilles et cassèrent même des branches auprès de lui, mais n'atteignirent même pas ses vêtements.

Le retard causé par ses tentatives infructueuses fut d'un grand secours pour le fugitif, qui gagna du terrain avant que les Hurons eussent mis de l'ordre dans leur poursuite. Désespérant de l'atteindre s'ils persistaient à garder leurs carabines, il les jetèrent après les avoir déchargées, et crièrent aux femmes de les ramasser.

Le Tueur de-Daims, apercevant un passage commode, s'enfonça tout à coup dans le bois et gravit diagonalement la pente d'un coteau qui n'était pas très escarpé, mais qui offrait cependant quelques obstacles. Quand il fut au sommet, il reconnut qu'il était séparé d'un second monticule par une profonde vallée. Aucune cachette ne se présentait à ses yeux; seulement un arbre abattu longeait parallèlement le bord du plateau sur lequel se trouvait Nathaniel.

Par une inspiration du désespoir, il sauta sur l'énorme tronc, se glissa dessous du côté qui faisait face à l'abîme, et se tapit, autant que possible, contre le flanc de la montagne. Toutefois, avant d'adopter ce parti, il se montra sur la hauteur et poussa un cri de triomphe comme s'il se fût félicité de la descente qu'il apercevait. Bientôt il entendit le pas des Hurons.

Sans s'arrêter sur la cime, ils descendirent dans la vallée, et quelques-uns même sautèrent par-dessus l'arbre tombé. Quand ils furent aux pieds de la montagne voisine, ils firent une halte, et montrèrent en vain les feuilles mortes qui jonchaient le sol. le grand nombre de mocassins qui l'avaient foulée rendaient l'observation difficile. Nathaniel voyant leur hésitation se prolonger, prit une résolution hardie.

Il avait eu le temps de se reposer, d'apaiser les battements de son cœur, et de faire taire sa respiration, qui avait d'abord ressemblé à l'action d'un soufflet qu'on fait mouvoir rapidement. Plein de courage et d'espoir, il passa de l'autre côté de l'arbre, réussit à traverser le plateau en se traînant sur ses genoux, et descendit ensuite à grands pas, dans l'intention de reprendre son canot et de s'en servir pour retourner au château. Il ne rencontra chemin faisant que quelques femmes et quelques enfants, qui essayèrent de lui jeter des branches sèches entre les jambes, mais que la peur retint à distance respectueuse. Il arriva sans encombre à la pointe, et, après avoir pris de l'eau dans sa main pour rafraîchir ses lèvres desséchées, il s'approcha de son canot.

Du premier coup d'œil il reconnut que les rames avaient été enlevées. C'était un triste désappointement après tant d'efforts, et le fugitif eut envie de revenir avec dignité au milieu du camp; mais un cri infernal, que des sauvages américains étaient seuls capables de pousser, annonça l'approche de la bande, et l'instinct de la vie l'emporta. Nathaniel poussa le canot devant lui en donnant à l'avant une direction convenable; puis, après avoir réuni toute sa force dans un dernier effort, il s'élança de manière à retomber au fond du frêle esquif, sans en trop contrarier la marche. Il y resta étendu sur le dos, tant pour reprendre haleine que pour se mettre à l'abri des coups meurtriers. La légèreté qui facilitait d'ordinaire le maniement de la barque était alors un désavantage. Cette coquille d'écorce n'avait point d'équilibre; sans cela elle eût été lancée assez loin par l'impulsion qu'il lui avait donnée pour qu'il pût ramer avec les mains.

Couché au fond du canot, le jeune homme jugeait de ses mouvements par la situation des arbres qui couvraient le flanc de la montagne. Des voix tumultueuses annonçaient sur le rivage la présence des Hurons, et il les entendit parler de mettre à l'eau le radeau qui heureusement se trouvait de l'autre côté de la pointe à une distance considérable. Jamais peut-être la situation du fugitif n'avait été plus intolérable et plus critique.

Tout à coup les voix cessèrent, et un lugubre silence régna de toutes parts. C'était d'un sinistre présage; car les sauvages ne manquent jamais de se taire lorsqu'ils se préparent à frapper, et leurs allures ressemblent aux pas mesurés de la panthère qui va fondre sur sa proie. Incapable de supporter son incertitude, Œil-de-Faucon prenait son couteau pour faire un trou dans l'écorce, quand une balle traversa les deux côtés du canot à dix-huit pouces de sa tête. Le péril était imminent, mais notre héros avait vu déjà la mort de trop près pour s'épouvanter. Se retournant avec la plus extrême prudence, il appliqua son œil au trou formé par la balle et put apercevoir la pointe; il n'en était guère qu'à cent pieds, mais une légère brise du sud-ouest commençait à l'écarter du rivage. Jugeant prudent d'augmenter la distance, le navigateur réunit à l'avant les deux pierres rondes et lisses qui étaient comme d'ordinaire dans le canot pour servir à la fois de lest et de siège.

Il parvint à conduire avec les pieds celle de l'arrière jusqu'à la portée de ses mains et la roula auprès de sa compagne, ce qui servit à maintenir l'assiette de la barque, tandis qu'il roculait lui-même autant que possible à l'arrière.

Avant de quitter la plage, Nathaniel jeta dans le canot une branche de bois mort pour lui servir d'aviron. Il mit à l'extrémité de ce bâton le bonnet qu'il portait et le fit voir par dessus le bord du canot, mais en le tenant loin de sa personne. A peine cette ruse était-elle adoptée que le jeune homme eut la preuve qu'il avait mal apprécié l'intelligence de ses ennemis.

Afin de témoigner de leur mépris pour un artifice aussi vulgaire, ils lui envoyèrent une balle qui lui effleura la peau. Il reprit son bonnet et le mit sur sa tête en guise de sauvegarde.

Les Hurons ne parurent pas se douter de ce second stratagème; ou, ce qui est plus probable, sûrs de recouvrer leur captif, ils voulaient le prendre vivant.

Pendant quelques minutes, Œil-de-Faucon se laissa emporter à la dérive; mais il remarqua que sa pirogue virait lentement de bord, et qu'il ne pouvait voir par les trous de balles que les deux extrémités du lac. Il songea à ramer avec son bâton, dont la forme courbée lui permettait de manœuvrer sans se lever. Les clameurs qu'il entendit sur le rivage lui apprirent qu'il réussissait à s'éloigner, et l'encouragèrent dans ses efforts; mais une balle vint couper le bâton en dehors du canot et le priva de toute espèce d'aviron.

Fatigué de son travail, le fugitif prit le parti le plus sage : celui de fermer les yeux et d'attendre.

CHAPITRE XXVIII

Un quart d'heure environ s'était passé de la sorte, quand le frottement d'un corps étranger se fit entendre contre la quille du canot. Œil-de-Faucon ouvrit les yeux, et quelle fut sa surprise en voyant au dessus de lui un dais de feuillage, et à ses côtés le Chêne-Fendu, qui, en poussant lentement l'embarcation, l'avait enfin amenée sur le sable!

— Venez, dit le chef d'un ton calme et impérieux, mon jeune ami est las de naviguer ; il doit avoir perdu l'usage de ses jambes.

— Vous l'emportez, Huron, répondit Œil-de-Faucon avec sang-froid en sortant de son canot, me voilà de nouveau votre prisonnier, mais vous conviendrez que je sais aussi bien m'évader que tenir ma parole. Que vos femmes, dans les injures qu'elles vont m'adresser, se rappellent qu'un visage pâle sait défendre sa vie, mais qu'il sait aussi y renoncer sans murmure.

— Mon frère a couru sur les collines comme l'élan, reprit le Chêne-Fendu ; il a plongé comme un poisson. A-t-il maintenant changé d'avis ? Veut-il fournir des vivres à la veuve et aux enfants du Loup-Cervier ? C'était un bon époux, qui revenait toujours chargé de venaison, d'oies et de canards sauvages, et de viande d'ours qu'il suspendait dans sa hutte pendant l'hiver.

Maintenant qu'il n'est plus, la Sumac avait compté sur son frère ; mais la Panthère a poussé un cri, et elle a suivi le mari dans le sentier de la mort. Tous deux se disputent maintenant à qui arrivera le premier dans les heureux territoires de chasse, et ils vont aller si vite et si loin, qu'ils ne reviendront jamais. Qui doit nourrir la Sumac ? C'est l'homme qui a dit au mari et au frère : Retirez-vous, pour que j'aie place dans votre cabane ! C'est un grand chasseur, nous savons que sa femme ne manquera de rien.

— Vous arrangez cela aisément, Huron ; mais je ne suis pas de ceux qui préfèrent à la mort ce genre de captivité.

— Le visage pâle réfléchira pendant que mon peuple va tenir conseil. Quand nous aurons besoin de lui nous l'appellerons.

A ces mots le Chêne-Fendu disparut sous les arbres ; mais, quoique libre en apparence, Nathaniel comprit qu'il était gardé à vue. Il erra le long de la plage, et remarqua qu'on avait fait disparaître le canot. Il pensa un moment à se sauver à la nage, mais il réfléchit qu'on enverrait à sa poursuite l'embarcation qui lui avait été ravie. Dans le château tout paraissait silencieux et désolé, et un sentiment d'abandon s'empara du prisonnier.

— Que la volonté de Dieu soit faite ! se dit-il en entrant dans la forêt. J'espérais que mes jours ne seraient pas si vite comptés ; mais qu'importe après tout ! Quelques hivers et quelques étés de plus, et tout aurait été fini pour moi sur la terre.

Ah ! mon Dieu ! les jeunes gens ne croient à la mort que lorsqu'elle se dresse devant eux !

Pendant ce soliloque, Œil-de-Faucon retourna au camp des Hurons. Les feux avaient été éteints ; les armes, les couvertures et le mobilier avaient disparu, et toute la bande était allée brusquement s'établir ailleurs. Il ne trouva sur l'emplacement si brusquement abandonné, que la pauvre Hetty, qui semblait l'attendre, et qui portait la Bible sous son bras.

— Ah! jeune fille, lui dit-il, j'ai eu tant d'embarras depuis quelques heures que je vous avais oubliée.

— Pourquoi avez-vous tué le Huron? dit Hetty d'un ton de reproche; ne savez-vous pas qu'il est écrit : Tu ne tueras point. On me dit que vous avez tué le père et le mari de la Sumac.

— C'est vrai, ma bonne Hetty; mais vous savez que la guerre a ses lois, et que la Panthère a mérité son sort en lançant son tomahawk.

— Et comptez-vous épouser la Sumac, maintenant qu'elle n'a plus ni frère ni mari?

— Quelles sont donc vos idées sur le mariage, Hetty? voulez-vous que les jeunes gens s'associent aux vieillards, les visages pâles aux Peaux Rouges, les chrétiens aux païens? N'en parlons plus, et dites-moi ce que sont devenus les Hurons.

— Ils sont là-bas dans les bois; les hommes s'occupent à enterrer la pauvre fille qui a été tuée la nuit dernière.

— Hélas! il est triste de penser qu'on est ici debout, plein d'animation et d'énergie, et que dans une heure on sera emporté pour être jeté dans une fosse! mais on doit s'attendre à tout quand on marche dans le sentier de la guerre.

La conversation fut interrompue par le frôlement des feuilles et le craquement du bois mort.

Les Hurons ne tardèrent pas à entourer l'espace, guidés par le Chêne-Fendu, qui était désormais le seul chef de la tribu. Les femmes et les enfants se mêlaient aux hommes armés, de manière à rendre la fuite impossible au prisonnier, et ils s'occupaient à tailler des éclats de racine de sapin pour les lui enfoncer dans les chairs et y mettre le feu. Quelques jeunes gens tenaient les cordes d'écorce avec lesquelles il devait être attaché, et plusieurs guerriers passaient le doigt sur le tranchant de leur tomahawk pour en essayer la trempe et le fil. Dans le lointain, un bûcher commençait à fumer.

Toutefois le chef huron, qui, comme Bacon le dit de tous les hommes d'État, devait le pouvoir à un mélange de bassesse et de grandes qualités, ne se souciait pas de donner une libre carrière aux passions féroces de ses sujets, et il tenta un dernier effort.

— Tueur-de-Daims, dit-il avec calme, mais sans indice de sympathie, il est temps que mon peuple se décide. Le soleil n'est plus sur nos têtes; las d'attendre les Hurons, il a commencé à se rapprocher des pins de la vallée.

Il s'en va vers le pays de nos pères français; c'est pour avertir ses enfants que leurs cabines sont vides et qu'ils devraient retourner chez eux. Le loup a sa tanière, et il y va quand il désire voir ses petits. Les Iroquois ne sont pas plus pauvres que les loups; ils ont des villages, des wigwams, des champs de blé que les bons esprits vont se lasser de surveiller seuls; il faut que mon peuple aille vaquer à ses affaires. Il y aura un cri de joie quand nous reparaîtrons et quand nous montrerons la chevelure du Rat-Musqué, dont le corps est parmi les poissons. C'est au Tueur-de-Daims à décider si l'on suspendra la sienne à la même perche. Deux cabanes sont vides; morte ou vivante, il faut une chevelure à chaque porte.

— Prends les mortes, Huron! répondit le captif d'un ton ferme et exempt de toute forfanterie dramatique. Mon heure est venue, je le pense; que ce qui doit être s'accomplisse. Si vous m'appliquez la torture, je tâcherai de la supporter, quoique personne ne puisse dire, avant de l'avoir éprouvée, jusqu'à quel point sa nature peut soutenir la douleur.

— Le roquet au visage pâle commence à mettre la queue entre les jambes, s'écria un jeune sauvage loquace que les Français avaient appelé le Corbeau-Rouge. Ce n'est pas un guerrier; il a tué le Loup-Cervier en détournant la tête, pour ne pas voir l'étincelle de sa propre carabine. Il grogne déjà comme un pourceau; et quand les Iroquoises commenceront à le tourmenter, il criera comme un petit chat sauvage. C'est une femme Delaware couverte de la peau d'un Anglais.

— A votre aise, jeune homme, à votre aise! repartit Œil-de-Faucon. Je ne vous en veux pas, car vous faites de votre mieux.

Le Chêne Fendu reprocha au Corbeau-Rouge ses insultes prématurées, et ordonna ensuite d'enchaîner le prisonnier, non dans la crainte qu'il s'évadât, ou qu'il fût incapable d'endurer la torture avec les membres libres, mais pour ébranler sa résolution. Œil-de-Faucon tendit les bras aux liens d'écorce sans faire la moindre résistance, et se laissa attacher à un jeune arbre, les bras étendus le long du corps. On lui ôta son bonnet, et il demeura moitié debout, moitié soutenu par ses liens. Mais avant d'en venir aux extrémités, le Chêne-Fendu fit encore une tentative pour conserver un guerrier dont les secours pouvaient être aussi utiles à la tribu. Il fit avancer la Sumac, que des femmes avaient préparée à cette scène d'après les instructions secrètes du chef.

La Sumac avait eu autrefois une réputation de beauté, elle ne s'était pas encore aperçue de l'influence que le temps et les fatigues produisent sur l'espèce humaine. Des travaux rudes et opiniâtres l'avaient privée depuis longtemps des avantages qui sont communs aux Indiennes, et qu'une vie pénible leur fait perdre : tels que la grâce des formes, la douceur du visage et l'harmonie musicale de la voix. Elle s'avança au milieu du cercle, tenant ses enfants par la main et sans éprouver d'embarras; car, aux yeux de tous, elle remplissait ses devoirs de mère.

— Cruel visage pâle, dit-elle, vous me voyez devant vous, et vous devez deviner pourquoi. Je vous ai rencontré; et je ne puis retrouver ni le Loup-Cervier, ni la Panthère. Je les ai cherchés dans le lac, dans les bois, dans les nuages; je ne puis dire où ils sont allés.

— Personne ne le sait, dit le prisonnier. Lorsque l'âme quitte le corps, elle passe dans un monde qui est hors de notre portée; et ce que nous avons de mieux à faire, c'est d'admettre les suppositions les plus favorables. Sans doute vos guerriers sont allés dans leurs heureux territoires de chasse, où vous les rejoindrez un jour.

— Mais que vous avaient-ils fait pour les tuer? C'étaient les meilleurs chasseurs et les hommes les plus hardis de leur tribu. Le Grand-Esprit les avait destinés à se dessécher lentement comme la feuille sur la branche, et à tomber de leur propre poids.

— Allons, brave Sumac, interrompit Œil-de-Faucon, qui avait un amour trop indomptable de la vérité pour souffrir de semblables hyperboles; allons, c'est outre-passer les privilèges des Peaux-Rouges, ils n'étaient pas plus jeunes que vous et le Grand-Esprit n'avait pas l'intention de les faire mourir d'une autre manière, puisque ce qui arrive est toujours ce qu'il veut. Il est évident qu'ils ne m'ont pas fait de mal; mais j'ai levé la main sur eux pour les en empêcher. J'étais en cas de défense légitime.

— Oui, le visage pâle a frappé les Hurons, de peur d'être frappé par eux. Les Hurons sont une nation juste, et ils oublieront cela, les chefs fermeront les yeux, et prétendront n'avoir rien vu. Les jeunes gens croiront que la Panthère et le Loup-Cervier sont allés chasser au loin; la Sumac prendra ses enfants par la main, et entrera dans la hutte du visage pâle. Voyez, dira-t-elle, ce sont mes enfants, ils sont aussi les vôtres. Nourrissez-nous, et nous vivrons avec vous.

— Ces conditions sont inacceptables, quoique je sois sensible à vos pertes. Si nous vivions l'un près de l'autre, il ne serait pas difficile de vous fournir du gibier. Mais quant à devenir votre mari et le père de vos enfants, à vous parler franchement, je ne m'en soucie pas du tout.

— Regardez ce garçon, cruel visage pâle, il n'a pas de père

pour lui apprendre à tuer le daim ou à scalper. Regardez cette fille, quel jeune homme viendra la demander pour femme dans une cabane qui n'a plus de chef? J'ai encore d'autres enfants au Canada, et le Tueur-de-Daims trouvera autant de bouches à nourrir que son cœur peut le désirer.

— Je vous dis, femme, s'écria Œil de Faucon, dont les tableaux présentés par la veuve ne flattaient pas l'imagination, je vous dis que tout cela n'est rien pour moi. C'est aux tribus à prendre soin de leurs orphelins; quant à moi, je n'ai pas d'enfants, et je ne veux pas d'épouse. Retirez-vous, Sumac; laissez-moi entre les mains de vos chefs, car ma couleur, mes inclinations, ma nature même se révoltent à l'idée de vous prendre pour femme.

Il est inutile de décrire l'effet que produisit ce refus catégorique. S'il y avait dans le cœur de la Sumac quelque tendresse féminine, elle disparut entièrement. Le dépit, l'orgueil mortifié, éclatèrent en elle avec autant de force que si elle eût été touchée par la baguette d'un magicien, et la jetèrent dans une sorte de frénésie. Sans daigner répondre, elle fit retentir la forêt de ses clameurs; puis elle se jeta sur le captif, et le saisit par les cheveux comme si elle eût voulu le scalper avec les mains. Heureusement qu'elle était aveuglée par la rage, et qu'elle ne parvint qu'à arracher au prisonnier quelques poignées de cheveux avant qu'elle fût emmenée par les jeunes guerriers.

L'insulte faite à la Sumac retombait sur toute la tribu, tous se sentaient offensés plutôt dans leur honneur national que dans la personne même de la veuve. Celle-ci était regardée comme n'ayant pas moins d'acidité que le fruit de l'arbre dont elle portait le nom, et depuis qu'elle était sans défenseur on ne lui dissimulait plus l'antipathie qu'elle inspirait.

Néanmoins, c'était un point d'honneur de punir le visage pâle qui avait dédaigné une Iroquoise, et qui avait froidement préféré la mort plutôt que d'éviter à la tribu l'obligation de nourrir une veuve et des orphelins. Les jeunes gens se montraient impatients de commencer la torture, et le Chêne-Fendu fut obligé d'en donner le signal.

CHAPITRE XXIX

L'usage des sauvages en pareille circonstance était de soumettre aux plus cruelles épreuves le courage de leurs victimes, qui, loin de céder à la douleur ou à la crainte, s'efforçaient d'obtenir une prompte mort en insultant leurs ennemis. Ce moyen d'échapper à la férocité des indigènes était refusé à Nathaniel, à cause des idées particulières qu'il avait sur les devoirs d'un blanc; et il avait résolu d'endurer toutes les souffrances, plutôt que de déshonorer sa couleur.

La première épreuve consistait à lancer le tomahawk aussi près que possible de la tête du prisonnier, mais cependant sans l'atteindre. On n'admettait à cet exercice que les guerriers d'une adresse excessive, de peur de le faire cesser par une mort prématurée. Dans le cas actuel, le Chêne-Fendu et les vieux guerriers craignaient que la fureur causée par la perte de la Panthère ne déterminât quelque bouillant guerrier à sacrifier instantanément son meurtrier. Le premier jeune homme qui se présenta était un novice qui n'avait pas encore eu l'occasion d'obtenir un sobriquet d'un genre noble, et qui s'appelait la Corneille. Il avait un assez bon caractère, mais peu d'adresse, et beaucoup de prétention. Nathaniel se crut perdu en voyant les vieux guerriers faire des représentations au débutant, qu'on aurait exclu sans l'intervention de son père, vieux chef d'une grande renommée. Notre héros conserva cependant tous les dehors du sang-froid. Il se dit que son heure était venue, et que ce serait un bonheur de tomber au premier coup, grâce à l'adresse de celui qui l'attaquait. Après diverses évolutions qui promettaient plus que le jeune homme ne pouvaient tenir, il lança son tomahawk; l'arme passa à quelques pouces de la joue du prisonnier, enleva un copeau de l'arbre auquel il était attaché, et alla s'enfoncer dans un gros chêne. C'était un coup manqué, et un rire universel proclama l'échec du novice; mais la fermeté avec laquelle le captif avait supporté l'épreuve provoqua un murmure d'admiration. On lui avait laissé la tête libre pour avoir le plaisir de la lui voir détourner; mais la force morale rendit son corps aussi immobile que l'arbre auquel il était lié.

A la Corneille succéda l'Élan, guerrier d'un âge mûr, célèbre par son adresse dans le maniement du tomahawk. Il avait une haine profonde pour tous les blancs, et il aurait volontiers immolé le captif, s'il ne s'était agi de soutenir sa réputation. Il prit place et se posa d'un air de confiance, brandit sa hachette et la lança en avançant le pied. Œil-de-Faucon vit l'arme arriver sur lui en tournoyant, et crut que tout é ait fini ; toutefois il ne fut pas atteint. Le tomahawk lui cloua la tête à l'arbre en y faisant entrer une touffe de ses cheveux. Tous les Hurons poussèrent un cri d'enthousiasme, et l'Élan lui-même éprouva quelque compassion pour le prisonnier, dont la fermeté l'avait mis à même de donner cette preuve d'adresse.

L'élan fut remplacé par un jeune homme qui entra dans le cercle en bondissant comme une chèvre ou comme un lévrier. Ses muscles étaient toujours en mouvement, et ses gambades perpétuelles, soit que ce fût de sa part une affection, soit qu'il obéit à une habitude invétérée. Un Français de haut rang l'avait surnommé le Sauteur, et il avait conservé religieusement le sobriquet qu'il tenait de son grand-père, qui vivait au delà du grand lac salé. Néanmoins ses exploits à la guerre et son adresse à la chasse auraient pu lui valoir un nom plus glorieux. Le Sauteur menaça le captif de son tomahawk en tournant autour de lui, dans l'espérance de lui arracher un signe de faiblesse.

— Allez donc, s'écria Nathaniel impatienté ; vous avez plutôt l'air d'un paon que d'un guerrier, et les jeunes filles huronnes vont vous rire au nez.

Ces mots mirent le Sauteur en colère, son caractère irascible s'enflamma, et il lança son tomahawk avec la ferme résolution de tuer le prisonnier, qui aurait couru sans doute un danger plus grand si les intentions de l'Iroquois avaient été moins meurtrières. Le coup fut incertain, et l'arme brillant près des joues d'Œil-de-Faucon lui entama légèrement l'épaule. C'était la première fois qu'on manifestait d'autre volonté que celle de l'épouvanter ou de déployer de l'adresse, et le Sauteur fut immédiatement éconduit pour avoir failli déjouer par sa colère intempestive toutes les espérances de la tribu.

Plusieurs jeunes gens vinrent ensuite et lancèrent avec indifférence le tomahawk ou le couteau : mais ils étaient tous assez adroits pour éviter de blesser le prisonnier, qui n'eut que des égratignures. La fermeté avec laquelle il supporta l'épreuve, et l'espèce de rappel général qui la termina lui valurent la sympathie de tous les spectateurs à l'exception du Sauteur et de la Sumac.

Le Chêne-Fendu se leva pour dire que le visage pâle s'était comporté en homme, que la fréquentation des Delawares n'en avait point fait une femme, afin qu'il fallait peut-être s'en tenir là.

Toutefois l'exercice du tomahawk avait tellement diverti même les femmes les plus douces, qu'il n'y eut qu'une voix pour en demander la continuation.

Le Chêne-Fendu rêvait au moyen d'attacher à la tribu le célèbre chasseur, comme un ministre d'Europe combine dans sa tête les bases d'un nouvel impôt. Il savait que, s'il laissait se déchaîner les passions de son peuple, elles seraient aussi difficiles à maîtriser que l'eau des grands lacs.

En conséquence, il appela à l'épreuve de la carabine cinq ou six des plus habiles tireurs de la tribu, en leur recommandant de se signaler. Lorsque Œil-de-Faucon vit ces guerriers d'élite s'avancer les armes à la main, il éprouva le même soulagement qu'un malade qui sent approcher la mort après de longues et cruelles souffrances. Sa tête était le but qu'il fallait effleurer sans l'atteindre, et la moindre différence dans la ligne de projection devait résoudre la question de vie ou de mort. Dans cette formidable épreuve, il y avait moins de latitude encore que dans celle de la pomme de Gessler; les bons chasseurs tenaient à ne s'écarter du crâne que d'une largeur presque imperceptible, et il était rare que la victime échappât, soit qu'elle fût frappée accidentellement par un maladroit, ou sacrifié volontairement par un furieux.

Nathaniel savait tout cela ; car c'était en racontant des scènes de torture aussi bien que des combats et des victoires, que les vieillards passaient de longues soirées d'hiver dans les cabanes. Il crut toucher au terme de sa carrière, et il éprouva une sorte de plaisir mélancolique à l'idée qu'il allait périr d'un coup de carabine, son arme de prédilection.

Cependant une légère interruption retarda le dénoûment. Hetty Hutter avait été témoin de tout ce qui s'était passé ; et, paralysée d'abord par la terreur, elle avait fini par reprendre ses sens et par s'indigner des souffrances imméritées que les Indiens infligeaient à son ami. Quoique timide et réservée, elle était toujours intrépide pour la cause de l'humanité. Les leçons de sa mère, les impulsions de son cœur, les conseils secrets de l'esprit invisible et pur, qui semblait toujours veiller sur elle, contribuèrent à dissiper ses alarmes et à lui donner de la résolution. Elle parut dans le cercle, douce et pudique comme d'ordinaire, mais remplie d'animation et semblant se croire armée de l'autorité divine.

— Hommes rouges, demanda-t-elle, pourquoi tourmentez-vous Nathaniel ? Que vous a-t-il fait pour que vous mettiez ses jours en péril ? Qui vous a donné le droit d'être ses juges ? Supposez que vos couteaux ou vos tomahawks l'aient atteint, lequel de vous panserait la blessure que vous lui auriez faite ? D'ailleurs en le tourmentant vous attaquez votre ami. Quand mon père et Hurry-Harry sont venus vous scalper, il a refusé d'être de leur parti, et il est resté volontairement dans le canot.

Les Hurons écoutèrent gravement, et l'un d'eux, qui comprenait l'anglais, traduisit ce qu'avait dit Hetty.

Le Chêne-Fendu lui répondit dans sa propre langue par un discours que rendit l'interprète.

— Ma fille est très bienvenue, dit le vieil orateur d'une voix douce et en souriant comme s'il se fût adressé à un enfant. Les Hurons sont contents d'entendre sa voix, ils écoutent ce qu'elle dit. Le Grand-Esprit parle souvent aux hommes par des langues comme la sienne. Cette fois, elle n'a pas ouvert les yeux assez grands pour voir tout ce qui s'est passé.

Le Tueur-de-Daims n'est pas venu nous scalper, c'est vrai, mais pourquoi n'est-il pas venu ? Nos chevelures sont sur nos têtes, les touffes de guerre sont prêtes à être saisies. Un ennemi audacieux devrait étendre la main pour s'en emparer, et les Iroquois ne le puniraient pas d'un acte qu'ils accomplissent tous les jours. Que ma fille regarde autour d'elle et compte mes guerriers, tous mes doigts réunis égaleraient en nombre les hommes que j'ai amenés sur nos territoires de chasse. Maintenant une main tout entière me manque, où en sont les doigts ? Deux ont été coupés par ce visage pâle ; les Hurons désirent voir s'il les a tués bravement ou avec la perfidie du renard.

— Vous savez, vous-même, Huron, comment l'un d'eux est tombé. C'était un affreux spectacle ; mais Nathaniel était menacé et il s'est défendu, pourquoi lui en vouloir ? Si vous désirez apprécier ses qualités, donnez-lui une carabine et il vous prouvera qu'il est plus adroit que tous vos guerriers.

Si cette scène avait pu être contemplée par un spectateur indifférent, il se serait diverti de la gravité avec laquelle les sauvages accueillirent cette requête inusitée. Toutefois Hetty avait à leurs yeux un caractère trop sacré pour qu'on lui manquât de respect.

— Ma fille ne parle pas toujours comme un chef, répondit le Chêne-Fendu, autrement elle n'aurait pas dit cela. Deux de mes guerriers sont tombés sous les coups de notre prisonnier. Leur tombe est trop petite pour en contenir un troisième. Les Hurons n'aiment pas entasser leurs morts. Si quelque autre esprit doit partir pour le monde lointain, ce n'est pas l'esprit d'un Huron, c'est celui d'une face pâle.

Va, ma fille, va t'asseoir auprès de la Sumac, qui est dans la peine. Que les guerriers hurons montrent comment ils savent tirer ; que le visage pâle montre qu'il sait affronter leurs balles.

Hetty, incapable de soutenir une longue discussion, alla passivement se placer sur un tronc d'arbre et détourna la tête. Aussitôt les guerriers se préparèrent à faire parade de leur adresse, tout en mettant à l'épreuve la constance du captif. La distance n'était pas grande et par conséquent le danger diminuait ; mais il devenait difficile à Nathaniel de contenir ses émotions, puisqu'il était presque atteint par les éclats de l'amorce et que ses yeux, plongeant dans le canon, allaient pour ainsi dire au devant de la balle.

Les Hurons avaient calculé tout cela, et ceux qui se succédèrent ne manquèrent pas de le viser au front, dans l'espoir de le voir frémir, mais il ne remua pas même les paupières.

Cette fermeté invincible venait du parti pris par notre héros, qui se regardait comme destiné à périr ce jour-là et qui préférait ce genre de mort à tout autre. En outre, il était tellement familiarisé avec la carabine, qu'elle n'avait rien de terrible pour lui. En examinant chaque canon, il était à même d'indiquer exactement la place que la balle atteindrait. Après cinq ou six coups, les conjectures qu'il formait se trouvèrent si précises, que l'orgueil succéda dans son cœur à la résignation.

— Vous appelez ça tirer, Mingos? s'écria-t-il : mais nous avons chez les Delawares des femmes qui sont plus adroites. Déliez-moi les bras, mettez-moi une carabine entre les mains, et je me charge de clouer la plus mince de vos touffes de guerre à l'arbre que vous indiquerez.

Cette apostrophe fut accueillie par un murmure plein de menaces. Le Chêne-Fendu, qui conservait encore l'espoir d'enrôler le chasseur renommé, remarqua l'irritation générale, et essaya d'en détourner le cours.

— Je vois ce que c'est, dit-il, nous avons imité les visages pâles qui ferment leurs portes la nuit par crainte des Peaux-Rouges. Ils emploient tant de barres, que le feu entre et les brûle avant qu'ils puissent sortir. Nous avons trop serré le Tueur-de-Daims, les cordes empêchent ses membres de trembler. Détachons-le ; voyons de quoi son corps est fait. »

Les hommes contrariés dans l'exécution d'un projet qu'ils ne sont pas disposés à abandonner accueillent volontiers même les expédients les moins susceptibles de succès. La proposition du chef fut approuvée, et Nathaniel, délivré de ses chaînes, put étendre les bras, remuer les jambes et rétablir dans ses membres la circulation interrompue. Dès lors, toutes ses idées changèrent. Au lieu d'attendre la mort avec calme, il s'occupa des moyens de s'y soustraire. Son corps reprit toutes ses forces, son intelligence toute son activité.

Il était d'usage que les femmes cherchassent à exciter la rage des captifs par de grossières invectives, car on n'abandonnait jamais le patient aux souffrances corporelles qu'après avoir mis ses facultés morales hors d'état d'y résister. Guidées par la Sumac et par une autre vieille qu'on appelait l'Ourse, les femmes commencèrent à injurier le prisonnier. Les plus vieilles, qui avaient probablement suivi la bande pour y faire observer la décence, donnèrent l'exemple de la grossièreté, et les jeunes filles, avec la voix douce et mélodieuse qui leur était naturelle, prodiguèrent au visage pâle les noms de toute espèce d'animaux.

CHAPITRE XXX

Tout à coup les mégères semblèrent indécises, les guerriers, appuyés sur leurs armes, eurent l'air d'attendre avec dignité quelque événement imprévu. Les Chêne-Fendu fit un geste pour recommander que personne ne bougeât, et Judith parut au milieu des guerriers.

Si Nathaniel fut surpris de voir la jeune fille qui n'avait pas la même sauvegarde que sa sœur, il ne le fut pas moins du costume dont elle s'était revêtue. Elle avait mis la magnifique robe de brocart que nous avons déjà mentionnée, et toute sa toilette était aussi recherchée que celle de la plus grande dame. Ses pieds, sa tête, ses bras, son corsage, étaient parés avec un goût exquis, et les manières élégantes qu'elle tenait de sa mère étaient en parfaite harmonie avec ses ajustements. Elle s'était proposé d'impressionner les sauvages, de leur en imposer, et de leur persua—

der qu'elle était une femme de qualité. Au reste, la classe opulente d'une grande ville aurait fourni difficilement une femme plus digne de porter de riches dentelles et le satin lustré.

Judith ne s'était pas trompée sur l'effet qu'elle devait produire. Le danger qu'elle courait fut, jusqu'à un certain point, compensé par la surprise et l'admiration qu'elle excita. Les vieux guerriers farouches proférèrent leur exclamation favorite :

— Hug !

Les jeunes gens éprouvèrent une émotion plus visible encore, et les femmes mêmes laissèrent éclater leurs transports. Il était rare que ces naïfs enfants de la forêt vissent des blanches d'une condition relevée, et jamais costume aussi éblouissant n'avait brillé devant leurs yeux. Les plus éclatants uniformes, français ou anglais, semblaient sombres comparativement au brocart ; et l'effet de ces nuances était rehaussé par la rare beauté de Judith. Œil-de-Faucon fut stupéfait, tant de l'éclat de la jeune fille que de l'indifférence avec laquelle elle bravait la mort.

— Lequel de ces guerriers est le principal chef ? demanda Judith à Nathaniel quand elle vit que tout le monde attendait d'elle des explications. Mon message est trop important pour être remis à des subalternes. Expliquez d'abord aux Hurons ce que je dis.

Œil-de-Faucon obéit, et ses auditeurs écoutèrent avec avidité les premiers mots émanés de l'étrange inconnue. Sa demande sembla conforme à la supériorité apparente de son rang. Le Chêne-Fendu se présenta pour répondre de manière à ne pas laisser douter qu'il fût le chef de la tribu.

— Que la Fleur-des-Bois parle, dit il ; si ses paroles sont aussi agréables que ses regards, elles ne quitteront jamais mes oreilles. Je les entendrai longtemps après que l'hiver du Canada aura tué les fleurs et glacé toutes les harmonies de l'été.

La vanité de Judith fut flattée de cet hommage. Quoiqu'elle voulût garder un air de réserve, elle ne put s'empêcher de sourire.

— Huron, ajouta-t-elle, écoutez-moi. Vos yeux vous disent que je ne suis pas une femme ordinaire. Je ne suis pas la reine de ce pays ; elle est loin d'ici. Mais il est au-dessous d'elle des rangs distingués, et j'en occupe un. Je n'ai pas besoin de vous dire précisément lequel, puisque vous ne comprendriez pas. Rapportez-vous-en à vos yeux et songez que vous aurez en moi une amie ou une ennemie, suivant votre conduite à mon égard.

Ces mots furent prononcés avec un aplomb qui aurait fait

honneur à l'actrice la plus consommée, et, traduits en indien, ils furent respectueusement accueillis.

Le Chêne-Fendu répondit après un intervalle exigé par l'étiquette des indigènes, et qui était censé consacré à peser les paroles entendues :

— Ma fille est plus belle que les roses sauvages de l'Ontario, dit le chef astucieux, qui seul entre tous échappait à la fascination ; sa voix est douce comme le chant du roitelet. L'oiseau-mouche n'est pas beaucoup plus gros qu'une abeille, cependant ses plumes sont aussi belles que la queue du paon. Le Grand-Esprit donne quelquefois de magnifiques vêtements à de petits animaux, tandis qu'il couvre l'élan d'un poil grossier. Ces choses sont au-dessus de la portée des pauvres Indiens ; ils ne comprennent que ce qu'ils voient et que ce qu'ils entendent. Ma fille a, sans doute, aux environs du lac un très grand wigwam ; les Hurons ne l'ont pas trouvé, à cause de leur ignorance.

— Je vous ai dit, chef, que je ne pouvais expliquer mon rang, mais que vous deviez en juger par mon costume. Apprenez maintenant pourquoi je me suis rendue seule auprès de vous. Si j'avais amené des Anglais avec moi, ils auraient pu s'emporter en voyant souffrir ce visage pâle, chasseur célèbre aimé dans toutes les garnisons. Au lieu de verser le sang des Iroquois, j'ai voulu les renvoyer paisiblement dans leurs villages. J'avais entendu parler du Chêne-Fendu, et je me suis dit : Il aime les animaux d'ivoire et les petits fusils, et je lui en ai apporté. Je suis son amie. Quand il aura pris mon offrande, il ira la montrer à ses frères du Canada ; et j'emmènerai le chasseur, dont j'ai besoin pour fournir de gibier ma maison.

Judith, qui était assez familiarisée avec la phraséologie indienne, avait essayé d'en imiter les tournures sentencieuses. Nathaniel rendit sa harangue avec exactitude, et d'autant plus volontiers que, pour plaire au jeune homme sincère, elle s'était abstenue de mensonge positif. L'offre des éléphants et des pistolets excita une vive sensation, mais le Chêne-Fendu demeura impassible.

— Que ma fille garde ses pourceaux à manger quand la venaison manquera, reprit-il sèchement. Qu'elle garde aussi les petits fusils ; les Hurons tueront le daim quand ils auront faim, et ils ont de longues carabines. Ce chasseur ne peut quitter à présent mes jeunes gens. Ils veulent savoir s'il est aussi brave qu'il se vante de l'être.

— Je ne me vante de rien, interrompit Œil-de-Faucon avec

emportement, et vous ne ferez pas de moi un fanfaron, quand même vous me rôtiriez tout vif!

— Mon jeune visage pâle se vante de n'être pas vantard, reprit le chef astucieux ; il doit avoir raison. J'ai entendu chanter un oiseau étranger. Il avait de très riches plumes ; aucun Huron n'en avait vu d'aussi belles jusqu'à ce jour. Nous serions honteux de retourner à nos villages et de dire à notre nation que nous avons délivré notre captif, séduits par les grâces d'un oiseau que nous ne connaissons pas. Est-ce un roitelet, est-ce un oiseau moqueur ?

— Je m'appelle Judith ; demandez plutôt au prisonnier.

— Non, repartit le Huron, qui décela sa perfidie en se mettant tout à coup à parler anglais, le prisonnier est fatigué ; il a besoin de repos. Je vais demander à ma fille, à l'esprit faible, qui dit la vérité. Viens ici, jeune fille, et répond : Comment s'appelle-t-elle ?

— C'est ma sœur Judith, la fille de Thomas Hutter, que vous surnommez le Rat-Musqué, quoi que ce fût un homme comme vous.

A ces paroles d'Hetty, un sourire de triomphe brilla sur le visage ridé du vieux chef et Judith comprit que son stratagème avait échoué.

— Tout est perdu, dit-elle à Nathaniel pendant que le Chêne-Fendu se consultait avec les autres chefs.

— C'était une idée hardie, dit le jeune homme ; mais ce Mingo n'est pas homme à se laisser duper par des inventions invraisemblables. On ne pouvait guère s'attendre à lui persuader qu'une reine ou qu'une grande dame vivait dans ces montagnes, et il a deviné que vos beaux habits provenaient de votre père, ou du moins de celui qui passait pour l'être.

— En tout cas, ma présence retardera votre supplice. Ils n'oseront vous torturer devant moi.

— Pourquoi pas, Judith ? Croyez-vous qu'ils ont plus d'égard pour nos femmes que pour les leurs ? Votre sexe vous sauvera des tourments, mais non de la captivité. Je regrette que vous soyez venue ici.

— Je veux partager votre sort, répondit la jeune fille avec enthousiasme. On ne vous fera pas de mal tant qu'il sera en mon pouvoir de l'empêcher. D'ailleurs, ajouta-t-elle à voix basse, vos amis ne sont pas restés oisifs ; il s'agit de gagner du temps.

Le chasseur ne répondit que par un regard de gratitude. Le Chêne-Fendu s'était rapproché, et, furieux d'avoir été sur le point de se laisser tromper par une jeune fille, il abandonna son captif aux bourreaux. On amoncela rapidement, mais en silence, des branches sèches autour de l'arbre auquel Œil-de-Faucon fut rattaché. On ramassa des éclats de racines de sapin, destinés à être plantés dans les chairs de la victime, et l'on mit le feu au bûcher. L'intention des Hurons n'était pas cependant de brûler leur ennemi ; ils se proposaient de le scalper. Mais ils voulaient d'abord triompher de sa fermeté et lui arracher des gémissements en l'exposant à la plus dévorante chaleur. Ils avaient donc placé le feu à une distance calculée d'avance. Toutefois, les flammes trop rapprochées se dirigeaient sur le visage de la victime, lorsque Hetty, armée d'un bâton s'élança à travers la foule, et dispersa les branches embrasées.

— Cruels Hurons ! s'écria-t-elle avec indignation, voulez-vous brûler un chrétien comme une bûche de bois ? N'avez-vous jamais lu la Bible ? Croyez-vous que Dieu vous pardonne ?

L'audace de la jeune fille aurait été suivie d'un prompt châtiment si le Chêne-Fendu n'avait rappelé à ses guerriers le peu d'intelligence de la jeune fille. Par ses ordres on l'éloigna, et tout le monde, y compris les femmes et les enfants, s'occupa de reconstruire le bûcher. Au moment où la flamme étincelait pour la seconde fois, une Indienne s'avança brusquement et elle écarta du pied les brandons : c'était Wah-tah-Wah !

Les Indiens poussèrent un cri de fureur, mais en reconnaissant la Delaware qu'ils avaient perdue ils firent éclater des transports de joie et se groupèrent autour d'elle pour lui demander les causes de son retour. Tout en leur racontant, elle trouva le moyen de mettre entre les mains de Judith un petit couteau bien affilé. Judith qui avait retrouvé sa présence d'esprit, le fit passer à sa sœur, pour qu'elle le remit à Nathaniel ; mais, au lieu de couper à la dérobée les liens qui lui serraient les mains, Hetty se mit à trancher ostensiblement les cordes qui lui retenaient la tête. On l'arrêta au moment où elle avait déjà délivré la partie supérieure du corps du prisonnier.

Wah-tah-Wah fut soupçonnée d'avoir fourni le couteau, et quand les Indiens l'interrogèrent elle avoua franchement sa complicité.

— Pourquoi ne viendrais-je pas au secours de Tueur de Daims ? s'écria-t-elle d'un ton ferme. Il est frère d'un chef delaware ; demandez plutôt à l'Epine-de-Ronce, à ce misérable transfuge que vous avez accueilli parmi vous.

Epine-de-Ronce, que le désir d'obtenir Wah-tah-Wah avait en effet conduit parmi les Hurons, sortit à cet appel de la foule où il s'était tenu caché. Sa figure était peinte des couleurs iroquelses, qu'il déguisait si bien, que Nathaniel ne le reconnut pas.

— Que veut-on de l'Epine-de-Ronce ? demanda le traître d'un ton hautain. Si l'homme blanc est las de la vie, s'il a peur de la torture, parlez, Chêne-Fendu, et je l'enverrai rejoindre les guerriers qui ne sont plus.

— Le Tueur-de-Daims ne vous craint pas, reprit Wah-tah-Wah avec vivacité; votre peau menteuse porte les couleurs de nos ennemis, mais vous auriez les nuances de l'oiseau-mouche que vous seriez noir comme un corbeau ! Que le blanc soit détaché, que ses liens soient coupés, et l'on verra lequel de vous deux est fatigué de la vie.

A ces mots, elle fit un mouvement vers le chasseur; mais elle fut retenue, sur un signe du Chêne-Fendu, par un vieux guerrier qui l'observait, et les anciens de la tribu donnèrent des ordres pour que l'on continuât la torture.

Mais tout à coup un jeune Indien traversa en bondissant les rangs des Iroquois avec une audace qui tenait du délire ou qui dénotait la plus entière confiance. Cinq ou six factionnaires étaient échelonnés sur les bords du lac, et le Chêne-Fendu crut d'abord que c'était l'un d'eux qui venait apporter des nouvelles; toutefois les mouvements de l'étranger étaient si rapides, et son buste presque entièrement nu portait si peu de signes distinctifs, qu'il était impossible de reconnaître s'il était ami ou ennemi. En un clin d'œil il eut coupé les liens d'Œil-de-Faucon, auquel il remit sa carabine tandis que lui-même armait la sienne.

— Hurons ! s'écria-t-il, je suis Chingachgook le fils d'Uncas, le parent de Tamenund : voici ma fiancée; le visage pâle est mon ami ! Lorsque je l'ai perdu, j'ai eu le cœur gros, et je viens dans le camp des Hurons pour qu'il ne lui arrive pas malheur.

— Hurons, dit à son tour Epine-de-Ronce, c'est le Grand-Serpent de la tribu que vous détestez; s'il nous échappe, il y aura du sang sur l'empreinte de vos moccassins.

Aussitôt le transfuge lança son couteau contre la poitrine nue du Delaware; mais l'arme, détournée par un mouvement rapide de Wah-tah-Wah, alla s'enfoncer dans le tronc d'un sapin. Une seconde après, une arme semblable étincelait dans la main du Serpent et perçait le cœur du perfide. Cette brusque succession d'incidents avait comme étourdi les Iroquois; mais, en voyant tomber Epine-de-Ronce, ils reprirent leurs carabines, qu'ils avaient déposées contre les arbres, et poussèrent des cris de fureur. Des sons lourds et réguliers y répondirent; des uniformes rouges se firent voir à travers la forêt, et la charge retentit sous les verts arceaux.

La scène qui suivit ne peut guère se décrire. Les Hurons n'avaient que le désordre de la rage et les efforts du désespoir à opposer à l'unité d'action. Le détachement anglais, composé d'environ soixante hommes, s'avança la baïonnette en avant et coupa toute retraite aux sauvages, qui étaient entourés de trois côtés par les eaux du lac.

Pendant la charge, Œil-de-Faucon s'occupa de placer Judith et Wah-tah-Wah derrière des arbres; puis il chercha Hetty, mais elle avait été entraînée dans un groupe de femmes. Se plaçant ensuite sur le flanc des ennemis, il ajusta deux de ses bourreaux et sa carabine rompit le silence de cette horrible scène. Les Hurons y répondirent par une décharge, et du côté des Anglais il n'y eut qu'un seul coup de feu tiré par Hurry. On n'entendit d'autre bruit que la voix brève du commandant et le pas cadencé des soldats; mais bientôt s'y mêlèrent des gémissements et des clameurs sinistres.

Ce fut un de ces massacres comme nous en avons encore vu de notre temps, dans lesquels ni l'âge ni le sexe n'exemptaient les sauvages de la mort.

CHAPITRE XXXI

Heureusement pour la nature timide et sensible de Judith et de sa compagne, la fumée et les arbres leur avaient en partie caché ce qui s'était accompli.

La nuit ne tarda pas à s'étendre sur le tableau funèbre; et, quand le soleil se leva, les terribles événements de la veille n'avaient laissé aucune trace sur la paisible nappe d'eau. Il n'y avait d'inusité dans le paysage que l'agitation qu'on remarquait autour du château. Une sentinelle se promenait de long en large sur la plate-forme, et une vingtaine de soldats d'infanterie erraient çà et là ou étaient assis dans l'Arche. Deux officiers examinaient avec la longue-vue dont on a parlé la pointe fatale où quelques-uns de leurs hommes, la pioche en main, travaillaient à enterrer les morts. Les Indiens n'avaient pas été vaincus sans résistance, et le détachement comptait plusieurs blessés, entre autres le plus jeune des deux officiers, l'enseigne Thornton, qui avait le bras en écharpe.

Son compagnon était le capitaine Warley. Il avait des traits durs, le teint rubicond, mais une tournure militaire et un air de distinction.

— Eh bien! Wright, demanda-t-il à un sergent qui passait, Davis est-il encore vivant?

— Il y a dix minutes qu'il est mort, répondit le sous-officier. Je savais ce qui arriverait lorsque j'ai vu que la balle avait frappé l'estomac. Il est rare qu'on en revienne.

— Je le crois sans peine, reprit Warley en bâillant... Comme deux nuits passées de suite abrutissent un homme! Je suis lourd comme un Hollandais! Mais allons faire une visite à nos blessés et montrer votre bras au docteur.

La cabine de l'Arche avait été transformée en ambulance pour les blessés anglais ou indiens, parmi lesquels se trouvait le Chêne-Fendu. Il était assis sur l'avant, la tête et la jambe droite enveloppées de bandages, et méditant avec la dignité d'un chef sur la perte de ses compagnons. Dans la principale cabine gisait la pauvre Hetty, mortellement blessée dans le désordre de la mêlée. Judith et Wah-tah-Wah se tenaient auprès d'elle, ainsi qu'Œil-de-Faucon appuyé sur sa carabine, le docteur Graham, Écossais, aux traits durs et marqués de petite vérole, était au chevet de la mourante, et, malgré son scepticisme, il paraissait touché d'une compassion inusitée.

— Quel est cet homme en habit écarlate? demanda Hetty en apercevant le capitaine.

— C'est le commandant des troupes qui nous ont sauvés, répondit Judith.

— Suis-je aussi sauvée? reprit Hetty. On prétend que je vais mourir... Que m'importe après tout! Mon père et ma mère sont morts, et je puis bien les suivre. Vous savez qu'on fait moins attention à moi qu'au reste de la famille, et quand je serai dans le lac on m'aura bientôt oubliée.

— Non, non! s'écria Judith en sanglotant. Moi, du moins, je ne vous oublierai pas... Que ne puis-je être à votre place!

— Peut-être ne serons-nous pas longtemps séparées; peut-être viendrez-vous bientôt à côté de ma mère.

— Ah! ma sœur, je voudrais y être déjà!

— Ce n'est pas dans l'ordre, Judith; il faut être morte pour être ensevelie, et pourtant... que Dieu me pardonne! j'ai quelquefois songé à m'ensevelir dans les eaux.

— Vous! s'écria Judith avec un profond étonnement.

— Oui, Judith, reprit la mourante, c'était après la mort de ma mère. Je sentais que j'avais perdu ma meilleure sinon ma seule amie. A la vérité, mon père et vous, vous aviez de la bonté pour moi, mais je savais que mon peu d'intelligence vous donnerait de l'embarras. Et puis vous aviez l'air d'avoir honte d'une pareille fille et d'une pareille sœur, et il est pénible de vivre dans un monde où chacun vous regarde comme au dessous de soi. J'avais pensé que, si je pouvais m'ensevelir à côté de ma mère, je serais plus heureuse dans le lac que dans la maison.

— Pardonnez-moi, ma chère Hetty, si j'ai pu contribuer à vous inspirer ces idées : pardonnez-moi, je vous le demande à genoux!

— Levez-vous, Judith, ne vous agenouillez que devant Dieu. Vous ressentez ce que j'éprouvais quand ma mère est morte : je me rappelais avec douleur tout ce qui dans ma conduite avait pu lui causer de la peine. Je vais la revoir : Dieu peut-être me rendra toutes mes facultés, et je serai pour ma mère une compagne plus convenable qu'autrefois.

Judith, fondant en larmes, se cacha la tête dans son tablier. Hetty s'assoupit pendant une demi-heure; puis elle se ranima pour appeler tour à tour Wah-tah-Wah, le Serpent et l'Œil-de-Faucon, qui lui prirent la main en silence. Elle n'osait pas parler de Hurry.

— Hetty, dit Judith en sanglotant, avez-vous quelque chose encore à désirer?

Non, je vous remercie ma sœur. — Souvenez-vous de moi et priez pour moi.

Après avoir prononcé ces mots d'une voix éteinte, la jeune fille détourna la tête comme si elle eût complètement fui le monde. Elle oublia tous les objets extérieurs pour s'abandonner à des aspirations plus élevées.

— Judith, murmura-t-elle, je vois maintenant ma mère, et de beaux anges voltigent autour d'elle sur le lac... Pourquoi mon père n'y est-il pas?... C'est étrange!... Je puis voir ma mère, et je ne vous vois pas... Adieu, Judith!...

Une minute après, Hetty Hutter expirait. Elle avait été pendant sa vie une de ces créatures mystérieuses qui sans avoir les qualités qu'on estime en ce monde se rapprochent de l'autre par leur pureté, leur simplicité et leur innocence.

CHAPITRE XXXII

La matinée du lendemain fut consacrée aux funérailles des soldats qui avaient succombé dans la lutte et à celle de la pauvre jeune fille. Le chirurgien du régiment, quoique peu religieux, n'hésita pas à dire gravement l'office des morts pendant qu'on déposait Hetty auprès de sa mère, qu'elle avait tant aimée ; et cette simple cérémonie émut tellement les assistants, que le Delaware lui-même se détourna pour cacher ses larmes.

Le jour suivant, le détachement s'embarqua dans l'Arche, à bord de laquelle on mit le mobilier de Tom. On barra les fenêtres et les portes du château du Rat-Musqué, dont l'abandon total avait été décidé. Chingachgook et Wah-tah-Wah suivirent la tone dans un canot ; et Œil-de Faucon recueillit, dans un autre, Judith, qui avait désiré rester le plus longtemps possible près de la tombe de sa mère.

— Je ne reverrai plus ce séjour, dit Judith, au moment où l'embarcation s'éloignait de la maison : nous allons le quitter, et jamais pourtant cette résidence n'aura été plus sûre. Ce qui s'est passé empêchera les Iroquois d'y revenir de longtemps.

Sans doute aussi, l'on ne m'y reverra pas ; car les Hurons ne laisseront pas sur le sol de cette forêt l'empreinte de leurs mocassins, tant que le souvenir de leur défaite vivra dans leurs traditions.

— Vous vous plaisez donc à la guerre, à l'effusion du sang, Tueur-de Daims ? J'avais meilleure opinion de vous, je croyais que vous étiez capable de goûter les joies du bonheur domestique, auprès d'une femme affectionnée, entouré d'enfants jaloux de suivre vos traces et de devenir justes et honnêtes comme vous. Est-ce que je me suis trompée ? Est-ce que vous préférez réellement la guerre à la tranquillité du foyer ?

— Je crois vous comprendre, repartit Œil-de-Faucon ; mais vous ne me comprenez pas. Je suis loin de me plaire à l'effusion de sang ; mais j'ai fait mes premières armes, et je dois, avec tous les jeunes gens, empêcher les Mingos d'envahir le pays.

— Vous les en avez chassés, Tueur de-Daims, car c'est à vous que revient en partie l'honneur de la dernière victoire. Maintenant, écoutez-moi avec patience, et répondez-moi avec votre franchise habituelle.

Judith s'arrêta, son visage pâli par les épreuves subies dans ces derniers jours se couvrit d'une vive rougeur, et après un long silence elle poursuivit d'une voix qu'un léger tremblement rendait plus touchante que jamais :

— Nathaniel, le moment serait mal choisi pour dissimuler. Voici le tombeau de ma mère ; voici celui de l'affectueuse et sincère Hetty. Je parlerai donc avec réserve, afin d'éviter tout malentendu. Il n'y a qu'une semaine que nous nous connaissons ; mais les chagrins, les dangers, se sont multipliés pendant ce court intervalle, et ceux qui ont tant souffert ensemble ne doivent pas se considérer comme étrangers. Permettez-moi donc de m'expliquer à cœur ouvert, et ne m'en voulez pas si j'oublie les enseignements de mon enfance et la réserve de mon sexe. Vous aimez les bois et la vie que nous passons tous au désert loin des habitations des blancs.

— Autant que j'aimais mes parents qui ne sont plus, Judith! Ce lieu serait pour moi la merveille du monde si la guerre était finie et si les colons pouvaient être tenus à distance.

— Pourquoi donc le quitter? le château n'a pas d'autre propriétaire que moi, et je vous le donne volontiers. Retournons-y après avoir rendu visite à l'aumônier du fort pour lui demander sa bénédiction, et restons-y ensemble jusqu'à ce que Dieu me rappelle auprès de ma sœur.

Après cette proposition formelle, Judith se couvrit le visage de ses mains, et le Tueur-de-Daims étonné garda le silence.

— Y avez-vous songé, Judith? reprit-il enfin : orpheline, et seule au monde, ne vous pressez-vous pas trop de chercher quelqu'un qui remplace vos parents?

— Si j'étais environnée d'amis, Nathaniel, je penserais encore comme je pense, et je parlerais comme je parle, reprit Judith en continuant de voiler la figure de ses deux mains.

— Merci, jeune fille, merci du fond du cœur. Quoi qu'il en soit, je ne veux pas profiter d'un moment de faiblesse pendant lequel vous vous persuadez que le monde entier est pour vous dans ce petit canot. Non, non, Judith, ce ne serait pas généreux de ma part ; et ce que vous me proposez ne peut s'accomplir.

— Vous vous trompez, reprit la jeune fille. Quoi de plus facile que de faire ramener ici mes meubles que les soldats emportent! Nous reviendrons nous établir ici ; nous y vendrons des fourrures, avec le produit desquelles nous compléterons notre ménage. Pour vous prouver que je veux être toute à vous, et que le passé est bien mort ajouta Judith avec un sourire, je jetterai ma robe de brocart dans le premier feu que nous allumerons.

— Hélas! Judith, les tableaux que vous me tracez ont des charmes, mais tout ne tournerait peut-être pas aussi bien que vous l'espérez. Brisons-là, et rejoignons le Serpent comme si rien n'avait été dit.

— Judith fut profondément humiliée. Toutefois toutes ses illusions furent détruites par le calme et la fermeté de Nathaniel. Les femmes, dit-on, pardonnent rarement ceux qui repoussent leurs avances, cependant elle ne conçut aucun ressentiment contre le naïf chasseur; et la seule pensée qui l'occupa fut de s'assurer qu'il n'y avait point de malentendu.

— Il faut, reprit-elle, nous éviter des regrets par une explication complète. Avez-vous un peu d'estime pour moi, Nathaniel?

— Je vous rendrai tous les services possibles! je courrai pour vous autant de dangers que pour Wah-tah-Wah, et c'est beaucoup dire. Mais, ni pour elle, ni pour vous, Judith, je ne consentirais à quitter mes parents s'ils vivaient encore.

— Cela suffit, répondit Judith d'une voix étouffée; vous ne pouvez épouser une femme dans ces conditions. Si j'ai raison, ne me répondez pas; j'interpréterai votre silence.

Œil-de-Faucon demeura muet, baissant les yeux, comme un écolier que l'on gronde, sous les regards perçants de Judith. Au bout de quelques instants elle prit une rame, et les deux interlocuteurs regagnèrent le canot du Serpent sans échanger une seule syllabe.

Bientôt le débarquement s'opéra, et les soldats se mirent en route, après avoir abandonné l'Arche à la dérive avec une insouciance profonde qui fut partagée par Judith. Le Glimmerglass n'avait plus de charmes pour la jeune fille; et quand elle eut posé le pied sur le sable, elle continua sa marche sans regarder derrière elle. Comme Œil-de-Faucon s'était rapproché d'elle pour lui offrir de l'accompagner, elle lui dit avec émotion :

— Je vous remercie, Nathaniel, mais vos secours me sont inutiles. Puisque vous ne voulez pas faire avec moi le voyage de la vie, il est inutile que vous alliez plus loin. Elle lui fit un signe d'adieu, puis elle s'enfonça dans les bois. Nathaniel, après un instant d'irrésolution, retourna sur ses pas et alla retrouver Chingachgook.

Quelques jours après, les trois amis entraient triomphalement dans le village des Delawares. Wah-tah-Wah s'unit à son fiancé, qui s'illustra dans la suite de cette guerre sanglante. Leur fils reçut le nom d'Uncas, qu'avaient porté honorablement tant de guerriers de sa race. Quant à Nathaniel Bumppo, il abandonna définitivement le sobriquet de Tueur-de-Daims pour celui d'Œil-de-Faucon, et sa carabine devint aussi terrible aux Mingos que le tonnerre du Manitou. Les officiers de l'armée anglaise ne tardèrent pas à l'employer, et il acquit l'estime générale.

Quinze années s'écoulèrent avant qu'Œil-de-Faucon eût occasion de revoir le Glimmerglass. Après un intervalle de paix, la guerre avait été de nouveau déclarée, et il s'acheminait vers les forts avec son ami Chingachgook. Le jeune Uncas les accompagnait, mais Wah-tah-Wah reposait déjà sous les sapins des Delawares. Ils atteignirent le lac au coucher du soleil. Rien n'y était changé, la Susquehannah en sortait toujours sous son berceau de feuillage, les montagnes avaient conservé leur riche tapis de verdure.

Le lendemain l'enfant découvrit un canot échoué, qu'il fut facile de mettre en état de service; tous trois s'y embarquèrent et allèrent visiter le camp des Hurons. Le Grand-Serpent montra à son fils l'endroit où il était parvenu à enlever sa fiancée; mais il ne restait là aucune trace de campement.

La sépulture des Hurons avait été saccagée par les bêtes fauves, et les ossements humains blanchissaient au soleil. Le jeune Uncas regarda ces débris avec autant de respect que de pitié, quoiqu'il eût déjà les désirs et l'ambition d'un guerrier.

De la pointe, les voyageurs se rendirent au château, qui ne formait plus qu'une ruine délabrée, et dont les pilotis semblaient devoir disparaître au premier coup de vent. L'Arche, à moitié remplie d'eau, avait échoué sur la rive orientale. Quelques gros meubles s'y trouvaient encore.

Chingachgook et son ami ne purent retrouver les tombes de Tom, de sa femme et d'Hetty, soit qu'ils en eussent oublié l'emplacement, soit que les éléments en eussent effacé la trace. Ils s'éloignèrent pensifs de ce pays, où ils ne revinrent que longtemps après et où l'Indien termina plus tard sa carrière.

Œil-de-Faucon ne sut jamais d'une manière précise ce qu'était devenue Judith. Mais un vieux sergent qui arrivait d'Angleterre, lui conta que le capitaine Warley, celui-là même qui commandait le détachement arrivé si à propos pour le soustraire aux tortures des Hurons avait épousé une jeune femme américaine admirablement belle, et qu'il habitait avec elle un vieux manoir dans le fond de l'Ecosse.

Limoges. — Imprimerie Marc BARBOU et Cⁱᵉ

Histoire naturelle

1. Prix.... Achille Boucher, 11 fois nommé.
2......... Léon Vaubourdolle, 4 fois nommé.
1. Accessit. Adolphe Texier, 13 fois nommé.
2......... Fernand Vergnaud, 3 fois nommé.

Tenue des livres

1. Prix.... Fernand Vergnaud, 4 fois nommé.
2......... Léon Vaubourdolle, 5 fois nommé.

Prix de Billets d'honneur (1).

Achille Boucher, 12 fois nommé. — Adolphe Texier, 14 fois nommé. — Christian Labussière, 9 fois nommé. — Alexandre Tombelaine, 10 fois nommé. — Léon Vaubourdolle, 6 fois nommé. — Fernand Vergnaud, 6 fois nommé.

DEUXIÈME CLASSE

Excellence

Prix....... Gabriel Lajugie, de Juillac (Corrèze).
Accessit.... Martial Cheyroux, de Limoges.

Honneur (2)

Prix....... { François Gillier, de Saint-Laurent-sur-Gorre.
{ Etienne Tarrade, de Chamberet (Corrèze).

Un prix spécial est accordé à M. Ernest Laclautre, qui, pour cause de maladie, n'a pu prendre part aux compositions de fin d'année. Cet élève avait obtenu l'excellence à l'examen de Pâques.

Conférences religieuses

1. Prix.... Gabriel Lajugie, 2 fois nommé.
2......... Elie Girodolle, de Saint-Paul-d'Eyjaux.
3......... Martial Cheyroux, 2 fois nommé.
1. Accessit. Marcel des Courières, d'Eymoutiers.
2......... François Gillier, 2 fois nommé.

(1) Ce prix est accordé aux élèves qui ont obtenu, chaque semaine, la mention *Très bien*, tant pour la conduite que pour le travail et la tenue.

(2) Ce prix est accordé aux Élèves qui ont obtenu, chaque semaine le maximum des notes.

www.ingramcontent.com/pod-product-compliance
Lightning Source LLC
Chambersburg PA
CBHW071910160426
43198CB00011B/1249